TROIS MOIS

DANS

LES PYRÉNÉES

ET DANS LE MIDI

EN 1858

TROIS MOIS

DANS

LES PYRÉNÉES

ET DANS LE MIDI

EN 1858

JOURNAL DE VOYAGE

D'ALFRED TONNELLÉ

TOURS

IMPRIMERIE Ad MAME ET Cie

1859

On a rassemblé dans ce petit volume, et publié dans leur intégrité, les notes du dernier voyage d'Alfred Tonnellé, dont quelques morceaux avaient été donnés déjà à la fin des *Fragments sur l'Art et la Philosophie*. On aurait regretté de laisser perdre tant de belles pages, empreintes du plus vif sentiment de la nature, et qui, par cela même qu'elles étaient écrites pour lui seul, révèlent encore davantage la force et l'admirable spontanéité de son esprit. Enfin ce sont les dernières qui soient tombées de sa plume, et à ce titre elles seront plus chères à ceux qui l'ont aimé.

La Galanderie, 9 septembre 1859.

NOTES DE VOYAGE

Lundi, 5 juillet 1858.

Parti de Tours à deux heures pour Bordeaux. Les environs de Poitiers sont assez jolis; le Clain se replie sur lui-même, et on le traverse quatre ou cinq fois.

Après Vivonne, on monte sur un plateau assez élevé qui sépare le bassin de la Loire de celui de la Charente; après Ruffec, on descend dans la vallée de la Charente.

Angoulême, belle position sur un mamelon élevé; le corps blanc et nu de la cathédrale s'élève au sommet. Tour carrée, percée de beaucoup de fenêtres romanes. Quel caractère tout particulier et tout différent a cette architecture romane du Midi, qui commence déjà au sud de la Loire et à Poitiers! et comme le simple profil de cette cathédrale, vue de loin en wagon, me frappe par son air net, raisonnable, la simplicité et la clarté de ses lignes principales, mais aussi son manque d'élévation et de poésie! Le Nord avait modifié le roman dans ce sens, avant d'avoir trouvé la forme ogivale.

A Coutras, embranchement de Périgueux. Comme sur les différents lieux de cette terre, dont la forme extérieure ne change pas, change vite l'aspect humain! la vie que l'humanité leur donne en s'y agitant, et les scènes qui s'y passent! Qu'on songe au contraste de ces deux soirs à moins de trois siècles de distance, le soir de la bataille, la guerre civile au cœur de la France, et, après la lutte, les chevaliers et les guerriers répandus, campant ou fuyant sur ces hauts plateaux, et les animant du bruit des armes; les villages d'alentour pleins d'hommes armés : et ce soir paisible où sur les mêmes lieux glisse un convoi qui emporte des baigneurs aux eaux des Pyrénées. — A Libourne. pont sur la Dordogne.

Bordeaux est d'un grand aspect à l'arrivée. le chemin longe ce large fleuve rempli jusqu'aux bords; un vaste demi-cercle de lumières s'y reflète au loin. Les trains regorgent de voyageurs allant aux eaux. — Masses formidables de bagages; des caisses effrayantes de volume et de poids, garnies de ferrures comme des forteresses. Où cela s'arrêtera-t-il? On veut emporter toutes ses aises et tout son luxe, et plus même si on peut. Lutte effrénée de vanité et de bien-être.

Bordeaux, mardi, 6 juillet.

Visité la cathédrale Saint-André, et l'église Saint-Michel. Promené sur les quais et sur le pont; le profil en est joli, briques avec des médaillons; le tablier est étroit, disgracieux, incommode. La vue est incomparable; le port, les quais en demi-lune à perte de vue, très-larges, bordés d'une rangée de belles maisons uniformes. Cette ville a un air de capitale avec ses souvenirs illustres : rue Esprit-des-Lois, le château de la Brède voisin, café Helvétius, son parlement, le mouvement littéraire du xviiie siècle, auquel elle se rattache. Cette grandeur date toute pour elle du dernier siècle, temps où elle avait encore une vie indépendante de capitale de province, où la vie provinciale se créait encore des centres.

En passant devant Saint-André, j'ai vu une mendiante infirme, coiffée d'un foulard, drapéc dans une sorte de grand manteau. On se retournait. Quel air de noblesse! Cette simple apparition, tranchant sur le monde vulgaire et affreux des crinolines passant à côté, était du plus grand effet. On eût dit un morceau détaché d'un tableau de grand style; et cette mendiante, aux yeux de celui qui sent le beau, avait l'air de la reine de toutes ces petites dames attifées.

Derrière Saint-André, l'hôtel de ville. Il n'est pas possible d'entrer au musée le matin. Ils font tout ce qu'ils peuvent en province, supposant qu'ils aient un peu de lumière, pour la mettre sous le boisseau.

Parti à onze heures pour Toulouse. Le chemin suit constamment la vallée de la Garonne, sauf un petit écart à Montauban. A Langon, on passe la Garonne, déjà bien rétrécie. C'est la mer qui fait la Garonne à Bordeaux, comme la Tamise à Londres. La Réole, jolie position, vieux château ruiné dominant l'entrée de la ville. Aiguillon, petite ville en amphithéâtre. Agen est le centre de la plus belle partie de la vallée. Arrivé à Toulouse à cinq heures et demie. Descendu à l'hôtel de l'Europe; je reconnais la cour où nous entrions en chaise de poste il y a sept ans. Le lieu est resté le même (air familier et comme d'hier), et nous?.... Promené le soir sur le Capitole, foule de promeneurs; les cafés sont brillamment illuminés. Trait et nécessité de la vie méridionale, le café, la vie en plein air; intérieur nul.

Comme il est certain que l'esprit de l'homme a besoin d'un centre, d'un point fixe autour duquel il gravite, où il rapporte et rallie toutes ses pensées, qui fasse l'unité de sa vie! comme il s'en crée à son insu, et pour les petites choses, et souffre affreusement s'il ne le peut pour les choses sérieuses!

— Nous avons toujours besoin d'une place où

nous puissions nous sentir *at home*, et vers laquelle nous puissions nous reporter à chaque instant ; autrement nous sommes comme l'homme qui n'a pas où reposer sa tête. Combien de petits faits tiennent à ce besoin général et profond de l'âme humaine, le besoin d'être recueilli en l'unité, et d'y rapporter la variété. qui nous est nécessaire aussi !

———

Toulouse, mercredi, 7 juillet.

Visité les églises et les monuments de Toulouse. — Saint-Sernin, à une extrémité de la vile, isolé sur une place. Intérieur : nef de douze travées étroites, mais élevées; a un aspect sombre, grand et recueilli; quelque chose de précis, de net, et en même temps de religieux, de noble et de sévère. Une des causes de la clarté et de la force de la première impression est l'extrême simplicité. Chaque travée est formée par un très-beau cintre; l'arcade romane est élevée et très-bien proportionnelle. Les piliers sont carrés, massifs; sur le devant une simple colonne ronde engagée montant jusqu'à la voûte, couronnée d'un beau chapiteau roman.

A l'extérieur, rappelle beaucoup Notre-Dame-du-Port (Clermont); c'est le même type, mais plus développé et plus complet; modèle achevé de ces absides romanes; œuvre parfaitement belle et satisfaisante. Les absides, flanquées de chapelles et couronnées de la flèche, forment un ensemble de proportions très-harmonieux et dont les lignes s'étagent merveilleusement.

Dans le soubassement du chœur sont enchâssés cinq bas-reliefs en marbre blanc très-curieux, provenant d'une église antérieure. Est-ce de l'époque carlovingienne, ou antérieur encore? Au milieu, un Christ assis et la main levée. Caractère romain frappant dans le type, l'exécution, le style de ces sculptures. La tradition de la sculpture, dans la *formule* de l'art romain, se serait-elle conservée si tard dans l'Aquitaine, avec la dégénérescence du dessin, l'ignorance et la roideur des formes, qui indiquent déjà la barbarie ? Jet et plis des draperies tout antiques. Type de tête carrée, front bas, air grave et sévère, mais *nüchtern*. Un peu obèse, ce Christ a l'air d'un préteur romain assis sur sa chaise. Un ange de chaque côté. Grosses joues, manque d'idéal; type réel, individuel, comme la statuaire romaine.

Ces sculptures me rappellent beaucoup le style que Mantegna a étudié et a ressuscité plus tard. Ce caractère romain de tous les deux a une analogie frappante, sauf qu'il retrouvait la forme, et qu'ici elle se perd; que sa pensée luttait contre la forme encore indocile, pour la façonner et l'emplir, et qu'ici la pensée tombe dans une forme abâtardie qui l'entraîne. L'école qui taxe ces formes de la renaissance de retour au paganisme, devrait étudier les premiers monuments de l'art chrétien à Rome, et se persuader qu'après les écoles mystiques du moyen âge, la reprise de ces formes classiques n'était au contraire qu'un retour aux premiers âges et aux formes qu'avait revêtues le christianisme naissant. (Catacombes; Christ *with a scroll* : Pax vobis.)

Il y a à Toulouse une série d'hôtels de la renaissance qui indiquent un mouvement d'art et une période florissante de la ville à cette époque. *Hôtel Bernin* (à présent le lycée). *Hôtel d'Assezat*, charmant, construction brique et pierre. Les fenêtres, entourées d'un large cintre, sont séparées par deux colonnes cannelées à chapiteaux composés, très-élégantes. Dans un angle, pavillon carré avec une jolie porte sculptée, surmonté de tourelles et clochetons. Ce n'est pas là le fort de cette époque; on ne comprend plus la *flèche*; on la fait lourde et bâtarde, tronquée. *La Maison de pierres*. Elle contraste avec la précédente. Ici l'enflure a remplacé le goût fin et délicat (Bernin). Encore de la fantaisie, encore une grande élégance dans certains détails, mais plus de règle, plus de composition. La fantaisie s'allie avec un mauvais goût, une certaine extravagance et exagération de style; profusion d'ornements, enflure; massif plutôt que beau; bien nommée la *Maison de pierres*. — Le Capitole. Grande façade badigeonnée en blanc avec colonnes en marbre rouge; pauvre de style. Cour intérieure étroite du XVIIe siècle. Portail assez joli. C'est là qu'a été exécuté Montmorency. Ce mot seul fièrement inscrit au fronton : CAPITOLIUM. Caractère romain et sombre de Toulouse au moyen âge. Quelque chose de la dureté et du formalisme romain. Ville de juristes, de droit, à côté du fanatisme de la dévotion méridionale, les deux s'alliant souvent. Saint Dominique et Cujas. Souvenirs sanglants. La Ligue et

Duranti. Calas, et ce conseiller *qui se serait à jamais illustré rien qu'en causant sa mort.*

A six heures et demie, départ pour Luchon. Grimpé sur l'impériale de la diligence : un beau conducteur toulousain. Près de moi, une grosse Espagnole de Barcelone entre deux âges, qui habite Toulouse et va passer la saison à Luchon. Je suis d'abord très-effrayé de la voir dormir sur mon épaule et son chien sauter sur mes genoux; mais le froid du soir finit par m'y faire trouver certains avantages. Sous la bâche, quatre jeunes gens chantant en chœur au lieu de dormir. — Il y a ici bien plus d'instinct musical qu'au centre de la France. Par moments, jolie harmonie; mais ce n'est pas encore la perfection d'ensemble de l'Allemagne, ni surtout l'expression profonde, le sentiment intérieur. Ces natures sont plus mobiles et se répandent plus au dehors.

Au jour, gros nuages gris. Saint-Gaudens, affreux petit bourg sur une éminence. On sent l'approche de la montagne; la route devient montueuse et accidentée; la vallée de la Garonne se resserre entre deux lignes de montagnes. Cette entrée est jolie, riante et fertile, avec un fond accidenté. On laisse Saint-Bertrand-de-Comminges à droite, ville antique avec une belle église et un cloître. Cierp, dernier relais avant Luchon, joli village assis sur les eaux écumantes du torrent, au confluent de la vallée de la Garonne, qu'on quitte ici, et de celle de la Pique. Après Saint-Béat, on entre dans la vallée de Luchon, bordée de montagnes aux pentes douces et arrondies. Luchon ne se voit pas de loin; il est situé à l'entrée d'une vallée latérale au pied de la montagne de Cazaril. Arrivé à dix heures et demie.

Luchon, jeudi, 8 juillet.

En arrivant à Luchon, je me rends chez P... Ils sont tous en course à Saint-Bertrand. Je m'installe à l'hôtel d'Angleterre. Aspect charmant et élégant de Luchon, comparé aux autres eaux des Pyrénées; belles maisons, jolis hôtels. Monté à la montagne boisée au-dessus de l'établissement des bains. Des allées tracées qui montent en tout sens dans la forêt la relient aux jardins d'en bas. Charmante promenade, et par un beau soleil. Admiré la richesse et la luxuriance de cette végétation de montagnes. Il semble qu'on y sente le mouvement, la circulation de la vie universelle, la séve qui coule à travers toutes choses, la vie abondante, active, fraîche, *viva voluptas*. Le sol est couvert de plantes de toutes sortes, éclatantes de fraîcheur (comme les arbres dans Lucrèce, *crescendi magnum certamen*), de touffes de fougère vigoureusement épanouies qui se mêlent et s'entrelacent; et sous toute cette végétation, on entend sourdre et courir l'humidité fécondante qui l'entretient, on sent le ruissellement mystérieux et clair de la *rosée éternelle* que versent les cimes.

Après dîner, promenade à la tombée de la nuit sur la route de Castel-Viel. On entend résonner de l'autre côté de la vallée l'Angelus d'une petite église qui est au pied du rocher et qu'on distingue à peine dans l'obscurité du soir. Comme ce simple son est solennel! Du sein de cette nature si grande et si belle, mais qui n'a conscience ni de sa grandeur ni de sa beauté, c'est une voix qui s'élève pour dire qu'il y a là une intelligence et un cœur qui la réfléchit, la comprend; cette voix semble faible auprès de ces énormes montagnes, de cette large nature qui l'entoure; et pourtant combien elle est plus grande qu'elle par sa faiblesse même; car la nature, qui atteste la grandeur de Dieu, ne la comprend pas!

Toute la société rentre à dix heures. Causé pendant leur dîner.

Luchon, vendredi, 9 juillet.

COURSE A LA VALLÉE DE LA GLÈRE.

Parti à une heure à cheval avec P... pour l'hospice et la route de la Glère. Pour guide Ribis, un jeune homme qui a été dragon, et a servi en Crimée. — Absence de soleil; le paysage a des teintes sombres et monotones; les sommets sont couverts de nuages. Le chemin s'élève jusqu'au fond de la vallée de Luchon, vallée bien moins resserrée que celle de Cauterets et plus cultivée, mais dont les prairies sont moins fraîches et moins irriguées. On trouve une très-belle forêt de hêtres, mais le soleil manque pour rompre et animer l'obscurité du feuillage. L'hospice de Luchon, lieu de refuge pour l'hiver et auberge pour l'été;

on s'y arrête toujours une demi-heure pour faire manger les chevaux, quoiqu'on ne soit qu'à une heure et demie de Luchon; situé aux trois quarts de la vallée, en face les grands rochers qui s'élèvent de chaque côté du port de Vénasque. Le nouveau chemin de la Glère, qui commence au bas de la montée du Port, suit le tracé d'un projet de chemin de fer international. Ce n'est encore qu'un sentier, destiné à devenir un chemin de voiture, qu'on a ouvert cette année en coupant le flanc de la montagne; l'an prochain, ce sera une des promenades les plus faciles et les plus fréquentées de Luchon. Plus loin, le chemin quitte la vallée de la Pique et entre dans celle de la Glère. Superbe végétation, et qui me rappelle les belles forêts d'Allemagne. A mesure qu'on monte, elle diminue, et on arrive aux premières neiges. La vallée est terminée par une enceinte de rochers nus au-dessus desquels est le Port. Mis pied à terre, et chassé devant nous les chevaux, qui descendent au galop une pente très-difficile. Désordre, tumulte de rocs, de verdure, et d'eaux écumantes. Cela me rappelle la scène où Gœthe place le monologue de Faust fuyant la tentation; cette magnifique poésie me revient à l'esprit.

Il semble en descendant qu'on se jette tête baissée dans le gouffre de verdure qui s'enfonce au-dessous de soi. Nature sauvage et fraîche de montagne, comme je l'aime; c'est le *glen* agrandi. — Deux hêtres, dont l'un pousse droit, et dont l'autre, se divisant en deux branches, se penche sur son frère, l'étreint et l'embrasse de ses deux bras, et ne fait plus qu'un avec lui : la perfection dans l'amour. — En bas, tourné à droite pour aller à la cascade des *Demoiselles*, jolie petite chute, et dans un entourage plein de délicatesse et de fraîcheur. *Neat little woodland recess.* Comme la cascade du commencement de Waverley. Nous rentrons à six heures.

Luchon, samedi, 10 juillet.

Toujours le même temps; les sommets sont enveloppés de nuages. Passé la matinée à épuiser toutes les combinaisons possibles. Nous partons après déjeuner avec G..... et monsieur A. M... pour le Plan de la Serre; et en route nous nous décidons à refaire la promenade d'hier. Nous suivons l'autre rive du torrent, et montons, à travers un superbe bois de hêtres, à la cascade du *Parisien*. Elle tombe au milieu du bois en plusieurs petites chutes étagées et gracieuses. Redescendus à l'hospice, et repris le chemin de la Glère; j'admire encore davantage une seconde fois.

Que de choses, dans la nature comme dans l'art, ont besoin d'être savourées, pénétrées, et font plus d'impression, déjà connues et goûtées, à une seconde entrevue! La curiosité est moins préoccupée, et l'on est tout entier à la jouissance, au sentiment du plaisir.

Grande partie projetée pour demain en Espagne.

Luchon, dimanche, 11 juillet.

COURSE DE BOSOST.

Monté à cheval à huit heures avec P... et Ribis. Ces dames et ces messieurs doivent nous suivre en voiture. A l'entrée de Cierp, on quitte la grande route, on traverse Marignac et le bassin fertile et bien planté qui s'étend au pied des montagnes de Saint-Béat et précède l'entrée de la vallée d'Aran. Cela ressemble à un petit coin de la vallée d'Argelès. A Saint-Béat, petite église romane d'assez bon goût, et restes d'un vieux château d'où l'on a une jolie vue; le soleil brille et anime le paysage, mais les hauts sommets sont toujours couverts de nuages. Déjeuner charmant et très-gai; beaucoup ri et dit de folies, qui, toutes fraîches et sur l'heure, et assaisonnées de l'appétit, du grand air, de la bonne humeur, de la perspective du plaisir à venir, font passer de si délicieux instants, et jettent dans un *jucundum oblivium*.

Nous partons, et nous nous lançons à fond de train à travers la riante vallée au delà de Saint-Béat, où coule la Garonne. Enivrés de mouvement, de grand air, de galop. Plaisir d'une cavalcade et d'une nombreuse société; mais la vue calme et recueillie des beautés de la nature y perd; le paysage ne sert plus que de cadre. Traversé le dernier village français, Fos; tous les habitants sont sur leurs portes. A Pont-du-Roi, qui est la frontière, les voitures s'arrêtent. — Le passage semble fermé par de hauts et âpres rochers. La vallée s'élargit bientôt; le pays change de caractère; l'aspect est plus âpre, plus nu, plus coloré. Les tons frais de la verdure ont fait place aux nuances rouges, jaunes, blondes.

Nous arrivons à Lès, gros bourg avec un vieux château. Quoique cette vallée ait été souvent prise et reprise, on y sent bien vraiment la nationalité espagnole. Dans ce misérable pays, tous demandent la charité : femmes, jeunes hommes, etc. Une demi-heure après, on gagne Bosost. Nous y faisons l'entrée de la reine d'Espagne, deux par deux, dame et cavalier, les cinq guides en avant, faisant un bruit terrible avec leurs fouets. Grand effet. Des têtes étranges sortent à demi des étroites ouvertures qui servent de fenêtres.

Arrêtés devant l'auberge tenue par l'alcade de l'endroit, vieillard en grand costume, culotte courte, air rusé et obséquieux (type de Bartholo), qui fait ce qu'il peut pour éloigner les mendiants qui nous entourent. Nous allons visiter l'église, vieille église romane du xie siècle. En rentrant à l'auberge, on cherche à organiser des danses; il y a un violon; il ne manque que des jeunes filles et des gars; nos guides y prennent part. C'est curieux de voir la gravité et l'air profondément digne avec lesquels ces gens se livrent même au plaisir; cela relève le type commun de quelques-unes de ces femmes.

A quatre heures, la cavalcade se remet en marche. On gravit les montagnes au sud de Bosost, par un chemin raboteux et dur pour les chevaux. A mesure qu'on s'élève, la vue devient très-belle, et de la chapelle Saint-Antoine on domine un magnifique tableau. Au-dessous le sombre et triste village de Bosost; puis toute la vallée d'Aran, qui a une courbe très-prononcée et très-gracieuse; la Garonne au fond, comme un petit ruban d'argent, en suit les détours. Sur les sommets en face, reposent des nuages gris. On traverse le Portillon, petit passage qui descend dans la vallée de Burbe, laquelle aboutit à Castel-Viel. La descente est fraîche et jolie; mais il ne coule pas d'eau de ces sommets : singulier effet de cette gorge silencieuse, où manque le mugissement du torrent, qu'on est habitué à entendre monter des profondeurs. Nous rentrons par le chemin de Saint-Mamet; arrivés à sept heures.

Luchon, lundi, 12 juillet.

COURSE DE SUPERBAGNÈRES.

Le soleil brille ce matin, le temps semble un peu meilleur; mais le rideau de nuages sur les sommets ne se lève pas pour nous montrer ces belles et brillantes cimes qui doivent nager là-haut dans la sérénité infinie au-dessus des grossières vapeurs. Après déjeuner, nous nous décidons, P... et moi, à tenter Superbagnères. On aborde cette montagne par un long détour. Route du lac d'Oo et de Bigorre; montagnes cultivées et habitées jusqu'au sommet; on voit au loin une foule de petits villages s'échelonner sur leurs pentes; les flancs de Superbagnères et de Céciré sont revêtus de sapins sombres qui font un bel effet. Monté une heure dans la forêt. En haut, on plane presqu'à pic sur la vallée de Luchon; au-dessus, la crête élevée qui borne la vallée d'Aran. La vue est complétement couverte; pas un glacier ne paraît: nous sommes réduits à soupçonner la place de ce que nous aurions vu. A un moment, un glacier se découvre : c'est Crabioules, en face de nous.

Il y a quelque chose de mystérieux et de divin dans cette obscurité des nuages qui enveloppent les hauts sommets, et semblent, pour ainsi dire, clore l'espace devant les pas et le regard de l'homme. Je ne m'étonne pas que les peuples enfants arrivant vers le Nord, à ces monts qu'une brume perpétuelle enveloppe et que sillonne la foudre, y aient vu le lieu saint et terrible où le ciel et la terre se touchent, le sanctuaire infranchissable où les immortels s'entourent de mystère et se dérobent aux yeux, et n'aient pas cherché à pénétrer au delà de cette barrière pleine d'une religieuse terreur. C'est bien sous les traits du νεφεληγερέτα Ζεὺς qu'ils devaient concevoir la Divinité. Quand on voit les nuages ainsi amoncelés, on ne se figure pas qu'ils doivent jamais se lever et livrer passage; on croit volontiers qu'ils scellent la terre et ferment d'une enceinte impénétrable l'étroite demeure de l'homme.

Redescendus sur la vallée du Lys. On peut faire toute cette course sans mettre pied à terre. La descente sur la vallée est très-belle à son milieu; elle fait une courbe gracieuse, et se termine en s'élevant par une large et noble enceinte de hautes montagnes dont les sommets se cachent malheureusement. On descend longtemps en face de cette vue imposante; on regagne la route au milieu de la vallée; l'entrée en est ravissante, resserrée entre de magnifiques pentes boisées; au fond, un beau gave; la jolie cascade de *Richard*. Rentrés à cinq heures et demie.

A neuf heures, nous remontons dans les allées du bois derrière l'établissement; l'obscurité est profonde, et nous avançons en tâtonnant. Les lumières de Luchon brillent à travers les feuilles au-dessous de nous; il ne faudrait pas beaucoup d'imagination pour croire à une scène fantastique et prendre ces lumières pour des yeux ardents. Des vers luisants dans l'herbe, jetant des lueurs de nacre et d'émeraude (la reine Mab). Ce sont les illuminations des fées. Je mets deux vers luisants de chaque côté de mon chapeau. Nous redescendons avec peine, faisant des folies, et faisant retourner les rares promeneurs.

———

Luchon, mardi, 13 juillet

COURSE AU LAC VERT.

A six heures, réveillé par P... : « Beau temps ! nous partons dans une heure pour le lac Vert. » Il me donne rendez-vous au *Chalet*. Partis à huit heures avec trois guides. Le temps est admirablement pur. C'est la première fois que je vois ces montagnes découvertes et éclairées. Tout prend une vie et un sens nouveaux. Teinte rose des monts qui encadrent la vallée de Luchon ; les pics de Vénasque au fond découpés sur l'azur. Les eaux écumantes étincelant au fond des ravins. On ne se lasse pas de contempler ces couleurs, cette fraîcheur nouvelle. Charmante entrée de la vallée du Lys ; on voit à droite les crêtes de Superbagnères et de Céciré ; entre les sapins, on aperçoit les cascades d'Enfer et de Cœur, et pour couronnement les majestueux et étincelants glaciers de Crabioules.

Nous nous arrêtons à l'auberge du Lys; je jette les yeux sur le *Fremdenbuch;* aussi ignoble que bête. Comparaison avec ceux de Suisse et d'Allemagne, où la nature est si vivement sentie. Dégoût et pénible sentiment en songeant à ceux qui ne craignent pas de venir troubler la pureté et l'élévation de ces lieux en y apportant la frivolité incurable de leurs pensées habituelles, et qui respirent une atmosphère viciée vis-à-vis de ces sereins et solennels spectacles.

On monte à gauche à travers une forêt de hêtres, et on arrive sur un charmant petit plateau ou pâturage vert; la vue se découvre et s'élargit; scène de haute et grande montagne. Forêts de pins à pente presque à pic, qui semblent se précipiter dans le torrent grondant au-dessous; murs de rochers ruisselants d'humidité; au fond, débris de toute sorte recouverts d'une luxuriante végétation. Deux cascades côte à côte, *Caroline* et *Rosalie*, qui s'inclinent l'une vers l'autre et se réunissent. Plus haut, la cascade de *Solages*, d'un seul jet, très-belle aussi. Limite où cesse la végétation ; chemin très-difficile pour les chevaux, hérissé de pierres énormes jetées pêle-mêle. Belle flore de ces sommets. Rhododendrons aux fleurs d'un rouge vif ; touffes de geranium pyrenæum ; plus haut, au bord des lacs, des gentianes bleues et violettes, de charmants petits daphnés roses à l'odeur aromatique ; des myosotis, saxifrages, etc.

A onze heures, on s'arrête pour déjeuner dans une enceinte bordée de rocs nus, couronnée de glaciers, et traversée par un torrent sur le bord duquel on s'assied. Air pur et vif. Sévère salle à manger. On déjeune de bon appétit, et, après une demi-heure de halte, on part pour l'ascension à pied, avec deux guides. La scène devient plus âpre ; nous arrivons au lac

Bleu, petit, tout à fait dans la solitude sauvage des hautes cimes; entouré par une espèce de cirque couronné de neige, encore glacé en partie et recouvert de neige; le reste de la surface d'une teinte très-bleue; les bords se reflètent délicieusement dans cette eau calme et engourdie, où ils prennent des teintes adoucies, extrêmement délicates. Descendus jusque sur un petit rocher aigu et menaçant pour contempler un magnifique spectacle au-dessous de nous.

Le lac Vert, divisé en trois par une langue de terre qui s'avance et s'élargit au milieu, dort à pic loin au-dessous de nos pieds sur une plate-forme inférieure de la montagne; au delà, la vue s'étend dans l'espace, et embrasse une partie de la chaîne. Nous descendons à gauche par un chemin extrêmement difficile, sorte de ravin à peu près à pic, rempli d'une coulée de pierres roulantes qui s'éboulent sous le pied, et tombent sur ceux qui marchent devant; chemin à peine praticable aux chèvres. C'est très-beau et très-amusant, mais pénible.

On remonte un peu pour arriver au lac Charles, situé immédiatement au-dessus du lac Vert, et au-dessous du lac Bleu. Ce lac est dans un bassin, dont il emplit toute la profondeur, et parfaitement arrondi et régulier. Il est encore couvert de glace. L'aspect est d'une sévérité imposante. Des teintes d'un rose vif sont répandues sur toutes les lignes des sommets nus. Descendus au déversoir du lac jusqu'au dessus de l'endroit où l'eau tombe en cascade pour couler dans le lac inférieur. Bu avec délices de cette eau fraiche, et remis en marche. Nous suivons une pente très-roide. On pose le pied sur des entailles dans le roc, mais qui sont solides; dès que le pied est assuré et qu'on n'a pas le vertige, ce n'est pas malaisé. Magnifique passage. Immédiatement au-dessous de soi, l'abîme au fond duquel est le lac Vert. Tout en assurant ses pas.

l'œil et presque le corps plongent et planent sur cette grande scène. Nous descendons avec P... très-alertement, sans la moindre hésitation. Il semble que ces passages difficiles animent et rendent plus maître de soi, avec un certain sentiment d'assurance qui relève, grandit et fortifie.

Nous n'allons pas tout à fait jusqu'au lac Vert; nous tournons à droite pour regagner l'endroit du déjeuner, où nous retrouvons nos chevaux. Nous revenons à pied par le même chemin, et je savoure de nouveau les beautés de la route. Arrêtés en face des deux cascades. Toujours l'attrait de l'eau; surtout quand on a chaud et soif, et qu'on voit cette eau écumante briller au fond entre la verdure, on voudrait s'élancer à travers ces ondes, ce feuillage, s'en sentir caressé, enveloppé, soutenu. Plus loin, descendus dans la forêt de hêtres, voir la cascade des *Trois Lurons* et celle de *Cœur* : deux très-belles et hautes chutes coup sur coup, superposées, encadrées dans une magnifique verdure : voilà vraiment de belles eaux.

Arrêtés à l'auberge du Lys, nous y voyons arriver toute la société élégante, les amazones blanches, les montagnards pour rire ; c'est ici le bois de Boulogne de Luchon. Il est quatre heures et demie ; nous avons marché cinq heures ; nous remontons à cheval, et retour au galop. Les ombres du soir descendent sur les beaux glaciers, alternent avec la lumière, et donnent à la neige des teintes bleues exquises. Après dîner, rencontré mesdames D..... Récits de la journée, et projets pour la Maladetta. La nuit est magnifique. Il ne s'est pas élevé une vapeur de la journée. La voie lactée *points to the Maladetta.*

Luchon, mercredi, 14 juillet.

COURSE DE L'ENTÉCADE.

Temps splendide. — La grande expédition est arrangée et préparée pour demain. — P... et G... viennent déjeuner avec moi. Nous partons tous trois à onze heures pour l'Entécade avec le père de Ribis. Ciel d'un superbe azur foncé comme il n'est guère dans les Alpes; montagnes aux flancs ruisselants de lumière, aux contours arrêtés, purs, rapprochés; ombres vigoureuses; la verdure d'un vert plus intense, plus riche. Même la vallée de Luchon est transformée; les tons chauds donnent un relief nouveau et un charme à toutes choses, qui revêt et fait oublier l'insuffisance de la forme. Le chemin de l'hospice est charmant par cette lumière; fraîcheur de la jolie forêt de hêtres qu'on traverse. Devant nous se dessine la pointe aiguë de la Pique, un des sommets les plus inaccessibles, et gravi à grande peine par M. Lezat. Pour aller à l'Entécade, on tourne à gauche au-dessus de l'hospice; sentier d'abord sous les arbres, bientôt à travers des pâturages à pente rapide, où je trouve de beaux iris en fleur. A mesure qu'on monte, la Pique se dresse comme une aiguille effilée, menaçante, et renversée en arrière. Nous montons à pied les dernières pentes; trouvé des myosotis d'une grande vivacité de nuance sur l'herbe sèche et glissante; l'air des montagnes leur donne plus de fraîcheur que les eaux de nos plaines.

Du haut de l'Entécade, très-belle vue de sommets et panorama de montagnes; une sorte de plan en relief des vallées et des différentes branches de la chaîne permettant de s'orienter dans toutes les directions. Au sud, au-dessus de la Pique et des montagnes hardiment découpées et dentelées de Vénasque, la grande masse à large base de la Maladetta attire tous nos regards. Le sommet est comme éventré, et étale ses larges glaciers en pente douce. Ils sont divisés en deux par une haute crête de roc qui sépare ceux de la Maladetta de ceux du Néthou ; le pic est couvert de neige jusqu'à sa pointe. Au-dessus du port de la Picade, d'autres glaciers espagnols ; la Forcanade avec de grandes masses de neige ; une raie qui descend le long de ses flancs ; au delà d'autres pics élevés. Immédiatement au-dessous de soi la vallée d'Artigue, belle, charmante et sauvage ; fraîches prairies et sombre forêt de sapins, repaire des ours. Au nord-est, on domine toute la vallée d'Aran, depuis Bosost jusqu'au pied de Viella. Plus au nord, Bacanère ; puis Superbagnères et Céciré ; au delà, aperçu le pic du Midi, le Vignemale, etc. ; enfin, à l'ouest, au-dessus des pentes de l'Entécade, le pâté des beaux et grands sommets qui forment l'arête centrale et culminante de 'a chaîne, et qui couronnent la vallée du Lys et le lac d'Oo. — Nous restons longtemps assis sur le pic. Les nuages arrivent.

et nous donnent de l'inquiétude pour demain. Nous descendons par les pâturages de Campsaure, charmante descente, fraîche, riante, agreste. Nous rentrons à six heures. A la belle lumière du soir, la vallée de Luchon, vue de Castel-Viel, a un joli aspect. Après le dîner, encore de gros nuages. Craintes et espérances tour à tour. Quand je rentre, la nuit est d'une pureté magnifique.

Jeudi, 15, et vendredi, 16 juillet.

ASCENSION DE LA MALADETTA.

Sommeil un peu agité par l'excitation de l'entreprise. A cinq heures, le temps est couvert de gros nuages, et je me rendors, persuadé que tout est abandonné. A sept heures, on vient me dire qu'on est décidé à partir quand même. Nous faisons à la hâte les derniers préparatifs; achats de couvertures, de lunettes, de voiles bleus. Un guide déconseille de partir, et augure mal du temps. Couru chez M. Lambron, dont le baromètre baisse; il est persuadé que nous ne monterons pas demain matin, et nous conseille, dans ce cas, de filer sur Vénasque et Viella. Malgré cela on se décide à partir, et à onze heures et demie on se met en marche; je suis en retard, et après un *earnest shake hands* avec G..., je monte à cheval et rejoins au triple galop.

Le temps est lourd, chargé de gros nuages; nous cherchons à nous distraire de cette grosse préoccupation, à laquelle nous revenons sans cesse, les yeux fixés sur les moindres mouvements de l'atmosphère. Nous sommes treize : six voyageurs, parmi lesquels un petit monsieur noir qui dit être un diplomate allemand. Sept guides. Redonnet Natte, avec son air réfléchi et silencieux, sa figure ridée, sa casquette de côté, parlant peu, détestant le cheval et ne pouvant suivre : c'est le capitaine; les deux Ribis, etc. Je ressens *eine gewisse Feierlichkeit der Gemüthstimmung*, une certaine impression solennelle tout en écoutant les histoires de Capdeville et en causant avec l'Allemand, qui vient de faire une tournée dans le midi de la France. Long arrêt à l'hospice, et longue consultation des cieux. Coups de tonnerre lointains; grosse averse. Si nous pouvions, comme M. X..., l'an dernier, avoir un bel orage cette nuit à la Rencluse.

Montée du port de Vénasque, chemin en lacet, qui d'en haut a l'air d'un petit galon replié sur lui-même. Un peu plus haut, les rochers se dressent à pic comme pour fermer le passage. Les lacs du port; trois petits lacs qui en précèdent un plus grand, et sont abrités dans l'enceinte des hauts pics de Sauvegarde; très-beau et imposant. Murs taillés à pics, rongés, déchirés; pierres désagrégées et dans des positions où elles semblent devoir perdre l'équilibre à chaque instant. C'est parmi ces déchirements qu'un sentier facile a été tracé. Vers le sommet, il devient très-roide; les lacets retournent abruptement sur eux-mêmes; c'est très-joli de voir la caravane s'enrouler en spirale, les chevaux suspendus les uns au-dessus des autres. Énorme précipice qui descend rapidement et va tomber dans le lac; au-dessus de nous, la petite fente qui seule livre passage; une porte étroite resserrée entre deux jambages taillés droits. L'intérêt va croissant, et pour ainsi dire *stringendo* avec le chemin; enfin, le port de Vénasque franchi, on se trouve en face de l'énorme masse de la Maladetta, qui se découvre tout à coup de l'autre côté, encadrée dans la porte et s'en dégageant peu à peu.

Grand effet de surprise que tout cet ensemble de la montagne se présentant subitement, en entier, proche à le toucher, sans obstacle, sans rien qui gêne la vue. Une profonde vallée nous en sépare, où repose *the bulky mountain*, le large colosse. D'autres montagnes ont une forme plus élégante; mais celle-ci est très-imposante par la large assiette de sa lourde masse. Sommet écrasé, élargi et contenant entre des contreforts de rochers les grandes masses de neige qui descendent vers nous en pente douce. C'est bien comme une malédiction et un arrêt de stérilité qui pèse sur ses larges flancs; ils *étalent* leur tristesse. Au-dessous du glacier s'élèvent de distance en distance des rochers qui ont l'air de tourelles garnissant la large terrasse qui les supporte. On descend sur des terrasses gazonnées qui s'étagent en face de la Maladetta, jusqu'au plan des Étangs, terrain marécageux, et on remonte pendant trois quarts d'heure sur la base de la montagne jusqu'à la Rencluse, où on passe la nuit. Chemins exécrables pour les chevaux; échelles, marches glissantes très-élevées; ils sont obligés de s'enlever avec effort en s'accrochant sur les pieds de devant. Des champs entiers de rhododendrons en fleurs, aux vives couleurs, revêtent ces débris éboulés. Arrivés à notre gîte de très-bonne heure, à cinq heures et demie. Temps d'en prendre possession, d'explorer les lieux, et de goûter le campement dans cette magnifique et sauvage solitude si loin des pas humains. Grande enceinte de pierres renversées, éboulées, roulées, montant pêle-mêle jusqu'au haut d'une sorte de cirque de rochers que traverse en grondant un large torrent. Le sommet couronné par les glaciers de la Maladetta.

Le gîte n'est point une caverne, mais seulement un vaste abri de rochers qui surplombent beaucoup; il est ouvert et ne garantirait point de la pluie; les rebords sont couronnés de petits sapins tortus, noueux, dont les racines nous pendent sur la tête. Dîné de bon appétit. Rien de plus charmant et de plus pittoresque que le campement (rappelle les scènes de *gypsies*, de contrebandiers ou de brigands de Salvator Rosa). Pêle-mêle de selles, de harnais, de bâtons jetés de côté et d'autre parmi les rochers : le foyer devant ; un rideau de fumée bleue s'élève, et laisse voir comme à travers un voile mobile, scintillant, les teintes roses du couchant sur les montagnes. Les guides sont groupés d'une façon charmante ; les uns au-dessus des autres sur des marches de rocher ; les uns étendus, les autres assis. L'outre passe de main en main ; ils boivent en la tenant loin de la bouche, la pressant avec la main, et recevant adroitement le jet rouge du vin.

Je monte en haut du rocher qui surplombe, pour m'y asseoir et jouir un peu de cette grande solitude. Les teintes roses s'effacent, la fumée bleue monte d'en bas plus terne. Aspect grandiose de cette enceinte de rochers qui nous enferme à la descente de la nuit. Quel appartement sublime nous est prêté pour un jour !

Le feu est entretenu toute la nuit par les

guides, qui veillent à tour de rôle. On n'a à craindre que la chaleur, et nous ne mettons même pas nos paletots. Dormi très-peu ; à chaque instant réveillé pour regarder le temps ; le ciel est splendide, étoilé, avec un pâle reflet du croissant qui descend derrière les montagnes. On n'a pas de peine à se lever avant le jour ; on fait les préparatifs, on mange légèrement, et on se met en marche à trois heures vingt minutes, voyant encore à peine où poser les pieds ; on remonte assez haut pour trouver où passer le torrent.

Nous montons d'un pas *steady*, régulier et solennel. Quelques nuages gris ternissent le ciel, augmentent, et nous causent des anxiétés continuelles. On gravit obliquement les pentes de ce grand cirque qui est au-dessous des glaciers de la Maladetta. Bientôt l'horizon se colore et s'enflamme ; des nuages roses se détachent et flottent dans le ciel. On traverse la crête qui sépare les deux glaciers à peu près à moitié de sa hauteur. Ce qui n'a l'air de loin que d'une petite ligne est de près comme un grand barrage formé par une crête hérissée et surmontée de véritables pics. On passe par une brèche très-étroite gardée par de belles aiguilles de roc, et de là on a tout à coup la plus belle vue sur toute l'étendue du glacier du Néthou qu'on va gravir; un vaste champ de neige à perte de vue montant insensiblement jusqu'à la pointe du pic.

Il est six heures dix minutes au moment du passage. Les nuages sont sur le sommet, mais à mesure que nous montons le temps se découvre; nous gagnons le soleil à moitié chemin; il ne reste plus que de grandes ombres de nuages qui passent sur le pic et sur le glacier, en varient l'aspect, et rendent la montée moins *toilsome*, en nous empêchant d'être brûlés. Par moments, un vent glacé sur la neige, mais l'effort de la marche rend les paletots inutiles. La neige est bonne, molle;

on y enfonce jusqu'au-dessus du talon. Pente peu rapide d'abord; on monte parallèlement à la crête de rochers en s'en rapprochant peu à peu. Au bout d'une heure environ, on approche des crevasses, et on s'attache avec des cordes par un nœud coulant autour du corps; lorsqu'on tire en avant, c'est gênant; il faudrait des ceintures. En passant les crevasses, il ne faut pas donner de soubresauts; cela fait perdre l'équilibre à ceux qui suivent. Nous marchons alignés en procession, un guide entre chacun de nous; Natte en avant, avançant prudemment, un bâton de chaque main, et sondant le terrain de chaque côté. Haltes assez fréquentes; sucre et eau-de-vie. On rencontre de petites crevasses à peine ouvertes, quelques-unes qu'on tourne, d'autres qu'il faut franchir; en approchant, on recommande de marcher attentivement et légèrement. Les petites fentes sont les plus dangereuses. En bas de la crête du rocher, au-dessus de nous, il y en a une grande, béante, qui en suit presque tous les contours. Rencontré douze à quinze crevasses. C'est d'un joli effet de voir, sur cette immense étendue de neige éclatante, cette petite caravane d'araignées noires, perdues dans l'espace, qui avancent lentement, et dont les ombres allongées sautillent sur la neige. Tout le temps de la marche, on a la vue des montagnes de France sous un aspect très-frappant et très-beau, quoique sombre aujourd'hui.

Nous arrivons à la base du véritable sommet du Néthou. Un peu avant cet endroit, la raréfaction de l'air commence à être sensible; on respire moins bien, et on est essoufflé en montant; mais cet effet cesse dès qu'on s'arrête. Au bas du pic est un col où la crête de rocs s'abaisse et où on aperçoit pour la première fois les sommets espagnols, clairs, illuminés de soleil; contraste de leurs teintes roses et légères avec le ton fauve du côté français; charmante surprise. Au fond de ce col est une dépression dans la neige qui marque la place d'un lac, qui s'est enfoncé depuis quelques années et a disparu, le lac Couronné. D'ici, et même avant, la pente du glacier devient très-roide et très-pénible pendant une demi-heure; on s'arrête souvent pour reprendre haleine.

On quitte enfin le glacier pour franchir le dernier pas, une crête de rochers sur la droite, le fameux *Pas*, ou Pont de Mahomet, très-élevé, montant extrèmement rapidement, avec des précipices verticaux de chaque côté qui semblent s'élever du sein de la neige. Il faut passer séparément et prudemment. Ce serait impossible pour qui aurait le vertige. Arête extrêmement étroite, parfois comme une lame de couteau, formée de pierres d'inégale hauteur; il faut passer tantôt à califourchon, tantôt en s'accrochant des pieds et des mains, soit pour gagner le sommet de la crête, soit pour monter et descendre sur des entailles ou des saillies dans le roc qui garnissent les flancs du précipice. Passage d'au moins cinq à six minutes; périlleux, mais magnifique, parce que l'œil plonge à la fois des deux côtés à une profondeur énorme sur ces deux abîmes de neige, s'arrêtant à peine aux saillies, et suivant la ligne verticale de ces murs de rochers jusqu'en bas. Au delà, l'immensité de l'espace, du ciel, de l'horizon, des montagnes. Se sentir planer, nager, suspendu au-dessus de tout cela, dégagé, ne tenant à la terre que par un point le plus petit possible! Arrivés sur le sommet à huit heures cinquante minutes. Nous sommes plus haut maintenant que qui que ce soit de bien loin, et nous embrassons une immense étendue. Restés une heure, pas assez pour jouir. Assis à l'abri, nous prenons un petit repas de viande; granit au bordeaux avec la neige du sommet. Observations pour M. Lambron. Un thermomètre établi sur une planche légère, maintenu entre deux pyramides de pierre, n'a pas bougé depuis l'année dernière. Il est à 3° 4'. Le minima depuis la dernière observation (avant-hier) est de 0° 2'. Le minima de l'hiver, — 24°. Nous le laissons en descendant à 3° 7'. Malgré le froid, au soleil les paletots sont inutiles.

Nous avons des effets de lumière plus beaux peut-être que si les lignes se détachaient sur un ciel absolument pur. De ces hauts sommets, il y a peu de clarté dans le groupement des objets, tout est plus petit que soi, et rien ne se détache. Ce qui est le plus beau, c'est la vue immédiate de la montagne même sur laquelle on se trouve, et dont les sommets s'étalent à vos pieds. Vastes plaines, manteaux de neige percés d'arêtes tranchantes : très-bel effet. A l'est, la **Maladetta** se rattache immédiatement aux grands glaciers d'Esbarrans, qui continuent les siens en s'évasant jusqu'à la Forcanade. Au milieu, le lac d'Esbarrans.

Massif compacte et serré des montagnes de la Catalogne, beaux pics d'égale hauteur, s'en allant dans la direction de la chaîne orientale. Au nord, la crête des montagnes d'Aran, très-découpée. Au-dessus des pics du Port, qui semblent bien abaissés d'ici, on voit les vallées du côté de Luchon, la vallée d'Aran, etc., dessinées dans leurs ramifications par des nuages blancs qui flottent au-dessus et les recouvrent. On doit nous croire bien malheureux à Luchon. A l'ouest, le grand massif des crêtes de Crabioules et les glaciers de Litterole, les pointes du port d'Oo; et au-dessus, dans le lointain, Néouvielle, le Vignemale, le mont Perdu. Il y a de la grandeur à dominer cette confusion de pics, ces géants abaissés au-dessous de soi, serrés comme les arbres d'une vaste forêt ou les vagues de la mer, et une forêt de montagnes qui s'étend à une si prodigieuse distance, que l'œil n'en aperçoit pas la fin. Quelle puissance pour la soulever, pour la dresser là, cette forêt gigantesque, immobile, permanente, presque insensible au déclin et au changement pour notre vue limitée !

Nous redescendons à dix heures. Je m'accoude encore une fois sur une pierre du Pas de Mahomet, pour revoir la vue de la chaîne et la vue de l'abîme immédiatement au-dessous de nous. Très-bien passé le Pas ; arrivé sur les pentes de neige, je glisse sur les talons en m'appuyant sur le bâton ferré ; mais la neige est trop molle ; j'enfonce par-dessus les genoux, et je fais deux ou trois culbutes pieds par-dessus tête. Il est facile de se retenir en enfonçant les pieds et les mains dans la neige ; du reste, les guides sont en deux bonds près de vous. Nous brûlons à présent sur cette même neige où nous sentions le vent glacé, et qui nous glace encore les pieds. On descend aisément et gaiement. Nous passons auprès d'une crevasse très-large, plutôt un trou ; regardé au fond : pas de glace aussi loin qu'on peut plonger; parois garnies de neige éclatante. Nous suivons les glaciers inférieurs de la Maladetta, qu'on descend avec une rapidité prodigieuse. Les pierres qu'on retrouve après cela paraissent dures; en deux heures et demie nous sommes à la Rencluse; il est midi et demi. Le temps est splendide. Nous faisons un petit repas. Nous retrouvons nos chevaux qui paissent en liberté. Adieux à notre belle auberge, lieu déjà familier et cher, et départ, enchantés du succès.

En remontant le versant opposé, nous voyons cette grande Maladetta se détacher étincelante sur un ciel pur. De loin, en arrivant au Port, nous voyons Mme A. M... et G.... qui nous attendent debout sur un rocher. Échangé quelques signaux avec nos mouchoirs. *Hearty welcome*; ils sont arrivés un quart d'heure trop tard pour nous voir descendre; mais des pâtres et des guides nous avaient fort bien vus et suivis. De l'autre côté du Port, trouvé le brouillard qui envahit le lac, et descendu dans une brume très-épaisse et qui mouille. Côte à côte avec G..., qui m'interroge, je lui raconte l'expédition toute brûlante. C'est intéressant, ces premiers récits qu'on peut faire sous l'impression vive du moment. La descente ne finit pas; le temps s'enlaidit. Arrivés à l'hospice, nous trouvons ces dames, qui avaient passé la journée à attendre dans ce brouillard, et qui nous accueillent très-gracieusement avec une petite collation. Après un assez long temps d'arrêt, nous repartons; les voitures en avant; les cavaliers, le bâton ferré en arrêt; les guides devant, en escadron serré, claquant du fouet (comme des décharges de mousqueterie), tiennent à faire une belle entrée. On se met aux portes et aux fenêtres. — Fait toilette et dîné au chalet, au milieu de l'animation et de la joie générale. Personne à Luchon ne veut croire au succès de notre expédition. On s'est occupé de nous hier et aujourd'hui toute la journée. Contraste singulier, et qui se reproduit souvent cette année, entre le temps du versant espagnol et celui du versant français.

Luchon, samedi, 17 juillet.

Levé à neuf heures. — Il ne me reste de la grande course d'hier qu'un peu de cuisson aux yeux qui disparaît dans la journée, un peu de lourdeur de tête, et la peau brûlante par tout le corps. A table d'hôte, on me demande des nouvelles de notre ascension; il me faut repasser le Pas de Mahomet je ne sais combien de fois.

Temps très-beau et très-chaud; fait une course de convalescent; parti à une heure en voiture avec la famille M... pour la vallée du Lys. Je me place sur le siége; je jouis infiniment aujourd'hui de cette vallée, que je vois pour la troisième fois, goûtée, comprise et *aimée* bien plus que les premières. Dans la voiture, on est très-gai; on jase, on rit plus qu'on ne regarde. — P... me demande si je fais des vers. C'est cette nature qui en fait, et moi je les lis. — Rien de plus exquis, de plus frais, de plus ombragé que l'entrée de la vallée; les grandes pentes couvertes de hêtres, le torrent se perdant au fond sous les rameaux, et ressortant en blanche écume. L'inflexion de la vallée est d'une grâce extrême; dans la courbe, les glaciers apparaissent successivement, et grandissent jusqu'à ce qu'ils couronnent splendidement le fond de la vallée avec les pics qui les dominent. Enceinte large et close d'une manière grandiose. Le ruisseau du Lys forme là, dans un profond ravin, une série de chutes très-belles, mais qu'on ne peut pas embrasser dans leur ensemble. Beau contraste de la vue d'un large paysage serein, radieux, avec le ravin verdoyant, étroit, touffu, où l'on est enveloppé du grondement confus des eaux. (Me rappelle la cascade de Golling, près Salzburg.)

Arrêtés à l'auberge, pris un grog avec délices, et repartis à quatre heures. Magnifique lumière du soir sur le fond de la vallée; je ne me lasse pas de cette route, la plus belle des environs de Luchon. Nous nous arrêtons à ces prés si fleuris, et j'y cours butiner un bouquet. Rentrés à six heures.

Luchon, dimanche, 18 juillet.

P... vient me prendre à neuf heures et demie pour aller chez M. Lambron; compte rendu de notre course de la Maladetta, et causé assez longuement. Projets de courses; les Pyrénées orientales. Allé à la messe de midi; l'église est décorée de peintures à fresque sur fond d'or, dont l'effet général est assez bon. Allé visiter l'établissement, grand bâtiment neuf qui n'a rien de beau ni comme façade ni comme disposition intérieure. Visité le plan en relief fait par M. l'ingénieur Lezat; très-beau travail, mais trop restreint; il ne comprend que les environs immédiats de Luchon. Nous retrouvons nos courses. Indications fournies on ne peut plus complaisamment par M. Lezat : Crabioules, Vénasque et Viella, Héas ; il nous mène chez lui pour nous faire suivre sur des cartes détaillées. — Abandonné notre esprit à une foule de grands et beaux projets. En attendant, le temps est très-vilain; gris et couvert. — Promenade à Saint-Mamet, petit village de l'autre côté de la Pique. Église grossière et dont je ne peux définir l'époque, reconstruite et remaniée, mais, en tout cas, type roman. — Rentré et fait sécher mes fleurs d'hier.

Luchon, lundi, 19 juillet.

Temps bas et couvert. A trois heures, monté à cheval avec P... et G... pour une petite course sans guide jusqu'à moitié de la vallée du Lys. Après dîner, suivi à leurs différentes stations des danseurs et des musiciens espagnols. Je les amène à ces dames. Ce sont des gens de Vénasque. Types curieux, pleins de caractère, remarquables de sérieux et d'expression, que je ne me lasse pas de considérer. Ce qu'ils ont tous de commun, c'est la gravité et la dignité avec laquelle ils jouent, ils regardent, ils chantent, et dont ils ne se départent jamais. On sent sous ce calme et cette réserve extérieure quelque chose d'ardent, de profond et de contenu. On conçoit que lorsqu'on est habitué aux physionomies vives et expressives des hommes du Midi, on s'y attache, et qu'on trouve fades et froides les physionomies plus fines et composées de nuances délicates et lentes des races du Nord. — L'orchestre est composé d'une guitare, d'une mandoline, flûte, tambour de basque et triangle. Leur chant est nasillard, désagréable de sonorité, de timbre, mais original; une certaine mélancolie sur des rhythmes de danse accentués. Ils cherchent les sons les plus aigus de la voix de tête (caractéristique des chants de montagnes en général); rendent le son aussi grêle que possible, et semblent vouloir lui faire gagner en portée ce qu'il perd en volume. On ne peut se figurer que ces voix d'enfant ou de vieilles femmes sortent de ces figures hâlées et de ces bouches viriles. Leurs danses n'ont rien de frappant. Une fois en train de danser et de chanter, on ne peut plus les arrêter.

Luchon, mardi, 20 juillet.

Ce matin, le beau temps se déclare; les vapeurs qui depuis deux jours couvrent les montagnes, se déchirent, laissent voir l'azur, et flottent en lambeaux d'écharpes sur leurs flancs. Le soleil vient éclairer les courses. L'allée d'Étigny s'emplit d'équipages et de cavaliers. G... et P... partent avec ces dames; je les rejoins au galop. J'ai souscrit pour 20 francs, ce qui donne droit d'aller se griller au premier chef sur trois planches soutenues par quatre poteaux qu'on appelle des tribunes. Le champ de course est au milieu de la vallée, dans les prairies nouvellement fauchées et très-vertes. Ces enclos verts semés d'arbres, le mouvement des piétons et des cavaliers, des voitures, les couleurs gaies des toilettes; toute cette petite scène brillante forme un charmant tableau encadré dans ces majestueuses montagnes éclairées d'une belle lumière. Cazaril et celles à gauche de la vallée, avec leurs charmantes lignes fuyantes, ne m'ont jamais paru si jolies. Le premier plan vert, au centre duquel on se trouve, rehausse l'effet du cadre. Tout est fait pour le plaisir des yeux. Charmant champ de course. Visité les obstacles, qui sont une plaisanterie. Tout le monde élégant est là.

Les guides arrivent à cheval en troupe, chantant, drapeau en tête; ils ont le béret bleu avec mèche blanche. D'abord course de guides; ils partent au grand galop; puis se ralentissent; les petits chevaux se lassent, et leur ardeur tombe tout de suite. Course de gentlemen. Puis course à pied de guides. Ils gravissent la montagne au-dessus de Montauban; presque tous sont nu-pieds; en dix-huit minutes, le vainqueur arrive au petit drapeau flottant aux trois quarts de la montagne. C'est joli de voir ces points blancs dispersés et bondissants sur le penchant. Steeple-chase à trois, très-jolie course menée de front. A quatre heures, tout est fini. L'allée d'Étigny ressemble aux Champs-Élysées. Comme toute cette gaieté et ce spectacle vulgaire en soi est relevé par le lieu de la scène !

Le soir, bal au Casino; à neuf heures et demie, la salle est encore vide. On arrive, et on danse jusqu'à une heure dans une salle beaucoup trop grande. En sortant, le ciel est chargé de gros nuages noirs. A deux heures, éclate un furieux orage; grand fracas et torrents de pluie.

Luchon, mercredi, 21 juillet.

Encore de la pluie. Les allées sont boueuses; les débris de l'orage se traînent sur les montagnes et descendent presque jusqu'au fond des vallées. Luchon est triste par ce temps. A trois heures, je sors avec P... Nous montons au-dessus de l'établissement, à la cabane et à la fontaine *d'Amour*. Toutes les hautes herbes sont emperlées et les arbres dégouttants d'eau. De la cabane et de la fontaine, joli point de vue sur le fond de la vallée. Le temps s'élève, quelques coins d'azur paraissent. La nature émerge de son bain sombre encore et sous les vapeurs, mais rafraîchie. A mi-côte, la fontaine *d'Amour*, petite source (légèrement minérale, sulfureuse et saline). Le bassin et le jet sont entourés de fleurs et de guirlandes. La bonne femme a soin de nous répéter la légende : que quiconque en boit est sûr d'être marié dans l'année. Redescendus à cinq heures. — Avant et après le dîner, j'écris mon journal.

Luchon, jeudi, 22 juillet.

COURSE DE BACANÈRE.

Temps superbe. Parti pour Bacanère à neuf heures avec G... et P...; pour guides Capdeville et le vieux Lafont-Prince. Bacanère, pic situé sur la limite de la France et de l'Espagne, entre le val de Luchon et le val d'Aran. On quitte la route de Toulouse, et on traverse la Pique à Jazet. Le chemin s'élève; on domine Luchon et le fond de la vallée, au-dessus de laquelle les glaciers commencent à paraître. Chemin en corniche. Les glaciers de Crabioules s'élèvent majestueux, sereins, rayonnants au-dessus des gazons et des sapins de la vallée, et forment un couronnement magnifique; vue qui rappelle tout à fait la Suisse. Peu à peu, les montagnes de Vénasque s'abaissent, la Maladetta paraît pure et resplendissante, pour achever cet édifice de montagnes qui s'élargit et s'achève à chaque pas. Tous ces glaciers, sur différents plans, qui se rejoignent entre eux, et dont la Maladetta marque le centre, décrivent autour de la montagne que nous gravissons un vaste arc de cercle; magnifique enceinte. C'est l'endroit d'où ils se présentent et se disposent le mieux. On les a derrière soi durant toute l'ascension, qui est très-belle. Je me retourne sur mon cheval pour mieux en jouir. On atteint le sommet à travers de hauts pâturages, mêlés de couches d'ardoise schisteuse. Le sommet de Bacanère domine les deux vallées; magnifique vue d'ensemble, supérieure à l'Entécade. Depuis les pics serrés et tachés de neige de la Catalogne, qui forment un bataillon épais et d'égale taille à l'extrême gauche, la Forcanade, Esbarrans, la Maladetta qui trône au centre, jusqu'à la ligne de Maupas et de Crabioules, qui s'étale tout entière, le port d'Oo jusqu'à Néouvielle, qui s'y rattache aussi, c'est une ligne continue de crêtes neigeuses. Les montagnes de Barèges, Arbizon, le pic du Midi, semblent extraordinairement près, ainsi que le port de Cambielles, qui va rejoindre Héas et Gavarnie.

Redescendus à pied et traversé une *combe* de gazon qui nous sépare des Pales de Burat, autre sommet gazonné au-dessus de Saint-Béat.

Je m'attarde, et m'assieds seul un quart d'heure au bas du sommet, au-dessus du val d'Aran, que couronnent encore les monts de la Catalogne. Lumière chaude et vaporeuse du Midi. Il faut un peu de solitude et de recueillement pour se pénétrer du sentiment d'élévation et de paix sublime qu'inspirent ces hauteurs. On ne voit plus que des sommets purs nageant dans l'éther, et tendant en haut pour s'y perdre dans la sérénité et la tranquillité; les bas lieux de la terre ont disparu et sont oubliés. Puissent toutes les basses pensées, tous les soucis vulgaires, tout ce qui rattache et rabat notre vol vers l'*udam humum* disparaître avec eux! Mais combien et des meilleurs les font monter avec eux jusqu'en ces hautes régions! Combien de souillures et de vils désirs, ou de mesquines préoccupations d'âmes émoussées, ont été promenés sans respect sur ces *temples se-*

reins! Mais ils n'en gardent pas la trace. Les souillures des hommes s'y fondent et s'y effacent plus vite que leur neige au soleil, et ils demeurent éternellement purs et frais, source éternelle de fraîcheur et de pureté à l'âme qui sait s'y isoler et s'y asseoir.

Déjeuné sur le gazon entre les deux sommets. Gravi les Pales de Burat; peu élevées. Ici la vue est tournée vers la plaine. Des vapeurs montent de toutes parts, se déchirent par instants, et laissent voir les pentes vertes de la montagne, jusqu'au gros rocher à pic qui domine l'entrée de Saint-Béat. Devant soi, on voit l'abaissement de la montagne vers la plaine, la décroissance en relief; très-joli effet. La vallée s'élargit, les pentes s'adoucissent et s'écartent jusqu'au delà de Saint-Bertrand, et vont mourir en petits mamelons et en ramifications qui ne se distinguent plus au-dessus de la plaine. Au delà grande surface unie se perdant dans le brouillard; c'est la plaine qui s'étend au loin, les demeures des hommes qui s'agitent en bas, se disputent et se partagent ces enclos, cultivent, végètent, souffrent, oublient. Tout ce grand espace à perte de vue est plein en ce moment de mouvement, de vie, de passions, d'intérêts, d'intrigues qui se croisent et se heurtent en tout sens, et qui disparaissent à la hauteur où nous sommes placés. Trois ou quatre fois les vapeurs s'évanouissent, se forment et se disputent à nos pieds avant de se fixer. Travail curieux à observer. D'abord c'est comme un point, puis comme un voile de gaze légère qui apparaît entre les profondeurs et soi, qui s'élargit, s'épaissit, se réunit, et en un clin d'œil se gonflant est monté jusqu'à vous et dérobe tout. Qu'on détourne la tête, dans une minute il n'y a plus rien; le nuage n'a pas changé de place, il s'est complétement résorbé, évaporé. Cueilli des fleurs avec le père Prince, qui s'y connaît; anémones, saxifrages, etc. Remonté à cheval à deux heures près de la cabane. Nous descendons presque directement du sommet dans la vallée rejoindre la grande route. Les rayons du soleil touchent doucement les moindres saillies des rochers ; cette lumière du soir a quelque de moelleux et de vaporeux, quelque chose de la suavité du clair de lune. Passé à Gouaux, petit village aux flancs de la montagne, au haut d'un ravin assez profond que nous contournons. Rien de plus charmant et de plus frais que ce passage. Les toits en chaume du village, espacés sur la pente, sont enveloppés d'une riante végétation. A Cier, nous prenons un joli galop, et rentrons enchantés, à cinq heures et demie. Le soir, bal à l'hôtel Bonnemaison.

———

Luchon, vendredi, 23 juillet.

Temps radieux ; quel dommage qu'un lendemain de bal ne permette pas d'en profiter !

A midi, petite promenade à cheval sur le chemin de Poujastou avec messieurs M... Je suis endormi la moitié du chemin, las et triste. De ces accès de fatigue, de besoin de repos et de *home*, qui prennent en voyage dans les intervalles de l'intérêt excité : petits moments d'abattement à franchir.

On monte par Montauban, presque immédiatement au-dessus de Luchon, qu'on domine en montant. On entre dans une forêt de beaux sapins, droits et hauts, à travers lesquels la vue plonge. On sort de la forêt pour contourner une charmante coulée de prairies ; joli endroit. Halte auprès de la fontaine ferrugineuse dans la forêt, et redescendus par le même chemin. Le temps se gâte ; incertitude pour demain : Crabioules, ou Vénasque ?

23 juillet[1].

Mon père, j'ai souvent rêvé que le bonheur et la perfection de cette vie seraient d'avoir un centre où se rattacheraient toutes mes pensées, tous mes sentiments et tous mes désirs, toutes mes espérances et tous mes souvenirs ; de concentrer mes affections sur un être tendrement aimé ; de borner tous mes vœux dans un foyer, dans une demeure, dans une famille ; de m'attacher à un seul lieu par des liens sacrés, constants, chéris, et de ne pas laisser s'égarer mes désirs ou mes rêveries hors de ce petit horizon et de ce lieu unique de la terre.

Puis, d'autres fois, croyant planer plus haut et prendre un essor plus rapide, j'ai souhaité d'être seul, libre et sans liens, pour parcourir

---

[1] On a placé ici, à la date où elle a été écrite, cette page déjà citée dans l'Introduction des *Fragments*.

le monde en tous sens, pour m'abreuver à toutes les sources de beauté qu'il présente, et élever mon âme sur tous ses hauts sanctuaires. J'ai tremblé à l'idée de ne pouvoir pas m'élever jusqu'aux cimes les plus sublimes, et m'enfoncer dans les plis les plus reculés des montagnes; de ne plus franchir les vastes océans, et visiter les mondes nouveaux qu'ils séparent de nous; fouler tous les vestiges des âges éteints, et tous les monuments que les générations passées ont laissés derrière elles pour nous instruire de leur passage et nous faire réfléchir sur leurs pensées, jouir ou souffrir de leurs émotions; et je ne voudrais pas qu'il y eût un coin de ces spectacles, un coin des œuvres de Dieu et des créations de l'homme qui échappât à ma recherche curieuse. Et j'ai senti que le temps et les forces manqueraient plutôt à mes courses que le monde à mon ambition, bien qu'il se soit tant rétréci. Et derechef j'ai pressenti le vide et la lassitude de cette course errante, de cette variété qui se répète, et de cette fatigue qui doit saisir l'âme isolée, perdue dans cet espace à la fois trop vaste et trop étroit pour elle, trop divers et trop monotone. L'image et la promesse de ces deux bonheurs se sont partagé mon âme et s'y sont combattues. Et je me suis plaint de cette vie, qui est trop courte pour être complète, et qui nous impose des regrets, parce qu'elle exige un choix; j'ai pensé qu'il faudrait deux vies pour satisfaire ce double besoin dont mon cœur ne peut se résoudre à sacrifier aucun.

Mon fils, toutes ces inquiétudes, tous ces désirs sont vains. Il faut prendre et accepter la vie comme elle vient, sans ambition, sans trouble, sans regret, presque sans choix; car tous les choix sont égaux. Il ne faut pas se consumer à la désirer autre qu'elle n'est; car elle est toujours tout ce qu'elle peut être, et la réalisation de nos plus charmants désirs la laisserait imparfaite et incomplète. Tout ce que nous pouvons voir, tout ce que nous pouvons faire, tout ce que nous pouvons être et sentir en ce monde présent, mon fils, n'a aucune importance ni aucun prix que pour nous mener à désirer et à aimer, que pour nous mettre en état de gagner et de posséder, si nous en sommes dignes, le monde à venir, le monde des choses parfaites et durables, des états stables et achevés. Nous vivrions cent vies ici-bas, qu'aucune ne comblerait nos besoins et ne satisferait le double côté de nos vœux. Dieu seul est éternellement le même et éternellement nouveau, éternellement un et éternellement divers. En lui seul notre âme peut trouver éternellement le repos de l'amour et l'activité du désir ; et c'est en vivant les yeux fixés sur ce centre infini, si proche de nous, qu'elle traversera indifféremment et heureusement l'instant qui nous en sépare.

Luchon, samedi, 24 juillet.

COURSE AU LAC D'OO.

A dix heures, départ pour le lac d'Oo. Deux voitures pour les dames ; nous à cheval. Le temps est rayonnant, il aurait fait magnifique pour notre grande course. On suit la route qui monte entre Superbagnères et Cazaril, et ou traverse les villages échelonnés de Saint-Aventin, Cazaux, etc. Toute cette route est brûlante, sèche, poudreuse. A Oo, petit village, la route retourne pour s'enfoncer dans les montagnes, le caractère change. Tout ce qu'il y a de plus agreste, frais et pastoral ; une Arcadie. Au fond, des prairies d'un vert d'émeraude, où coulent à pleins bords un torrent écumant. Du centre de cette verdure s'élèvent des pentes bleuâtres et les glaciers brillants d'Oo. Me rappelle *Stachelberg* (canton de Glaris), avec une vallée plus étroite, celle d'Astau. En approchant des cabanes, la scène devient plus austère, les lignes plus abruptes. Avant de voir le lac d'Oo, on aperçoit au-dessus le ruban de la grande cascade; surprise et aspect charmant. Le lac est plus petit que le lac de Gaube, a moins de grandeur, n'est pas entouré de hautes montagnes. Il est profond de deux ou trois cents pieds. M. Lezat a calculé que dans deux cent cinquante ans il serait comblé, les montagnes s'abaissant par les éboulements. Au retour, chemin très-facile; la descente sur Luchon est charmante, et la soirée resplendissante. Après dîner, nous organisons notre grande expédition de Crabioules pour demain, et comptons partir à deux heures du matin. Beau lever de lune.

Luchon, dimanche, 25 juillet.

ASCENSION DE CRABIOULES.

A deux heures, papa Redonnet, avec son petit rat-de-cave et ses gros souliers, vient frapper à ma porte. Les chevaux nous attendent. Habillé en hâte, et couru trouver P... Nous partons à deux heures quarante-cinq minutes avec Redonnet et Ladrix Guardien, guide à l'air fin et intelligent, et un garçon pour ramener les chevaux du lac d'Oo, nous attendre à la vallée du Lys. Traversé Luchon endormi; le réveillant de quelques coups de fouet. Le ciel est parsemé d'étoiles.

Il y a quelque chose de mystérieux et de frappant à chevaucher la nuit entre les montagnes, et à se sentir enveloppé de leurs grandes ombres indistinctes. Monté toutes les pentes de la route de Saint-Aventin en pleine nuit.

Fausta Venus cælo nobis arridet ab alto.

Elle est étincelante et précède le soleil. Bientôt les sommets derrière nous se découpent sur un ciel blanchissant. *Matutini albori.* Cheminé alertement, humant la fraîcheur et le plaisir présumé.

Dans le fond, au delà d'Oo, on voit les glaciers au-dessus de la verdure, avec cette teinte cendrée gris perle qu'ils prennent à l'aube ou à la chute du jour, immédiatement avant ou après le soleil, et que je n'avais pas revue depuis la Suisse. La nature sort des limbes, et secoue l'engourdissement qui précède le réveil complet à la vie, à la lumière, à la couleur, au mouvement. Fredonné : La nature murmure l'hymne de son bonheur.

Aux cabanes d'Astau à quatre heures quinze minutes; au lac d'Oo à cinq heures. Les sommets déjà touchés de la lumière, qui descend, envahit et anime de plus en plus le paysage. Les gens du lac, sortant du lit et grelottants, allument leur foyer. On sent le frisson du matin. Mangé un morceau de pain à la cabane. Nous passons le lac en bateau. Il est encore endormi, mort et terne ; pas un souffle ni un rayon sur ses eaux sombres et uniformes. La cascade tombe morne. Mais il y a un certain charme dans ce recueillement en elle-même de la vie qui n'est pas encore née. *Das an sich sein*. Nous sommes dix minutes sur l'eau.

Au-dessus du lac, à la hauteur de la cascade, on s'enfonce dans un couloir étroit et pierreux qui arrive par un petit port en vue du second lac (Espingo), à six heures vingt-cinq minutes. Laissé à droite Espingo, lac bleu, abrité sous un grand mur de rochers, qui l'enveloppent et le dominent, et ayant devant nous le troisième lac (Saounsal), d'un vert clair blanchâtre. La scène en face de laquelle on se trouve en haut du port est très-grandiose. Il n'y a plus trace de verdure. On est ici au vestibule et à la base même du domaine des solitudes dont on va monter le gigantesque escalier. Ne pouvant trouver où franchir le torrent, nous contournons la rive gauche du troisième lac, jusqu'au bord duquel descend comme une avalanche d'énormes blocs amoncelés. Nous laissons à droite un quatrième petit lac, et nous montons le long des bases du pic Quairat, qui s'élève sur des murailles décharnées à pic; de ce côté, il est inaccessible.

Atteint un nouveau plateau, plus resserré et plus désolé que le premier. Un peu plus loin est le lac du Portillon. Nous montons sur un gros pâté de rocs pour l'apercevoir. Il est encadré dans la neige, qui descend jusque sur ses eaux grisâtres, qui sont couvertes de glaçons flottants. On dirait un morceau détaché des mers polaires. C'est un des lieux les plus grands, les plus sauvages et les plus glacés qu'on puisse voir dans la haute montagne. Arrivés là à huit heures et demie. Fait halte une demi-heure près d'une flaque d'eau fraîche, et fait un petit déjeuner. Les vapeurs montent derrière nous et nous poursuivent. Nous les avons vues, se glissant comme des reptiles le long des montagnes, aborder le premier col au-dessus du lac d'Espingo, et lécher sa surface; plusieurs fois s'avancer pour prendre possession du col, et se retirer. Il n'y a que le vent qui souffle d'Espagne qui les refoule sur la France, et les empêche de passer les cols.

En quittant la halte, à neuf heures, nous nous engageons dans un long couloir de graviers et de neige. A gauche, le port du Passage; à droite, un mur coupé à pic : c'est la base de Perdiguières. Quand on se retourne, on voit se creuser toujours plus profondément au-dessous de soi l'entonnoir et le bassin glacé du lac, qu'on ne perd pas de vue un instant. Derrière, les magnifiques cimes glacées du port d'Oo. Entendu un bruit souterrain comme celui de pierres qui roulent, ou d'un convoi qui s'éloigne à toute vitesse : c'est l'eau qui se fraie un passage profond et ténébreux sous le glacier sur lequel nous marchons. La chaîne de Crabioules devient de plus en plus prodigieuse, décharnée, déchirée. Le couloir de neige où nous sommes se termine par une ligne convexe, qui se détache d'un blanc étincelant sur l'azur foncé du ciel; rien derrière, le bleu et l'espace pour horizon; splendeur éclatante du ciel et de la lumière sur ces hauteurs; toute la *crassa fuligo* est sous nos pieds accumulée, et ici l'air est d'une transparence de cristal. Tout à coup, au-dessus de cette ligne de neige, paraît l'extrême sommet du Néthou, d'une netteté et d'une vivacité de contours incroyables, comme enveloppé d'une atmosphère violette, radieuse.

Un peu avant le sommet du couloir, on arrive au pied de la pointe de Crabioules, que nous devons monter. Il est dix heures quarante minutes. Cela paraît tellement droit et inaccessible, que les guides hésitent, et veulent nous faire rebrousser chemin ou prendre un grand détour. Insisté, et commencé l'escalade avec cœur, courage, ardeur, et sans un instant d'hésitation, mais ne croyant pas trop arriver à bout de l'entreprise. Les premiers pas sont les plus difficiles. Il faut grimper en s'accrochant des pieds et des mains dans les trous, les aspérités; souvent des pointes qui avancent vous rejettent en arrière. Longues enjambées à faire, et souvent saillies à ne poser que la moitié de la largeur du pied. On ne voit entre soi et le fond du glacier que ces saillies avançantes, sur lesquelles on serait infailliblement déchiré si on tombait; mais on n'y songe pas quand on a la tête libre et le pied sûr; on ne fait que s'enivrer de la beauté du spectacle, du sentiment de la profondeur et de l'attrait de l'abîme. Ascension magnifique comme grandeur de la scène environnante et intérêt de difficultés à surmonter.

Arrivés au sommet à onze heures vingt-cinq minutes. Arrêtés plus d'une heure, et fait un petit repas. Trouvé les bouteilles qui contenaient le nom de M. Lezat et des deux personnes qui l'accompagnaient quand il fit la première ascension en 1852. Personne n'est monté depuis six ans. Inscrit nos noms à côté, avec quelques lignes explicatives du temps employé et de l'aspect des lieux. Il fait un vent très-fort, froid, presque à renverser si on se tenait debout sur cette *acies* aiguë, et qui nous force à chercher des mains l'appui des pyramides de pierre construites par M. Lezat, elles-mêmes peu solides. Le sommet est pointu, et on peut à peine tenir les deux pieds de niveau. Assis pour manger, tournés vers la France, le dos au vent, et les jambes littéralement pendantes sur l'abîme sans fond. Trouvé de petites saxifrages charmantes dans le creux des pierres.

La vue du sommet est une des plus splendides qu'on puisse désirer; supérieure pour moi à la Maladetta, et mieux groupée. On est au centre même des plus grands glaciers et des plus grands écartèlements de la partie la plus élevée de la chaîne; toutes les âpretés des points culminants se pressent autour de vous. Puis aujourd'hui la lumière est incomparable. Jamais je n'ai vu l'atmosphère dans laquelle nous nageons d'une fluidité et d'une pureté si merveilleuses; pas le plus léger voile de vapeur n'est interposé; jamais aussi les tons de lumière n'ont été si vigoureux, si riches et si éclatants. Tout à fait le Midi: voilà ce que je n'ai jamais trouvé dans les Alpes. Par contraste, la France est entièrement couverte de vapeurs. Nous perdons la vue des vallées et de la plaine; mais l'effet est si beau, que nous n'osons nous en plaindre. Cette étendue blanche et éclatante de vapeurs, comme une mer immense de nuages qui moutonne au loin, se perdant à l'extrême horizon et se confondant avec le ciel comme la mer véritable, donne le sentiment de l'infini.

Du milieu s'élèvent comme de grands rescifs : ce sont les pics élevés, qui surnagent comme des îles : le sommet de Céciré, tout près ; les quatre petites pointes du Monné, qui disparaissent peu à peu et vont être submergées ; Bacanère, les crêtes de la vallée d'Aran, qui sortent du brouillard à leur extrémité orientale ; le pic Sacrous, etc. Ce que je regrette, c'est le fond de la vallée du Lys, qu'on domine ici tout entier, plongeant de toute la hauteur dans ses gracieuses prairies. Obligé de mettre mes lunettes pour soutenir l'éclat de cette nappe brillante nacrée. Les alentours immédiats sont grandioses. On voit de près les déchirures et les flancs ravinés de tous ces grands pics. La Tusse de Maupas avec sa petite tour (encore un inaccessible), à l'est, cachant le port de Vénasque, toute la crête même de Crabioules, Quairat, et les sommets hérissés, neigeux, du port d'Oo et de Clarabides. Au-dessous de nous, tout le grand bassin rempli de neige des glaciers de Litteroles, avec un petit lac bleu endormi au sein même du glacier. La Maladetta est vue de côté; le colosse est revêtu de la teinte la plus délicate, d'un lilas frais, étincelant. A l'arrière-plan, les montagnes de Catalogne, d'un rose vif, et l'admirable groupe des montagnes d'Aragon, si sévères et imposantes dans leurs formes nues et anguleuses. D'abord noires et sombres, elles s'enflamment peu à peu, et passent au rouge brique foncé.

Pas lassé de repaître mes yeux de ces magnifiques nuances, de ces manteaux royaux et de cette pourpre divine jetés sur le dos des montagnes. Salomon dans toute sa gloire était-il vêtu comme l'une d'elles? C'est aujourd'hui dimanche. Élevé mon âme, et adoré sur ces hauteurs. *Das ist der Tag des Herrn, und wahrlich das Licht seines Angesichtes* [1].

Redescendus à midi quarante-cinq minutes; au bas à une heure quinze minutes, sans grande peine. Posé les pieds avec dextérité et sûreté. On descend la face tournée vers l'abîme, et le corps penché au-dessus. On se trouve accroché, comme une pauvre petite mouche, à une surface verticale. Pris le même chemin, franchi le sommet du col de neige, et descendu sur l'autre versant; les magnifiques et larges glaciers de Litteroles se déploient devant nous, descendant doucement encadrer leur lac. Nous remontons passer un port entre Crabioules et la Tusse de Maupas. Il est deux heures. La neige nous brûle le visage. Descendu dans toute

---

[1] C'est aujourd'hui le jour du Seigneur, et c'est vraiment la lumière de sa face divine.

leur longueur, qui est très-grande, les glaciers en pente rapide de Crabioules. Là, nous entrons dans le brouillard. Eaux courantes, murmurant de toutes parts. Cinq ou six délicieuses cascades tombent en pluie fine, comme une écharpe flottante, du haut du rocher. A trois heures, nous sommes au bas des dernières neiges.

Fait une bonne halte et une bonne collation. Repartis à trois heures et demie. Cinquante passages à pic et dangereux; on ne sait où on roulerait; nous n'y faisons plus attention, et les traversons aussi sûrement qu'un salon. En émergeant du brouillard, nous nous trouvons à la limite des arbres. Les guides nous engagent dans la forêt par un mauvais chemin, et nous marchons près de deux heures dans la plus prodigieuse confusion de végétation qu'il y ait, mais complétement perdus dans des pentes abruptes et infranchissables. Plusieurs fois abouti à des murs verticaux sans saillie, et obligés de rebrousser. Les guides, inquiets eux-mêmes, cherchent, et nous laissent suivre derrière; nous marchons à travers un fouillis inextricable de lianes, de fougères plus hautes que nous, de framboisiers sauvages. Pour sol une mousse glissante où le pied enfonce, ou bien des troncs de sapins pourris et jetés en travers les uns sur les autres. La pente est verticale; je ne sais comment nos pieds y tiennent. Jamais je n'avais vu de forêt si impénétrable; pentes jamais foulées, herbes qui n'ont jamais été courbées par le pied de l'homme. Mais cela se prolonge un peu trop; cela devient plus pénible et plus difficile que tout ce que nous avons fait.

Enfin arrivés haletants au fond du gouffre d'Enfer. Magnifique entourage de cascades. Ici, descendus rapidement, comme sur des sentiers de velours. Couru, en bondissant et coupant à travers les prairies, jusqu'aux cabanes. Ceux qui nous attendaient commençaient à trouver le temps long. Pris un grog. Les guides nous complimentent sur nos jambes; il est six heures; nous avons marché douze heures. Monté immédiatement à cheval, et poussé presque un seul temps de galop jusqu'à Luchon. Tout en galopant, je raconte tout à G..., venu au-devant de nous. Extrèmement rouges et brûlés de figure; hors cela, nous ne sommes pas fatigués.

Luchon, lundi, 26 juillet.

Encore un peu fatigué d'yeux et de tête en me réveillant. Rencontré M. Lezat, qui me demande des nouvelles de la course d'hier et s'informe de l'état des neiges. D'ordinaire on ne passe pas le glacier de Litteroles, et on revient franchir la chaîne en arrière du pic. Sorti à cheval à deux heures avec P... et G... sans guide.

Suivi la vallée de l'Oueil, agréable vallée

assez large, encadrée de montagnes peu élevées ; le fond verdoyant et frais, des moissons et des villages sur les pentes. Allé jusqu'à Saint-Pol, gros village avec un vieux petit castel à tourelles. Revenus par Castel-Blancat, dont la vieille tour s'élève sur un mamelon isolé comme une sentinelle. La vue qu'elle commande est superbe ; forte et belle position au confluent de trois vallées. C'est là que saint Aventin fut enfermé et s'échappa d'un bond, posant le pied sur une pierre de la montagne d'en face. On a une très-belle vue sur le bassin de la vallée de l'Arboust. Nous passons à Cazaril, délicieusement perché à mi-montagne, et se détachant sur le fond de la vue comme un promontoire, au-dessus de Luchon. De gros nuages d'orage passent, mais le port est clair. Quel signe est-ce ? Nous décidons pour demain la course au pic Sacrous. Celle de la Pique n'est qu'une excursion de haute difficulté, sans grande beauté.

Luchon, mardi, 27 juillet.

COURSE DU PIC SACROUS.

Partis à sept heures et demie avec P... et G... et les guides Ribis et Redonnet Natte pour le pic Sacrous. Le temps est à moitié couvert, le soleil embrouillé; débris de l'orage d'hier. Partis gaiement. Tous les fonds de vallée frais et charmants après la pluie. Monté la gorge de la Glère; à la cabane à neuf heures et demie. Commencé à monter le port à pied. Cirque de rochers nus de la forme qu'affectent presque tous ces fonds de haute vallée de la chaîne centrale aux Pyrénées. Cascades glissant sur les rochers. Monté à travers des pierres roulantes et des pentes gazonnées. Nous arrivons au haut du col à onze heures vingt minutes; au sommet, vent fort et froid. A dix minutes de là, sur le versant espagnol, halte près du ruisseau pour déjeuner.

Belle et sévère vue en face. Au-dessous dans un bassin le petit lac de Gourgoiles. A travers un amas de rochers s'élevant abruptement de chaque côté, apparaît la masse de la Maladetta formant le fond, son sommet enroulé de nuages gris. Le pic Sacrous est à droite du port de la Glère; nous l'avons à notre gauche, puisque nous le gravissons par le revers. Atteint le sommet en trente-cinq minutes. Marché au pas de course et sauté de roc en roc pour nous réchauffer. Pendant un quart d'heure on monte sur l'extrême saillie de la crête, en s'accrochant, une sorte de pas de Mahomet moins à pic et plus prolongé. Tous ces sommets sont déchirés et en ruines. Sur le pic à midi quarante minutes.

Le vent est violent; une petite nuée de grêle nous fouette par derrière et pique comme des épingles. Magnifique spectacle de tous ces mouvements atmosphériques. Grandes bandes de nuages chassés violemment à travers le ciel;

eine wilde Jagd rasant rapidement les pics. Tout le long de la crête la vue est magnifique, surtout et toujours du côté de l'Espagne. La Maladetta, le front enveloppé de nuages grisâtres comme des enroulements de bandelettes, les flancs et le bas des glaciers éclairés par des coups de soleil pâle et blafard tombant par derrière un rideau de nuages blancs qui noircit et s'épaissit sur le groupe des monts d'Aragon.

Très-grand et très-mélancolique; un vrai tableau de *Ruysdaël*, s'il eût peint la haute montagne; tout à fait sa lumière, ses contrastes de soleil pâle et de tristes nuages gris. A l'est on voit toute la chaîne des pics qui gardent le port de Vénasque, dominée par le cône aigu de Sauvegarde et par les deux aiguilles du pic de la Mine, menaçant et superbe, et se détachant sombre, noir, terrible, sur la lumière pâle du ciel. Les glaciers de Crabioules et de Maupas paraissent et disparaissent successivement au milieu de tourbillons de gros nuages noirs. Quelques roulements de tonnerre au-dessus de Crabioules. Scène fantastique, magnifique de désordre, de grandeur et d'horreur. La terre et le ciel semblent disputer de déchirures et de bouleversements. Toutes les dégradations possibles du noir au blanc; il n'y a pas d'autres teintes. Le fond des vallées se cache, les vapeurs montent, le désordre augmente; une agitation incroyable et en tous sens se produit dans ces masses de vapeurs qui se choquent, tournent sur elles-mêmes. Tantôt un nuage monte en tournoyant comme l'épaisse fumée d'un foyer caché, tantôt il se répand en tourbillons comme de la poussière. Le cercle de cette lutte se resserre et monte autour de nous. Les nuages se disputent la possession du col et du pic où nous sommes; enfin ils nous abordent et nous enveloppent.

Aussitôt à la scène de tumulte, de confusion et de bruit succèdent un repos et un silence de mort très-solennels; nous ne voyons et n'entendons plus rien ; nous cheminons au milieu d'un brouillard gris et uniforme. Cette grandeur des luttes de l'atmosphère sur les sommets tourmentés de la montagne me rappelle la façon dont Gœthe a compris la poésie des grandes montagnes dans Faust, et en descendant je me répète involontairement les vers du troisième couplet du *Lied* de Mignon. *Drachenbrut*. Le chemin enveloppé de brouillards sur la montagne.

Les guides nous pressent pour descendre ; nous repartons à une heure. Suivi quelque temps le penchant à pic des crêtes. La vapeur voile l'abîme ; de temps en temps les nuages tombent en pluie sur nous, mais nous ne la sentons pas sous l'impression du grand spectacle dont nous venons d'être témoins. Descendus par le val de Bonneu, presque toujours dans la brume, qui se déchire par instants pour nous laisser voir les lieux où nous passons. Nous descendons rapidement et gaiement riant, plaisantant et enchantés de notre course.

Ceux qui craignent de se hasarder dehors par le moindre nuage ne se doutent guère de la beauté et de la variété qu'offrent tous les aspects de la nature, et des plaisirs qu'elle peut donner même dans ce qu'on nomme son inclémence. Passé près d'une hutte de berger; quelques pierres plates avec quatre piquets recouverts d'herbes sèches. Un lit d'herbes, comme dans les *Sennshütten* de la Suisse, deux planches pour les pots, et le feu dans un coin. A quoi réfléchissent ces hommes dans leur solitude? Ils perfectionnent leurs sens; la vue et l'ouïe acquièrent la finesse et la délicatesse de certaines races animales, et prennent aussi de la finesse de physionomie (souvenir du berger aux yeux bleus du Tœdi en Suisse; finesse et naïveté).

Fait halte au milieu du ruisseau pour faire une petite collation. Les vapeurs se lèvent, et nous laissent voir le fond boisé du ravin. Nous entrons dans la forêt, au milieu de laquelle saute le torrent écumant parmi des touffes de fleurs. Cueilli un charmant bouquet de digitale, d'aconit et de grappes de sorbier. Nous revenons ravis et rafraîchis de cette journée, et enchantés d'avoir vu sous un aspect si frappant et si sauvage les monts maudits que nous connaissions déjà sous toutes leurs autres couleurs. Arrivés au bas de la vallée du Lys à quatre heures et demie ; remontés à cheval et revenus au galop.

Luchon, mercredi, 28 juillet.

Temps couvert ; il n'y a pas moyen de songer à une grande course. A une heure nous partons une nombreuse cavalcade pour la vallée de l'Oueil ; les lignes qui la terminent sont assez agréables ; quelque chose qui rappelle les lignes des montagnes doucement inclinées à l'horizon des Claude et des Guaspre. Hésité à pousser jusqu'au Monné, qui est clair. En revenant, délicieuse vue sur ces vallées semées de villages, et surtout la fertile et large vallée de l'Arboust. Traversé Sarcouvielle, etc., charmants nids suspendus quand on les voit de près. Les prairies irriguées sont traversées de rigoles coulantes et murmurantes; elles sont bien plus fraîches qu'il y a quinze jours. De Cazaril, la vue sur Luchon est charmante. On rentre à quatre heures.

Resté une heure triste et abattu. Un de ces moments de découragement du voyage, de fatigue du changement perpétuel, d'ennui au milieu de la distraction, d'isolement au milieu de la société; où le *home* et tout ce qui y tient prend une telle douceur, où les besoins de la curiosité font place à ceux de l'affection, du cœur, de la douce habitude. Je me sens isolé. Tenté de rejeter comme vaines toutes les satisfactions de la curiosité, comme fatigante toute l'activité du voyage et du changement, et de me cantonner dans un coin chéri...

Après dîner, promené. La lune, qui va se lever au-dessus des montagnes, envoie à travers le Portillon une douce vapeur lumineuse, et éclaire les sommets de Vénasque. Charmant effet, ce lointain nageant dans une si délicate et féerique lumière. — Sauvegarde est en projet pour demain.

Luchon, jeudi, 29 juillet.

COURSE DE SAUVEGARDE.

On me réveille à cinq heures. Le temps est radieux. Partis à six heures avec P...; deux guides, Redonnet Natte et Ribis. C'est la plus délicieuse matinée que nous ayons encore eue dans les montagnes. Cet air frais et vif, ces pentes noyées d'ombres, ce ciel pur où se perdent les sommets, ces promesses d'une belle journée allègent et rafraîchissent tout l'homme. *Das Frische, gesundte, die Stærke, Scharfe, zur That, zum Leben bewegende, der Morgenluft und des Morgenlichtes, des Morgenduftes* [1].

Dans la vallée de la Pique la fraîcheur matinale nous saisit; nous ne sentons plus nos brides ni nos étriers. Nous sommes à l'hospice à sept heures trois quarts, après une marche très-modérée. Repartis à huit heures vingt-cinq minutes Le chemin du port monte droit entre de grands murs de rochers presque perpendiculaires. Le pont de neige à mi-chemin est presque entièrement fondu depuis dix jours. A droite, Sauvegarde, qui de loin paraît une croupe arrondie, se montre de près avec un sommet déchiqueté. On entre dans une espèce

[1] L'influence fraîche et saine, la force, la pénétration de cet air et de cette vapeur du matin, disposent l'homme à l'action, à la vie.

de bassin qui précède presque tous les *passages* dans les Pyrénées, et qui ici est situé très-haut. Sous Sauvegarde, dans une très-belle enceinte, un assez grand lac d'un bleu foncé; ce lac est précédé de trois petits. Cette sortie de France est pleine de grandeur et de beauté sévère. A mesure qu'on monte, les crêtes à gauche deviennent de plus en plus abruptes et tourmentées. Un petit lacet très-serré (tire-bouchon) et très-roide grimpe le long d'une paroi de rocher qui descend jusqu'au lac, et aboutit à une étroite ouverture, une vraie porte en haut du roc.

Au delà du passage sombre, voilà l'Espagne, voilà la masse de la Maladetta étincelante sur son piédestal de rocs désolés, et le ravin profond qui nous en sépare. Au haut du port à dix heures. Mis pied à terre pour monter Sauvegarde par le revers espagnol. Nous mettons à peu près trois quarts d'heure; quelques endroits assez roides; mais ce n'est pas fatigant.

Abordé la crête d'où l'on plonge sur les lacs. Le sommet est très-allongé et légèrement incliné ; deux tours ou pyramides de quelques pierres construites par M. Lezat en 1849 et 1850.

La vue est peut-être la plus complète et la plus étendue des environs, très-belle, mais pas une de celles qui se groupent le mieux ; pas de centre d'intérêt. La lumière est bien moins favorable que le jour où nous étions à Crabioules. Devant nous à l'ouest, très-curieux et considérable abaissement dans l'arête centrale de la chaîne entre ce pic, la masse du port de Vénasque, Sacrous et le massif de Crabioules, comme si entre ces deux gigantesques efforts la force de la nature s'était affaissée. C'est dans cet abaissement qu'est le port de la Glère, notre lieu de halte d'avant-hier.

La Maladetta se présente, d'ici, absolument détachée et sans entourage. Nous en sommes séparés par une vallée désolée d'une nudité austère et farouche. Une base de rochers grisâtres parsemée de petits sapins rabougris ; au-dessus, des plaques de neige tachant des rocs éboulés qui couvrent les pentes, et les larges glaciers sur le sommet écrasé que percent quelques crêtes. Rien que des tons tristes, gris et blancs ; désolation infinie ; c'est vraiment le mont Maudit. La lumière fauve et les enroulements de nuages lui vont encore mieux que la claire splendeur qui met à nu si crûment son horreur sauvage.

A gauche, la Maladetta est accompagnée des glaciers d'Esbarrans et de la Forcanade, charmante montagne qui élève sa double fourche, *Horn*. Taille élancée, svelte ; raie de neige comme une écharpe en bandoulière ; quelque chose de gracieux et de virginal. Vraiment, si c'était une jeune fille, je crois que j'en deviendrais amoureux. L'idée me vient d'essayer de la gravir, et de posséder sa virginité ; car aucun pied humain n'a encore atteint son sommet.

A droite, s'ouvre dans toute sa longueur la jolie vallée de Vénasque, qu'on enfile jusqu'aux abaissements de la montagne et jusqu'à la plaine espagnole. On aperçoit le fort de Vénasque comme une petite taupinière. Restés trois quarts d'heure sur le sommet. Redescendus rapidement en trente-cinq minutes, après avoir laissé nos noms sur le même papier où M. Lezat avait inscrit le sien. Arrivés en courant au lieu de halte, et sauté à pieds joints par-dessus M. M..., qui croque un groupe de jolis petits biquets.

Nous déjeunons gaiement en face de la Maladetta, sous un soleil brûlant. Près de nous, un groupe de trois pâtres espagnols sur un rocher, paresseusement assis, et regardant curieusement; longs bonnets rouges, grosses peaux de mouton. Un enfant, un vieillard, et un jeune homme aux longues mèches de cheveux passant sous son bonnet, aux traits gros, mais expressifs; me rappelant le jeune homme du tableau du Titien *Les trois Ages*, dans la galerie Bridgewater. Partis à deux heures.

En arrivant près du Port, le revers des montagnes de Vénasque se présente admirablement. Sauvegarde est majestueux ; a la forme d'une pyramide régulière ; superbe tableau. Nous passons devant le port de la Picade, et au bout d'un quart d'heure, nous franchissons la grande crête qui nous sépare de la France. Pas de l'Escalette, superbe et effrayant passage ; on gravit à cheval cette crête de rochers bouleversés, déchirés, qui se trouve devant vous, avec des abîmes des deux côtés. A droite, les montagnes de Catalogne, qui se pressent les unes sur les autres ; à gauche, la double crête superposée des montagnes qui enserrent le port de Vénasque, la Mine et la Pique. On est comme suspendu entre ces trois grandes vues et les abîmes que cette crête sépare. — Catalogne, Aragon, France.

On descend dans la vallée de la Pique, et on

gagne la région des pâturages à la hauteur de l'Entécade; puis on atteint la forêt un peu au-dessus de l'hospice. Le passage des plus sombres horreurs à l'aspect riant de la vallée est d'un contraste charmant... — Les cavalcades nombreuses qui se suivaient se rejoignent et se confondent; scène animée dans cette descente, qui me rappelle la Suisse. Confusion de chevaux, de cavaliers et de voitures. Adieux de P... à ces belles montagnes. — Nous rentrons à Luchon à cinq heures et demie.

Luchon, vendredi, 30 juillet.

Rencontré M. Lezat, qui me parle des courses de la Forcanade et d'Héas. Jour de départ de la famille M... Je cours avec P... faire quelques achats. A cinq heures, au chalet; je dîne avec la famille; on feint de pleurer, et on rit beaucoup: cependant les moments de départ font toujours de la peine, et laissent toujours un vide. Mes courses vont être solitaires. A sept heures, adieux et départ... — Rentré à onze heures ; de gros nuages passent sur la lune, et les chevaux qui devaient m'attendre pour le Monné, en cas de beau temps, sont encore absents.

Luchon, samedi, 31 juillet.

ASCENSION DE LA FORCANADE.

Vu en me réveillant un temps inattendu, splendide, et qui me fait bien regretter la course du Monné. A quoi vais-je employer cette belle journée? — A huit heures, rencontré les guides Ribis et Redonnet Natte, et, après quelques renseignements, je me décide à partir après déjeuner pour gravir *ma* Forcanade, et y joindre la course de Viella et de

Vénasque. Quatre ou cinq jours, disent les guides. — Ribis père et Redonnet Natte partent devant avec les chevaux. Je pars à une heure quarante-cinq minutes avec Ribis. Halte au chalet pour serrer la main de G...; il est convenu que de Viella le père Redonnet lui rapportera des nouvelles de l'expédition. Au galop, et en une heure à l'hospice. Le soleil est brillant, la montagne éclatante dans le plus bel azur. Splendide végétation du chemin de l'hospice, d'un vert riche et vigoureux. Les rayons du soleil éclairent le dessous de la feuillée. Arrivés à l'hospice, nous faisons la halte ordinaire dans le lit du torrent. Nous repartons à trois heures. De maudites petites vapeurs blanches montent déjà du côté de Luchon, et traversent obliquement le Port. Les pentes des rocs sont revêtues d'une espèce de petit gazon ou mousse verdoyante. Quand on arrive à la dernière enceinte, toutes les parois sont verticales; impossible d'apercevoir un passage de quelque côté que ce soit. Les masses de rocs qui gardent le port sont formées de blocs branlants, désagrégés, comme des tronçons brisés et menaçant ruine. Chaos de débris. Franchi le port de Vénasque à quatre heures. — La masse de la Maladetta est brillante dans un ciel clair. Descendu jusqu'au fond de la vallée par le même chemin qui mène à la Rencluse. Les montagnes forment un groupe sombre contre le soleil, et se détachent en silhouette vigoureuse sur le ciel; les glaciers au fond des ravins, noyés et perdus dans une ombre foncée et bleuâtre. Quelques grandes fumées s'élèvent entre les montagnes vers la Rencluse : peut-être des pâtres. C'est un nouvel aspect de la Maladetta; c'est du pastoral, mais sublime et sévère. Le fond de la vallée est marécageux. Après avoir tourné à gauche, on chemine sur un plan gazonné; la pente est couverte de sapins rabougris, noueux, étalant leurs bras décharnés. Des monticules de roc resserrent le passage en une gorge étroite. Escaliers détestables pour les chevaux.

Depuis une heure nous avions dû mettre pied à terre, quand nous arrivons au Trou-du-Taureau. C'est un grand bassin très-profond, entouré de toutes parts de parois verticales de roc, comme des fûts de colonnes brisés et s'étageant. Les eaux du torrent, tout à l'heure bondissantes, écumantes, arrivent, par une très-belle chute et à travers un pont de neige, mourir ici, emplir le bassin, s'y arrêter stagnantes et sans écoulement visible. Elles ressortent dans la vallée d'Artigues-Tellina. — Un peu après, on entre dans une enceinte de prairies rases, où le torrent coule sans pente et à pleins bords, enfermée régulièrement de toutes parts par de hauts sommets. De petits oiseaux effarouchés rasent le gazon en poussant des cris. Charmante solitude, et surprenante parmi ces horreurs. Au-dessus des rocs de l'enceinte, on voit la crête neigeuse, blanche, sereine, du Néthou ; au fond, le pain de sucre aigu d'Esbarrans ; et plus loin, la double fourche de la Forcanade, notre but, en plein soleil. Nous gravissons une pente de rocs, et nous nous établissons pour la nuit dans une cabane de pâtre inoccupée ; petit trou bas où l'on entre en rampant, fait de pierres plates et de sapins. Le sol est jonché de branches fraîches. Nous y arrivons à six heures. Assis sur un roc, et écrit mon journal. — Gravi l'éminence semée de pins qui surmonte notre lieu de halte. Cueilli des iris, des petites bruyères blanches, des immortelles. Assis seul dans cette haute solitude, je contemple les sommets éclairés des dernières lueurs du soleil. Les glaciers sont bleuâtres. Étonnante limpidité et transparence de l'air, où nagent les contours nets et doux cependant. Le pic du Néthou est enveloppé de l'atmosphère et des lueurs suaves du soir. A mesure qu'elle diminue, la lumière devient plus dorée et plus vive. Une bande d'or liquide couvre les dernières pointes, et s'efface vite. A sept heures, descendu, et dîné. Des nuages roses flottent comme de petites fleurs épanouies au-dessus de nous; puis tout s'éteint. Les glaciers seuls du Néthou brillent dans l'ombre de la nuit d'un blanc vif. — Écrit mon journal à la lueur d'un rat-de-cave fiché sur un des rocs qui forme mon oreiller.

A quelques pas de la hutte, on allume un grand feu. On y jette pêle-mêle des troncs entiers avec leurs branches, qui, à moitié penchés, apparaissent au-dessus de la flamme et de la fumée comme des squelettes décharnés. On le fait pour éloigner les ours, et retenir les chevaux, qu'on entend brouter en liberté et frapper du sabot. La nuit est admirable; les grandes silhouettes des montagnes se découpent sur le firmament. Les étoiles sont d'une étonnante vivacité, comme de rares pierres précieuses formant des diadèmes à ces cimes. A neuf heures, *crept back into my hole;* nous avons à peine la place de nous y étendre tous les quatre. Dormi d'un sommeil très-léger et interrompu, la tête sur mon sac et sur mon châle, mais sans ressentir la moindre fatigue. Sorti plusieurs fois pour contempler la nuit. A onze heures, la lune se lève. Il reste ici beaucoup plus d'étoiles étincelantes à côté de la lune. Combien pure et belle cette marche des astres au-dessus des hauts sommets! Ils se détachent sur le fond moelleux du ciel imprégné de la clarté de la lune. La tête du Néthou brille d'un blanc pur et doux, comme une coupole d'argent, *nitor argenteus*, ainsi que les glaciers d'Esbarrans et de la Forcanade. Bruit sévère et continu du torrent. Rien pour marquer ici la chute des heures; pas de chant du coq. Solennité de la nuit au-dessus des bruits humains, et plus près du ciel. — On remet des branches de pin dans le foyer, qui nous enveloppe de fumée odorante.

Luchon, dimanche, 1er août.

ASCENSION DE LA FORCANADE.

Levé à trois heures et demie. — Achevé mes notes aux dernières lueurs de l'âtre. Le temps est d'une sérénité admirable. Couru après les chevaux, qui se sont égarés jusqu'au sommet de l'éminence voisine. L'aube au fond; Vénus à gauche, au-dessus des montagnes; les glaciers du Néthou, frappés par les premières lueurs, sont déjà d'une blancheur éclatante, qui s'anime d'un reflet de plus en plus doré jusqu'à ce que le soleil se lève. Croqué une croûte de pain; parti frais et dispos à trois heures cinquante-cinq minutes. Passé le torrent sur les chevaux, puis quitté Ribis père, qui les emmène par la Picade, à l'ermitage de la vallée d'Artigue.

On sort de ce gracieux bassin, dont le fond est occupé par des prairies (Plan du Taureau), par le petit pas de l'Escalette; en effet, véritable escalier taillé dans le roc. La vallée se rétrécit entre les pentes du pic Poumère à gauche, et celles d'Esbarrans à droite; elle devient de plus en plus âpre, nue, sauvage; même les sapins rabougris disparaissent. La Forcanade et ses deux pitons forment le fond de la vue. Elle termine, au milieu d'un formidable amas de rocs, la vallée de la Rencluse, qui finit en cul-de-sac. De ce côté, elle est une des pierres angulaires de la chaîne; elle sépare trois vallées, qui rayonnent de trois côtés au-dessous d'elle : celle de la Rencluse, qu'elle couronne, celle d'Artigue, et celle de Viella. Elle se relie aux contre-forts et aux glaciers du Néthou. Un petit étang d'eau stagnante et peu profonde reflète les rochers environnants; légère couche de glace sur la surface, et gelée blanche sur le gazon. Un rayon de soleil passe par le Port et par les glaciers de Poumère. A l'autre extrémité de la vallée de la Rencluse, les sommets sont empourprés du rose le plus vif. En montant, on domine très-bien cette vallée, sa courbe, et trois grands pics qui s'élèvent au-dessus : Poumère, la Mine, Sauvegarde. Devant nous, la Forcanade, *bicornis*, menaçante, se dresse à pic, sans qu'on voie par où l'attaquer.

> Sieht sprœde an... aber
> Burg mit hohem Zinn,
> Mædchen mit stolzem Sinn
> Musz sich ergeben [1].

Elle a vraiment l'air d'une forteresse qui veut se défendre ; elle s'élève sur des assises et des bastions de roc superposés, sur des terrasses en ruine à demi éboulées, et ses côtés sont hérissés de pointes crénelées. Il faut gravir successivement ces différentes assises de

---

[1] Elle paraît d'un abord difficile ; mais forteresse aux créneaux élevés, et fille au cœur fier, doivent à la fin se rendre.

pierres et de débris. — Sauté parmi d'énormes blocs de granit roulés, entassés pêle-mêle les uns sur les autres, souvent bien plus hauts qu'un homme, et qui de loin semblent des cailloux. Site affreux. — La neige dès le bas de la montagne, et un petit lac sombre. Du milieu des blocs aperçu des isards à quelque distance qui paissent au bas du glacier. Marché avec précaution, laissant les bâtons, quittant nos chapeaux, nous dissimulant et glissant derrière les rocs en silence. A un léger bruit la troupe effarouchée se sauve rapidement à travers les glaciers, en passant comme le vent devant le port où ils ont l'habitude d'être guettés. Couleur fauve assez vive.

Nous montons à travers des éboulements de petites pierres brisées et roulantes. A la dernière eau courante, en bas du glacier, halte pour déjeuner. Autour de nous rien que la neige et le roc hérissé, fendu, roulé de toutes les façons. A droite, de grands glaciers qui rejoignent ceux de Néthou et d'Esbarrans; à gauche et par derrière, rochers. Au-dessus de nous, le double pic tout droit et couronnant les glaciers; à sa droite, une crête de rochers âpres et ravinés où j'espère que nous pourrons monter. Les guides sont visiblement incertains du succès, et paraissent chercher avec inquiétude un endroit où passer. J'ai su depuis qu'ils avaient presque désespéré. — Mangé quelques bouchées de viande et de pain; très-peu à la fois; le meilleur système pour monter. Remis en marche au bout d'un quart d'heure, et tenté d'aborder directement la crête par un ravin qui aboutit à un petit port au-dessous des deux fourches. Redonnet Natte (*boun Natto*) va en avant, tâte le terrrain, redescend; ce n'est pas possible. Les pierres disloquées et glissantes n'offrent d'appui ni au pied ni à la main. Ribis est légèrement effrayé. L'attaque directe étant infructueuse, nous recourons à la ruse et au détour. Nous suivons le glacier dans toute sa longueur, en longeant la crête; passage extrêmement difficile et pénible. La glace encore à l'ombre, très-dure et glissante. A chaque pas il faut piocher et creuser avec la pointe du bâton. Enfin, franchissant la crête à l'endroit de son abaissement, nous enjambons le port à sept heures cinquante minutes. Très-long détour.

De là, déjà très-belle vue : les glaciers du Néthou et la vallée de la Rencluse; vers l'Espagne, les forêts des sévères montagnes de la Catalogne. On domine le revers méridional de la montagne. Grandes pentes, fond de vallée de roc et de neige. Nous avons maintenant le pic Mouliera à notre droite. Le revers méridional du pic, quoique encore très-escarpé, paraît plus accessible et donne de l'espoir. Nous sommes obligés de descendre très-bas à travers des pierres roulantes et des glaciers. — Refait de ce côté de la crête le même chemin que de l'autre. Retard de deux heures. Nous arrivons enfin au sommet du ravin que nous voulions monter directement. Là Natte nous assure du succès, en voyant les pentes pourtant extrêmement à pic.

Vue de près, la Forcanade n'a pas seulement deux pointes principales formant fourche, mais bien quatre. Elle est comme fendue en quatre par un vigoureux coup d'épée. Seulement deux des pointes sont beaucoup plus bas et n'apparaissent pas de loin. Nous arrivons au bas de la plus petite des deux fourches par un escalier d'aiguilles qui monte jusqu'au pic. La vue du spectateur placé dans cette première fourche est admirable, *stunning*. Les plus belles et prodigieuses masses de roc que j'aie jamais vues de près. On se trouve entre deux pyramides verticales, hérissées, se dressant d'un seul bloc à une énorme hauteur; quelque chose de colossal, de gigantesque, *stupendous*, *overwhelming*; à peu près comme les grandes statues assises des sphinx qui gardaient l'entrée des temples égyptiens. Ce que celles-là sont aux autres statues, ces masses de roc le paraissent aux autres rocs.

Attaqué la première fourche. Il semble impossible de gravir cette énorme pyramide sans pente, et garnie plutôt de pointes surplombantes que d'entailles où mettre le pied. Cependant ce n'est pas plus droit que Crabioules : l'abîme n'est pas si immédiatement au-dessous : mais c'est plus pénible et plus difficile, parce que les pierres ne sont pas toutes solides ; elles glissent sous les pieds, se détachent sous les mains, tombent, se brisent, rejaillissant de saillie en saillie et agrandissant leur bond à chaque chute. Des schistes, des pierres plates disposées en ardoises. En contournant cette pointe et en la gravissant presque jusqu'en haut, on arrive dans le col de la principale et plus haute fourche. L'ouverture est plus large qu'à la première. Magnifique de se trouver si petit, comme écrasé entre ces deux obélisques de granit, suspendu entre des précipices, des abîmes effrayants de tous côtés, ne voyant rien qui arrête l'œil dans le vide que quelques crêtes aiguës et quelques déchirures. Vers le nord ces deux énormes masses se présentent tout d'un bloc à parois droites, unies, se perdant dans la hauteur et la profondeur au-dessus et au-dessous de nous. Je me suis assis à cheval sur un rocher avançant, pour mieux plonger dans l'espace. Bien au-dessous une crête de rochers aigus monte par étages comme pour servir de contrefort ou d'arc-boutant au pic principal. Vers le sud le pic se courbe et s'allonge un peu, son échine formant une espèce de crête qui permet de marcher. A mesure qu'on grimpe sur ces assises, entouré de vide de toutes parts, excepté par le point qu'occupe le pied, c'est superbe de voir tout s'abaisser autour de soi ; rien ne vous accompagne plus. Un moment difficile, espèce de *pas de Mahomet* moins prolongé qu'à la Maladetta ; pendant un instant littéralement à califourchon entre l'immensité et deux abîmes. — Enfin touché le point culminant et ravi cette vierge. Il est neuf heures et demie.

La vue est très-belle, mais inférieure à celle de Crabioules. Le Néthou présente ses glaciers un peu de côté. On voit très-bien comment il se rattache, par une courbure de roc non interrompue, à Esbarrans et jusqu'à la Forcanade. La Maladetta est à peu près cachée. Très-belle vue sur la vallée de la Rencluse et ses sommets de droite, sur l'Artigue et sur une autre vallée sauvage, nue, neigeuse, qui descend vers Viella ; et plus loin, sur le revers même de la montagne qui forme le sommet de cette dernière vallée, une vaste anse ou courbe, enfermant dans son sein de grands glaciers, de gigantesques amas de gros blocs, et couronnée par les pics de Mouliera. A l'horizon, le magnifique massif noir, arrêté de lignes, des monts de la Catalogne. — Séjourné une demi-heure sur notre conquête. Les guides élèvent une belle pyramide de pierres; celle-là n'appartient pas à M. Lezat. Écrit la note commémorative de l'ascension, la durée, etc.; et caché le papier sous une pierre. Quelques légères vapeurs blanches flottent venant de l'ouest. La plus belle partie de la vue est encore sur la masse du pic lui-même, les deux pointes au sud, et le contre-fort du nord-ouest. — Reparti à dix heures cinq minutes sans franchir de nouveau le pas dangereux.

Revenu à la première, puis à la deuxième fourche; à cette dernière avec peine, précautions, employant les pieds et les mains et se laissant glisser. A partir de là, descendu directement à travers une longue coulée de graviers, de pierres roulantes accumulées sur un grand espace, témoignage de la ruine de la montagne. Tenu le bâton ferré en arrière, entraînant des fragments entiers qui glissent avec bruit et poussière; on est porté comme sur un îlot. À la base de la Forcanade, tourné à gauche; nous descendons avec détour sur de la neige molle et des graviers, puis sur des marches de gazon. Passé le port qui sépare la vallée déserte descendant sur Viella de celle d'Artigue. Petit port à crête hérissée; roches rouges et jaunes; curieux aspect; nous le franchissons à onze heures et quart. La Forcanade enfonce ici en terre les rochers de ses bases comme des racines profondes. Au-dessous de nous, joli lac indigo foncé. Halte à onze heures trois quarts au bord de son eau transparente. Assis sur les rocs, et fait un petit déjeuner.

Nous sommes dominés par l'énorme cône à pic de la Forcanade, la tête penchée de côté. *torca*. Déjeuné de bonne humeur. Les guides sont contents du triomphe dont ils avaient douté. Départ. Belle vue sur la vallée d'Artigue contrastant par son fond sauvage, mais agreste, verdoyant, avec les horreurs qu'on vient de quitter et les rocs qui nous enserrent encore. A mesure qu'on descend, la Forcanade grandit au-dessus de nous, et se présente, entourée de toutes ses pointes hautes et basses, comme un château fort flanqué de tourelles; elle paraît extrêmement haute à cause de sa taille élancée; quelque chose comme le pic de Fluelen au lac des Quatre-Cantons. — Descendu à travers un fouillis d'arbres d'espèces diverses; atteint enfin les prairies, unies et fraîches comme du velours, et encadrées par les forêts qui descendent le long des pentes. Vallée large, fermée par des montagnes aux belles formes; quelque chose de classique et de pastoral; une des plus délicieuses et nobles vallées que j'aie rencontrées.

Un peu plus loin, au milieu d'un superbe bois de hêtres, de troncs renversés, ressort l'eau du Trou-du-Taureau (*Gouetl de Joueóu*), qui se précipite en bouillonnant parmi la verdure. Un orage se forme au fond de la vallée. Nous arrivons à l'ermitage d'Artigue-Tellina, accompagnés du grondement lointain du tonnerre, à deux heures et demie.

De là, vue magnifique. Les montagnes roses d'Aran terminent cette vaste perspective. Au fond, la pointe sublime de la Forcanade, *ubi stetimus*, couronne fièrement les montagnes étagées. Le père Ribis accourt au-devant de nous; a été très-inquiet de notre expédition, et paraît effrayé du récit. Les Espagnols du lieu ne veulent pas croire que la Forcanade soit domptée. Les guides se livrent à leur contentement. L'orage éclate tout à fait. Nuées de pluie, mais qui ne couvrent pas les sommets. La Forcanade est enveloppée de voiles transparents et de tonnerres, comme si le pic, troublé, indigné, voulait témoigner sa colère d'avoir été dompté, et menaçait les mortels téméraires. C'est la décharge de foudres et d'éclairs qui accompagne toujours le moment où les enchantements séculaires sont rompus, où le voile est déchiré, où le mystère cesse.

La pluie tombe à torrents. Monté dans une grande chambre pour une petite restauration. J'écris, à G... et à ma mère, une lettre que Natte portera demain ; griffonné avec l'encre, la plume et le papier d'un carabinier espagnol, le seul être qui sache la signification de ces mots dans la localité. Repartis dans une éclaircie, enveloppés de manteaux et de couvertures, à quatre heures et demie. La vallée se rétrécit, mais est magnifique jusqu'au bout. — Enthousiasmé. — Je retrouve aux eaux cette couleur bleu neigeux si fréquente en Suisse et en Tyrol. La pluie reprend avec fureur ; nous sommes trempés. Nous prenons, à travers la forêt, un chemin qui abrége d'une heure d'ici Viella. — Tourné le coin de la vallée d'Aran. Suivi tout le temps à mi-côte une belle forêt de pins, comme une allée de parc. Mauvais pavé pour descendre sur Viella, petit tas de maisons couvertes d'ardoises, et situé au carrefour de quatre vallées. Arrivés à sept heures. La *po-*

sola, sur la place de la halle et de l'église. Séchés devant la grande cheminée de la cuisine. A huit heures, dîné avec les guides de très-bonne humeur et de bon appétit; côtelettes et poulets qui ont sauté de la cour dans le plat; petit vin léger de Catalogne. Ribis éreinté ne mange pas et s'endort sur la table. A dix heures et demie, je gagne mon lit, qui est dur comme une planche.

Lundi, 2 août.

DE VIELLA A CASTANÉJO.

Réveillé à cinq heures. Le temps promet bien; aucun des guides ne remue. Ribis veut me ramener à Luchon, fait toutes sortes de difficultés pour continuer, prétextant le mauvais temps certain, puis le manque de papiers (pour les chevaux) qu'il faut remettre aux carabiniers de l'hospice de Viella, que les chevaux seront arrêtés, etc. Je tiens bon et décide de partir, mais après beaucoup de retards et avec un Ribis qui paraît vexé et ne mange pas. Je crois qu'il ne connaît pas le chemin. — Église de Viella, vieille construction grossière, informe, basse, semble à moitié délabrée. Déjeuné à sept heures. Remis à Natte mon bulletin pour G... et parti à huit heures. Le soleil est brûlant, et pas un souffle. Monté parmi des prairies, puis entré dans cet amphithéâtre qui de loin semble couronner Viella. Croisé nombre de caravanes de mules pomponnées, caparaçonnées de franges rouges et de plumets, chargées de vin et de laine. Nous arrivons au col, sorte de couloir entre deux chaînes de rochers hérissés, rongés; une montagne qui s'écroule et se détruit. Il est dix heures. Nous voyons le revers de la Forcanade, le côté par où nous l'avons abordée; vue d'ici elle est moins frappante. Au fond de la vallée est hospice, verdure sombre ; le ciel est éclatant, et m'oblige à garder mes lunettes tout le jour.

A l'hospice à onze heures et demie, où nous faisons une halte d'une demi-heure. Les carabiniers sont charmants. Ribis leur paie à boire, leur conte l'histoire, et la difficulté s'évanouit. On suit la même large vallée jusqu'à Vitallès, en descendant successivement différents étages et plans qui varient complétement d'aspect. D'abord une vallée belle et large dont les flancs sont couverts de belles forêts de pins ; le gave coulant dans un large lit. Plus loin les sapins disparaissent, les crêtes élevées continuent de chaque côté, les flancs se dénudent ; on marche entre des haies de buis. Tout est brûlé. Le torrent coule en petit filet d'eau à travers un champ de pierres énormes qui occupe tout le fond de la vallée ; route des avalanches. Tout à coup les montagnes se rapprochent, se dressent, s'étranglent, et on traverse un défilé extrèmement sauvage, étroit, aride, à l'extrémité duquel le gave tout entier se précipite en belle cascade d'une assez grande hauteur; le terrain manque subitement. Aspect complétement différent du versant français; pas un arbre, pas un brin d'herbe n'accompagne cette cascade; l'écume blanche se détache sur les flancs jaunis et rougis du rocher.

Au delà la vallée s'élargit de nouveau en un très-beau bassin, mais toujours la même aridité. Descendant encore d'un gradin, on quitte par un passage brusque la haute montagne, dont on voit la masse s'élever derrière soi, et on entre dans un charmant paysage de l'avant-chaîne. Vallon s'ouvrant largement, encadré de montagnes assez stériles aussi, mais douces et élégantes de formes. Délicieux, reposant.—Bientôt, comme par enchantement, le tableau est achevé. Du milieu de ce vallon s'élève devant nous, sur une petite éminence de roc, Vitallès, s'étageant régulièrement, admirablement, sur les pentes. Toits presque plats, très-allongés. En avant, un petit pont en dos d'âne, à trois arches, jeté sur le torrent. Délicieux horizon ! tableau tout fait, poétique, classique, idyllique. Je n'ai jamais rien vu de plus italien. Je retrouve un coin de la campagne telle que l'art me l'a fait rêver ; je vois vivre devant moi ce Midi que je n'avais qu'entrevu, et je comprends l'enthousiasme qu'inspirent ces belles lignes calmes, cette harmonie tranquille, cette lumière sereine.

En entrant dans le village ma surprise augmente. On ferait la route tout exprès. Rien de comparable comme pittoresque et imprévu. Les rues sont des marches taillées dans le roc et montant à pic. Maisons boiteuses, bâties en grosses pierres, à balcons et galeries de bois, se tenant à peine. Quelques-unes, quand la pente est très-roide, sont perchées à une hauteur prodigieuse, sur de grands piliers en pierre sèche.

Pas d'auberge proprement dite ; c'est le maire de l'endroit qui donne l'hospitalité. Nous grimpons avec nos chevaux dans ce dédale sombre. Ribis frappe à une porte ; une jeune fille charmante paraît : type de Murillo, grands yeux noirs comme enveloppés d'une langueur vaporeuse ; une apparition exquise d'un instant. Ce n'est pas là ; on indique le logis, où nous redescendons. Ménage de deux jeunes gens, et une jeune fille ; les deux femmes très-distinguées. Ribis raconte notre expédition : on s'empresse autour de nous. Une des femmes m'offre un bouquet d'œillets et de verveine, et une épingle pour l'attacher. On me sert du chocolat dans une toute petite tasse ; à l'eau, très-épais, savoureux, avec deux petites rôties : la vraie façon espagnole ; excellent.

On me conduit à la *Funderia* ; le chef des ouvriers, qui parle français, me montre le minerai de cuivre et de plomb venant d'une mine voisine. Assez pauvre établissement ; mais de là, la vue sur la petite ville, prise à revers, est toujours aussi charmante. On a pour horizon la masse des hautes montagnes, qui se dresse dans la lumière du soir; je n'ai rien vu d'aussi beau. Hardi, nettement dessiné, et cependant doux et vaporeux; toutes les teintes les plus délicates et les plus vives. *Muy hermoso*, dis-je à mon guide. Oui, me répond-il, un beau pays, en montrant le côté où la montagne s'adoucit. — Horizon à souhait pour le plaisir des yeux. Rentré à la *Casa Rouquetta*.

J'aimerais à coucher ici, mais il faut avancer jusqu'à Castanéjo. — Arrivés à trois heures et demie, et repartis à cinq. Ribis ne connaît plus le pays; je prends pour guide jusqu'à Vénasque un petit homme trapu, sobre, qui marche devant nos chevaux. Ici, au lieu de poursuivre vers la plaine, on tourne à droite, et on longe la limite très-tranchée de la haute chaîne, cheminant dans les mamelons qui sont à sa base jusqu'à Castanéjo, où on rentre dans la haute montagne. La soirée est pure et sereine, on vit et on respire librement. Je suis enchanté de ce que je viens de voir. *Purior œther.*

On s'élève de plus en plus; l'horizon s'agrandit; calme du soir; beauté de ces hauts lieux sauvages. Castanéjo, village en deux parties superposées, s'aperçoit après un détour, perché comme un nid, tout à l'entrée d'une gorge, et en vue de ce vaste horizon. Belle position. Arrivés à sept heures. Misérable village; affreux pavé glissant; maisons noires et grossières. Ici, encore logés chez un particulier. C'est la limite où l'hospitalité n'est pas encore un métier, mais conserve le caractère qu'elle a chez les peuples primitifs, d'être un privilége appartenant aux plus notables de l'endroit. — Notre hôte, un grand vieux boiteux, au front haut, à l'air fin; il a deux fils. Échangé une phrase latine avec l'un d'eux. A huit heures, dîner composé de poulet, cailles, et deux tasses de délicieux chocolat. Pendant le repas, un des fils joue de la guitare. Après le dîner, je danse avec sa jeune femme un tour de polka, sur l'invitation de l'hôte. Puis j'écris mes notes; mes hôtes se croient obligés de rester jusqu'à onze heures, malgré ce que je puis dire, et s'étonnent de ce que je peux *escribir toda la vida*. Ribis s'endort sur la table.

Comme il faut peu s'éloigner pour se trouver transporté dans une atmosphère et un monde différents, hommes et nature!

Mardi, 3 août.

DE CASTANÉJO A VÉNASQUE.

Levé à quatre heures, et appelé Ribis, qui ronfle encore. Déjeuné de *una fuerte tortilla* (omelette) et de chocolat. En selle à cinq heures un quart. Temps magnifique. Passé près de deux églises qui tombent en pièces, tout ce qu'il y a de plus informe et de primitif. Contourné le flanc de la montagne de Castanéjo jusqu'à l'entrée de la gorge, qui est une des plus belles choses qu'on puisse voir : défilé âpre et sauvage, encaissé profondément entre d'énormes masses de rochers; le torrent bondit avec bruit au fond du ravin, et peut à peine se frayer un passage. Le chemin en corniche, à une grande hauteur, domine cette imposante scène. La route est marquée par des pyramides de pierre qui servent à trouver le chemin en hiver. Au fond de la vallée, une sorte de cirque d'un aspect sombre, mais très-frappant, et à droite, dans le fond, le port de Castanéjo.

On monte pendant longtemps parmi de longues pentes gazonnées, croyant toujours atteindre le sommet de cette interminable et ennuyeuse montée. Enfin nous arrivons au port à huit heures trente-cinq minutes; les chevaux sont éreintés, et notre Espagnol aussi. Après quelque temps encore, on aperçoit un coin de la vallée de Vénasque ; un pli de terrain nous cache la ville. Traversé un misérable hameau aux maisons noires, informes ; ruelles où on peut à peine passer. Là, renvoyé l'Espagnol enchanté, avec cinq francs. — La descente sur Vénasque est magnifique ; on voit très-longtemps la ville et son fort avant d'y arriver. Les flancs de la vallée sont entièrement secs, stériles, sauvages ; c'est une gorge de pierres, un amas prodigieux d'énormes rochers, surmontés par les hauts glaciers du port d'Oo et de Litteroles. Ensemble frappant, plein de grandeur par sa monotonie même. Le ciel n'a pas une vapeur ; il est d'airain, et réfléchit la lumière. Dans toute cette vallée, pas un ton cru et qui tranche. Sous la lumière du midi, toutes les teintes sont claires, légères, uniformes ; grises et roses, mais très-fines. Nous passons le long du fort. D'en bas, ce fort crénelé, perché sur son rocher, et se détachant à peine sur les murs abrupts et colossaux qui l'enceignent, fait un très-grand effet. Nous arrivons à onze heures. Je croyais être ce soir à Luchon, mais les guides s'y refusent obstinément. J'ai eu une désillusion dans cette tournée : je croyais faire le tour de la Maladetta, et depuis l'Artigue on ne l'aperçoit pas. Pour en connaître le côté sud, il faudrait l'enserrer dans un cercle plus étroit.

La chaleur est intense en arrivant à Vénasque. L'hôtel se distingue en ce qu'il est recrépi et a des contrevents verts. Allé à l'église avec le fils de la maison; elle ressemble à celle de Viella; très-grossière, et laide. — Pendant que je déjeune, deux femmes se prennent de bec sous les fenêtres : jamais je n'ai entendu de tels éclats de voix et une volubilité pareille; mais jamais aussi vu plus d'ardeur, de naturel, de gestes déclamatoires. Singulière nature emportée du Midi. L'alcade passe, en chapeau gris, ceinture violette, culotte courte; il cherche à mettre le holà. Le lieu, les costumes, les gestes, la rue étroite : tout cela m'a l'air d'une scène d'opéra-comique, et j'attends à chaque instant que les violons entament la *stretta* du finale.

La chaleur est étouffante; nous restons enfermés jusqu'à cinq heures. Allé avec Ribis au fort, qu'un sergent nous fait visiter. Ils sont quarante hommes; ont assez bonne tenue, et l'air fier. On me montre deux pièces de canon prises sur les Français en 1808, *el ano de la independencia*, et un petit jardin planté par eux. J'écoute surtout *parler* notre sergent, qui est un Aragonais de Saragosse : accent très-prononcé, qui a quelque chose de rude, de sonore, de viril, de fier; ce n'est pas la suavité de l'italien; il y a bien plus de nerf; les aspirées et les sifflantes sont jetées vigoureusement. Cette langue réfléchit bien le caractère du peuple : rude, hardi, excessif, énergique, chevaleresque, et non pas fin, élégant et gracieux, comme l'Italien.

Promené seul par la ville; sombre amas de ruelles sans direction. Maisons bâties avec les blocs du torrent, qui tiennent à peine; percées de petits trous irréguliers; quelques larges balcons en bois en saillie. Passé le pont, et assis hors la ville pour voir la vallée, le fort. Magnifique soirée; le soleil quitte les hauts sommets; la dernière lumière est vive et dorée; le vent est tiède. — *Watched the solemn and grand sight* [1]. — *Das Herz empor! O Herz, warum so geschwollen, so hoch wie diese Berge, und so tief zurückgefallen wie jene Abgründe. Du hast dich auf diesen Hœhen emporgeschwungen, du hast in diesem goldnen Licht gestanden, und bist nicht gesœttig gewesen: immer voll derselben Sehnsucht* [2]. — *Adveniat regnum tuum.*

[1] Contemplé cette solennelle et grande scène.

[2] Elevé mon cœur! O cœur, pourquoi es-tu si gonflé, tantôt t'élevant aussi haut que ces montagnes, tantôt abaissé comme ces abîmes profonds? Tu t'es élancé sur ces hauteurs, tu t'es tenu dans cette lumière sereine, et tu n'as pas été rassasié; tu es toujours plein du même désir.

Rentré à sept heures, et dîné. Écrit mon journal.

Demain, il faut être à Luchon à dix heures et demie, et se lever avant le jour.

Mercredi, 4 août.

DE VÉNASQUE A LUCHON.

Un clair de lune superbe pénètre jusqu'à mon lit. Levé pour le voir au-dessus des toits plats, des maisons noires, des ruelles tortueuses, et des balcons espagnols. Réveillé en retard par Ribis; nous partons à cinq heures. Un homme de la maison nous accompagne jusqu'au fort, courant devant nos chevaux comme un coureur indien; rencontré un compagnon, qui se met à nous suivre jusqu'à ce que le chemin nous empêche de trotter. Vigueur et souplesse de ces hommes. Rien de charmant comme de voir des Espagnols descendant la montagne ; leur mouchoir enroulé autour de la tête, veste sur l'épaule, gilet et chemise blanche, culotte de velours attachée aux genoux par les jarretières, avec le caleçon blanc bouffant aux jarrets ; mollets vigoureux dessinés par le bas ; *espadrillas*, ou sandales en corde. Leur pas nerveux et élastique rebondit sur le roc, et les soulève pour aller plus loin. Leur marche a quelque chose de cadencé, semble une danse libre (*soluta*) ; est à la danse ce que le récitatif est à la musique.

Pas une vapeur au ciel. Le rideau de petites montagnes qui ferme la vue derrière nous teinté de délicates nuances rosées. La gorge où nous marchons est encore pour longtemps enveloppée d'ombre. Cette vallée de l'Essera est une des plus belles des Pyrénées. Elle est encaissée entre d'énormes montagnes, les premières assises de la Maladetta et ses premiers contreforts, qui sont déjà des pics gigantesques. Un véritable entassement de Pélion sur Ossa. Au-dessus se dressent des pointes aiguës, hardies ; et encore plus en arrière, sont les glaces éternelles, qu'on ne voit pas.

La gorge de Vénasque forme la transition entre l'Espagne et la France, et fait passer par gradation d'un pays à l'autre. C'est toujours grandiose ; continuité d'énormes et hautes crêtes, et cependant c'est toujours une gorge : bien plus sauvage et tourmentée que celle de Cauterets ; moins semblable à un ravin que celle de Saint-Sauveur à Gavarnie. Tantôt les montagnes se resserrent, et jettent en avant de gros promontoires, des angles de roc, contre lesquels le torrent se heurte, et dont il contourne la base en frémissant ; tantôt les montagnes s'écartent, et encadrent, comme un vaste et beau bassin, le fond de la vallée, d'où on peut contempler leurs flancs dans toute leur hauteur et leur développement. Le torrent se précipite à plusieurs reprises en belles chutes écumantes. Au milieu de la gorge, à mi-côte, sur un plateau de roc, l'établissement des bains de Vénasque, fréquenté par les Espagnols. Contraste avec nos lieux d'eaux. Il est suspendu au-dessus de la vallée, et il semble qu'il faille des ailes d'aigle pour y arriver.

Les montagnes du port de Vénasque s'éclairent ; Sauvegarde et la Mine, magnifique perspective pour une telle vallée, dorées par la lumière du matin, tranchent avec l'obscurité de la gorge. A mesure qu'on avance, quelques sapins clair-semés revêtent les pentes nues du roc ; le buis disparaît. Un peu avant l'hospice de Vénasque, la vallée fait un coude, et tourne presque à angle droit pour aller passer entre le port et la Maladetta. En réalité, c'est la vallée de Vénasque qui se continue, passe devant la Rencluse, et va finir à la Forcanade. A l'endroit de ce coude, il y a un instant de calme ; le fond est tapissé de belles pelouses vertes, au-dessus desquelles s'élèvent les pics qui soutiennent et flanquent la masse des glaciers.

L'hospice, misérable cabane à toit bas, accroupie au bas des montagnes du port; j'y arrive enthousiasmé à sept heures. On fait halte d'une demi-heure pour faire manger les chevaux. De là au haut du port, en gravissant la *Pena blanca*, on met à peu près une heure. Le chemin est extrêmement roide et mauvais pour les chevaux; on passe sur le roc dur et nu, en escaliers rapides assez glissants. Mais on regarde à peine le pied de ses chevaux : le magnifique spectacle qui se déroule sous les yeux absorbe trop. Nulle part la vallée n'est plus belle. On domine en face tout le développement des glaciers de la Maladetta, flanqués d'énormes blocs de rochers; le Néthou est à peine visible. Sur le fond stérile de la vallée, on aperçoit comme une avenue, formée par les pics de la Mine et de Poumère, par les crêtes hérissées d'Esbarrans, et terminée délicieusement par les deux pointes élancées de la Forcanade, comme les deux flèches d'une cathédrale. Tout cela inondé de la lumière la plus pure. Les montagnes du côté de Vénasque toujours couvertes d'une délicieuse teinte rosée. *Forcanada, meine schœne Braut, was blickst du so heiter und strahlend dort im Morgenlichte, und krœnst mit blauem, reinem Æther deine liebliche ernste Stirne? Siehst schœner als je. Bist du mit deinem Raüber versœhnt, und lachst ihm entgegen* [1]?

Quand on monte péniblement au milieu de ces blocs énormes qui vous barrent le chemin, parmi ces grandes montagnes où on se sent si perdu et si petit; quand on voit combien leurs obstacles nous semblent gigantesques et infran-

---

[1] Forcanade, ma belle fiancée, pourquoi brilles-tu si sereine et si rayonnante dans la lumière du matin, et couronnes-tu d'une pure et bleuâtre vapeur légère ton front aimable et sévère? Tu parais plus belle que jamais. Es-tu réconciliée avec ton ravisseur, et lui souris-tu en le regardant?

chissables, on ne peut s'empêcher de penser que pour l'œil qui embrasserait la terre d'un peu haut, ces masses disparaîtraient, et ne sembleraient plus que des rides sur le globe. Et alors les petits êtres perdus dans ces rides, et à qui elles causent tant de tracas, ne sembleraient pas plus grands que la fourmi ou l'insecte que nous considérons en souriant arrêtés par un brin d'herbe, et qui s'acharnent autant à gravir une motte de terre que nous nous acharnons à gravir les Pyrénées. Et, derechef, cette grande terre n'étant qu'un grain de sable auprès du soleil, et le soleil même et tout son système disparaissant dans l'infinité des mondes et de l'espace, qu'on tâche, par cette gradation, de se faire une idée de l'immensité de la création, et du peu de place que l'homme y occupe.

Au sommet du port à huit heures et demie. C'est la cinquième fois que je le passe. Dit adieu à cette vue de la Maladetta, à cette partie de la chaîne que je ne reverrai sans doute plus, et que j'ai tant explorée. La rentrée en France est extrêmement frappante. La gigantesque pyramide de Sauvegarde se dresse au-dessus du lac. La descente du port, qui n'est pas précisément verdoyante, paraît fraîche par comparaison; mousse sur les rochers; l'hospice au fond sur une pelouse. Lumière plus pâle, atmosphère plus épaisse, ton sombre et noir des gorges et des vallées, tapissées de grands arbres. Descendu le port à pied, au pas de course, bondissant par les sentiers qui abrègent; il faut à peine une heure pour le descendre ainsi. Nous sommes à l'hospice à neuf heures quarante-cinq minutes; je fais le coup d'État d'y passer sans faire manger les chevaux, malgré la résistance de Ribis. Étonnement de se retrouver sous de grands arbres et des ombrages épais; non sans mélange de regret pour la lumière et l'espace sans bornes. Arrivé à Luchon avec un bon temps de galop. Descendu au chalet, le chapeau encore orné du bouquet d'œillets et de verveine de mon hôtesse de Vitallès, et serré la main de G... Plaisir, au retour d'une longue course, de ne pas se trouver seul quand on arrive; d'avoir une porte amie où frapper, avec qui parler et se retrouver familier. Cela va me manquer demain, et mon retour d'Héas en sera moins bon. — Entré chez M. Lambron pour lui raconter mon expédition. Il regrette que je n'aie pas emporté un baromètre, et rapporté une pierre de la Forcanade, sa constitution géologique étant inconnue. Je rencontre M. Lezat, qui a vu hier, du port de Vénasque, notre pyramide, et l'a montrée aux guides incrédules. Je vais chez le guide Lafont-Prince pour préparer la course d'Héas. Revenir par Torla, Broto, Gistain.

Luchon, jeudi, 5 août.

Il fait un temps splendide, et j'espère partir demain pour Héas. Journée de ménage; je fais mes comptes, et règle avec Ribis... Sous ma fenêtre, une caravane de quelques messieurs partent pour la Maladetta; j'entends Ribis, pérorant, soutenant que la Forcanade est plus difficile et plus belle, et m'appelant en témoignage; il se dispute avec les autres guides, qui rabaissent son entreprise : c'est très-amusant.

Je partirai demain pour Héas, s'il fait beau; le temps s'est couvert ce tantôt, et rasséréné ce soir.

———

Luchon, vendredi, 6 août.

COURSE DE SAINT-BERTRAND-DE-COMMINGES.

Levé à six heures. Prince ne vient pas; je passe la matinée à l'attendre, à me préparer à partir, et à ne pas savoir si je partirai. Enfin il me fait dire d'attendre à demain. Je me décide à aller à Saint-Bertrand. Survient monsieur M..., qui part avec moi. Nous partons à midi. Il y a 34 kilomètres. Arrivés facilement, sans forcer l'allure de nos chevaux, en trois heures et un quart. Cierp est environ à moitié route ; situé dans un joli bassin fertile et cultivé, à la jonction de deux vallées. Saint-Bertrand se présente d'une façon pittoresque, sur un mamelon isolé, en avant de petites croupes boisées qui l'entourent, et sur lesquelles il se détache. La ville est encore entourée de ses remparts ; on y entre par une porte cintrée dans l'épaisseur du mur. Descendus à l'hôtel Comminges, nous demandons qu'on s'occupe des chevaux. Une fille nous montre l'écurie, nous jette deux bottes de foin sur la tête en riant beaucoup, disparaît, et nous laisse nous arranger.

Visité l'église, vaisseau percé de longues

fenêtres ogivales ; soutenu de gros contreforts assez lourds. A l'intérieur, un seul vaisseau assez beau, bien proportionné, de différentes époques, quoique avec assez d'unité ; une partie remonte au XIIe siècle ; fondée par saint Bertrand lui-même. Tout le centre de l'église est occupé par des stalles en cœur de chêne, magnifique travail de la renaissance, à peine inférieur aux stalles d'Amiens comme beauté de travail ; il y a moins de fantaisie, plus de style classique, de sentiment et de *recherche* de l'antiquité. On sent un souffle profane, et un art influencé par l'Italie. Choses assez curieuses dans le trésor de l'église. Derrière le chœur, trois grands vitraux du XVIe siècle, éclatants de couleur. Style de *Knight chapel*, à Cambridge. Le cloître, dont un côté bien conservé ; larges et basses voûtes romanes, soutenues par de gros piliers. Nous repartons à sept heures. A la nuit, la route paraît plus étroite, les précipices plus profonds, les objets indécis et mystérieux. Charmant. Nous rentrons à Luchon à dix heures. Prince me promet pour demain à sept heures.

Luchon, samedi, 7 août.

COURSE D'HÉAS ET DU MONT-PERDU.

Réveillé à six heures. Encore des hésitations interminables. Un guide vient me dire que Prince ne veut pas venir; celui-ci arrive lui-même, et me déclare qu'il ne peut quitter d'autres voyageurs; il m'amène Redonnet Michot. Je me décide à le prendre avec deux chevaux de Ribis. Partis à huit heures par un très-beau temps. Une petite valise sur le cheval du guide; un caoutchouc et un plaid sur le mien. Route du lac d'Oo, Saint-Aventin, Cazaux. Là, on quitte la route du lac d'Oo, et on suit la grande route de Bigorre par le port de Peyresourde et la vallée de l'Arboust; vallée cultivée et très-populeuse, mais peu pittoresque. Descente sur la vallée du Louron, qui va confluer à Arreau avec celle d'Aure. Elle appartient à ce type de vallées dont celle d'Aran est le plus large spécimen : très-riches, bien cultivées, semées de gros villages qui semblent se toucher. Aspect plaisant. Eaux délicieuses coulant à pleins bords, avec un léger murmure. Arrivés à la ville d'Arreau à midi. Repartis à deux heures, par un ciel éclatant. Entrés dans la vallée d'Aure. Passé plusieurs villages; Cadéac, jolie position; un charmant pont ogival. Ancizan, Vielle; là, je m'arrête pour aller à l'église, qui est assez curieuse : du XIe siècle.

Aux alentours de Vielle, la vallée d'Aure est ravissante : prairies à la verdure éclatante; allées ombreuses de frênes et de noyers; rien d'exquis comme la vue des sommets tout seuls, sans intermédiaire, paraissant au-dessus de la verdure, noyés dans la lumière, brillants comme de l'argent. A droite, élégante montagne de Tramesaigues, pic à double pointe. Saint-Lary, où nous prenons un acquit pour nos chevaux. Ici, la vallée d'Aure change de caractère; derrière soi, on la voit gracieuse et riante; en avant, elle devient une gorge très-sévère; des buis sur les pentes, et quelques sapins; le fond très-accidenté. Tramesaigues, pittoresque et charmante position; quelques cabanes perchées sur le bord du rocher, et son église blanche.

La gorge monte et se resserre de plus en plus; le torrent roule très-profondément encaissé. Aragnonet d'en bas, très-belle et sauvage position; grands rochers. Solitude mouvementée. Tout ceci est un repaire d'isards. Aragnonet d'en haut, misérable hameau; deux maisons : l'auberge et la douane. Nous y arrivons à six heures. Promené à l'entour; lavé le visage et les mains au clair filet d'une petite source. Gorge fermée étroitement des deux côtés ; on ne voit que le ciel. Au haut d'un petit mamelon, à l'entrée du village, j'entends tinter l'*Angelus*. Du sein de ces lieux perdus la petite cloche élève l'âme à Dieu. Si ce n'était, comme *ils* le veulent, qu'à la meilleure partie de nous-même et à notre idéal qu'elle nous élève, nous ne sortirions pas de nous, et le sentiment poétique, esthétique, que nous éprouvons serait à lui-même son unique et plus haut objet [1]. — Rentré, et dîné avec Michot, qui me fait de grands récits d'ascensions. Il me dit qu'il me laisse seul dans ma chambre ici, mais qu'il ne le ferait pas en Espagne ; il dit qu'il faut craindre des Espagnols tous les mauvais coups, et toujours être en défiance. Il n'est passé que deux voyageurs ici cette

---

[1] Allusion aux théories hégéliennes de l'Allemagne. La fraction radicale de cette école, n'admettant pas l'existence de Dieu, rapporte aux seuls instincts élevés de notre nature toute aspiration vers l'idéal.

année. Couché à dix heures; demain sera une forte journée; il faut partir dès le jour.

Dimanche, 8 août.

D'ARAGNONET A HÉAS.

Mal dormi; lit dur. Je ne puis reposer la nuit dans ces grandes excursions; je marche, je gravis des montagnes, je me fatigue des souvenirs confus de la veille et des projets du lendemain, tout en dormant à moitié. Réveillé à trois heures et demie par les cloches lancées à toutes volées. — Partis à quatre heures vingt-cinq minutes. Nous voyons bientôt Aragnonet, assis sur son gradin au-dessous de nous. Admirable et pure matinée. Derrière nous, les différents plans des montagnes s'entre-croisent et se referment, noyés dans la vapeur bleuâtre dont le soleil les inonde en montant. C'est très-beau, ces vastes horizons qui descendent en escaliers, et rien que le ciel au-dessus. On se sent suspendu sur les sommets de la terre à une distance immense, et comme les portes du monde vingt fois refermées derrière vos pas. — Michot ne connaît plus le chemin du port; nous nous approchons d'une cabane de pâtres qui tiennent conseil; nous prenons l'un d'eux pour guide. Il y a deux ports pour descendre à Héas : l'un, le port d'Héas, très-dur, difficilement accessible même aux piétons, est le passage ordinaire. L'autre, Cambielle, passage indirect, descendant sur Gèdre, est franchissable à cheval; c'est celui que nous prenons. Arrivés au bord d'un immense ravin herbé où coulent les eaux. Amphithéâtre très-irrégulier, mais plein de grandeur. Au haut du port, un champ de neige; d'ordinaire toute la pente, qui est un gravier à présent, est un vaste bassin rempli de neige; il n'y en pas eu davantage cet hiver. Montée très-roide, et très-dure pour les chevaux. Le pâtre nous quitte.

Il n'est pas possible de descendre à Héas, comme nous le voulions; il faut aller tout droit à Gèdre, qu'on aperçoit au fond. Au sommet du col à huit heures. Descendu à pied, en poussant les chevaux pendant un temps infini, par des sentiers détestables, dans le lit du torrent, et obligés de sauter avec les chevaux par-dessus les murs des prairies. Il est près d'onze heures quand nous arrivons à l'auberge de Gèdre. Pendant que le déjeuner se prépare, assisté à la fin de la grand'messe. Petite église, remplie, jusqu'en dehors de la porte, d'hommes à béret bleu, veste brune; quelques-uns en grand manteau brun à capuchon; toutes les femmes avec leurs capulets rouges sur les épaules; ensemble très-original.

Déjeuné, et repartis à une heure. La chaleur est accablante; failli m'endormir sur ma selle. La gorge d'Héas paraît étroite après celle de

Cambielle ; pentes stériles et nues. Au bord de quelques prairies, de pauvres champs de blé et quelques masures. Au milieu de la vallée, une petite chapelle blanche isolée ; très-bel aspect ; si petite au-dessous de cette grande enceinte de rocs couronnés de neige, entre ces pentes stériles ! Quelque chose de touchant à voir cette petite église insignifiante, humble et effacée, au sein de cette grande et merveilleuse nature : pas essai de lutte. C'est seulement un signe de la présence de la pensée humaine parmi ces horribles et sublimes scènes. Elle dit que l'homme adore là où Dieu a bâti lui-même le sanctuaire, et qu'en ces lieux où lui parlent l'éternelle majesté et l'éternelle puissance, son faible cri répond. Le vrai temple ici, c'est l'œuvre de Dieu.

Arrivés à Héas à deux heures et demie. Entré dans la chapelle, très-pauvre construction du XVIIe siècle ; maison à côté pour deux missionnaires qui viennent passer ici trois mois d'été.

Il vient beaucoup de pèlerins des environs, surtout à la Notre-Dame de septembre.

Partis à trois heures, à pied, pour le cirque d'Héas. Du village la vue est très-belle ; de grands rochers nus forment un cirque régulier, bien plus fermé que celui de Gavarnie. Une grosse échine de rocher coupe le milieu de la vallée, comme un rideau tiré, ou un jubé construit devant. Gravi ce gros mamelon ; à gauche et en dehors, les montagnes forment un petit amphithéâtre régulier ; deux pics semblables l'un près de l'autre ; comme une grosse tourelle en pierre flanquée d'une plus petite (semblable au singulier monument de Fontevrault) ; très-imposant. Mis une heure et demie pour arriver jusqu'au fond du cirque. Beaux fragments, mais il n'offre pas quelque chose de complet. Le sommet est très-beau. Murs droits coupés carrément ; glaciers hérissés de crevasses. Redescendus de l'autre côté par des sentiers de chèvres, entre des coulées de pierres et des touffes de rhododendron. Le ravin est extrêmement profond, et fermé en face par d'énormes murs à pic, lisses, sur une grande étendue, et en courbe régulière : sorte de couloir gigantesque d'un immense amphithéâtre.

Rentré à six heures, et dîné. Braves gens de l'auberge; servi par une femme qui passe l'hiver ici toute seule. Dîner très-mangeable; chambre haute, propre, et un accueil ouvert qui supplée presque à tout. Causé itinéraire; le mont Perdu n'a pas été monté cette année; on le monte par la brèche de Roland, en couchant aux cabanes de Gollis. Après dîner, dernières lueurs du jour; teintes délicieuses à l'horizon; les glaciers encore demi-dorés, lumineux; ciel gris-perle; dégradations d'une finesse exquise. Les troupeaux descendent; en passant, pâtres et bergères s'agenouillent un instant sur les marches de la chapelle. — Causé un long moment des montagnes avec les missionnaires. Les gens de ce pays sont fort intelligents; un peu roués avec les étrangers; l'instruction est peu répandue; les instituteurs fort éloignés. Pendant l'hiver, des avalanches terribles, roulant d'un côté, remontant de l'autre. Cette vallée était autrefois fertile, et couverte de forêts. On trouve encore sur la montagne les clôtures de pierres qui séparaient les champs : signe de la ruine et de la désagrégation des montagnes. Couché à dix heures.

Lundi, 9 août.

DE HÉAS A GAVARNIE PAR LA MONTAGNE.
MONTÉ LA BRÈCHE DE ROLAND;
COUCHÉ AUX CABANES DE GOLLIS,
AU PIED DU MONT PERDU.

Parti à quatre heures trois quarts, après avoir pris une bonne tasse de café au lait. Les glaciers, à l'est, gris et pâles, dans l'ombre, contrastant avec le ciel, où monte la lumière. Un pic rose devant nous, comme éclairé d'un feu de bengale. Air frais. Désolation de cette vallée d'Héas; tout est couvert comme d'un grand éboulement. — Au lieu de contourner la montagne de Coumélie, on en franchit l'angle. Gravi par un sentier escarpé, pierreux, impraticable aux chevaux, jusqu'aux granges. Confusion magnifique de rochers; d'énormes blocs barrent le chemin, et se dressent de tous côtés. Après avoir monté quelque temps, on découvre, dans un repli de la montagne, comme un couloir énorme, qui borde le revers des montagnes d'Héas et de Gavarnie, et qui sépare les deux cirques; c'est grandiose. On arrive sur un plateau noir et herbé, une vraie terrasse, sur laquelle s'élève et repose la ligne des hauts sommets. C'est la disposition particulière à tous ces environs. Les bases se rapprochent, se touchent, et forment un profond ravin; au-dessus, plateaux herbés, sur lesquels reposent les grands pics, plus écartés. La marche sur cette terrasse et la vue sont splendides. On domine la vallée d'Héas; derrière, sous le voile bleu et rayé des vapeurs du matin où glisse le soleil, *translucent* les neiges du cirque de Gavarnie. Devant, on enfile toute la gorge de Saint-Sauveur, mais à la hauteur des premiers plateaux, qui d'ici semblent former le fond de la vallée. Rencontré et emmené un petit pâtre. Il y a sur ces pentes trois mille moutons espagnols, confiés à la garde d'un pâtre en chef, qui réside à l'hôtel à Gavarnie, arrondit sa panse, se nourrit de la dîme du troupeau, malmène et condamne à une maigre chère les vrais pasteurs, qui ont toute la peine.

On suit le plateau au-dessus de la route de Gavarnie. On longe la base de Piméné, qui s'élève gigantesque; en face, une autre grande montagne de granit; ce sont comme les deux piliers gigantesques des portes du cirque. Ici, les rochers sont disposés par bien plus larges masses : superbes montagnes musclées comme un Hercule, nerveuses, puissantes. On descend à pic à travers les pierres, un peu avant le village de Gavarnie. Quand on débouche dans la vallée, et qu'on voit se dresser à pic, immédiatement au-dessus des maisons, ces gigantesques masses bleues du cirque, l'impression est sublime et ravissante à la fois ; cela reste bien ce qu'il y a de plus grand et de plus beau dans les Pyrénées. La masse des glaciers, la hauteur des montagnes, me rappellent certains effets de la Suisse. Après le village, le cirque se déploie, magnifique et régulier, dans toute son étendue; toutes les saillies sont couvertes de neige, comme les toits étagés d'une ville après la neige qui les a blanchis. Continué à cheval jusqu'à la cabane du cirque; je ne me lasse pas de considérer cet édifice merveilleux. Mais la plus belle vue d'ensemble est du village; à mesure qu'on avance, on est un peu trop rapproché, et les premiers plans manquent; l'effet est moins saisissant.

Arrivés à Gavarnie à neuf heures quarante-cinq minutes. Nous déjeunons immédiatement. Je m'informe du mont Perdu; on me dit que des messieurs doivent le monter aujourd'hui; d'ailleurs on m'offre pour guides des contrebandiers français qui montent la brèche de Roland. Je fais préparer les maigres provisions qu'ils ont à nous donner, une cape pour la nuit, et nous partons, pour monter la brèche, à dix heures.

On prend tout de suite à droite; on commence par monter des escaliers de roc fort à pic au-dessus de l'abîme; plus haut, un sentier facile sur le flanc de la montagne; on voit très-bien, en montant, les détails de structure du cirque; à gauche, il est couronné d'aiguilles, de pinacles, du *Cylindre;* le milieu et la droite semblent artificiellement construits : remparts et forteresses; tours du Marboré.

Arrivés à la région des neiges ; traversé ensuite un grand glacier, au-dessus duquel on voit grandir l'échancrure de la brèche. Nous y arrivons en trois heures de marche ; il est deux heures. Étonnant et magnifique coup d'épée. Murs droits, énormes, peu épais, qui s'avancent, et s'arrêtent tout à coup, tranchés comme par une lame, pour former une porte dans cette gigantesque muraille. Très-beau de près. La vue est insignifiante ; confusion de pics. Arrêtés une heure pour attendre ces messieurs à l'abri du mur, en Espagne. Rencontré en route une bande de contrebandiers chargés de gros ballots d'étoffes, qu'ils portent attachés au front par une espèce de bretelle qui entoure la tête. Arrivés en haut, quelques-uns sont détachés comme espions en avant sur le côté espagnol. Coups de sifflet comme signal. Le maître espagnol des marchandises vient, sale et drapé, au haut de la brèche, se dispute avec eux, exigeant qu'ils descendent les ballots plus bas, ce qui est en dehors de leurs conventions; ils sont deux fois poursuivis à coups de feu par les *carabineros*, obligés de laisser les ballots et de s'enfuir.

Ces messieurs arrivent avec deux guides; l'un, M. Henri Russell, homme distingué, ayant voyagé au Canada et dans le *Far-West*, parmi les Indiens; l'autre, M. S..., qui se prépare à l'École polytechnique. Nous repartons à trois heures; marche de deux heures au-dessous du *Cylindre*, dans les lieux les plus désolés; rien que de grandes pentes de rochers nus de couleur grise; pas un brin d'herbe; affreusement triste; le ciel est chargé de gros nuages. Nous allons coucher aux cabanes inférieures de Gollis, et nous y arrivons à cinq heures, après avoir aperçu en route le mont Perdu. Les Espagnols donnent au Cylindre et aux deux pointes du mont Perdu le nom des *Trois Sœurs*.

Les bergers nous cèdent leur cabane. Un

énorme bloc éboulé sert de toit. Assis longtemps sur un rocher en face de la solitude, et causé avec M. Russell. Le dîner est très-gai ; mes provisions de Gavarnie sont détestables ; nous mangeons la soupe à la gamelle avec la cuiller en buis des bergers. Couché sur une sorte de manteau étendu sur la terre nue ; c'est très-dur, et je dors peu ; je suis éveillé par le froid qui entre, et une ou deux fois on rallume le feu. Nuit originale.

Avant de se coucher, les bergers font la soupe au lard ; buvant à l'outre, mangeant à la gamelle ; maigres et misérables, nous regardant d'un air ébahi. On leur donne du chocolat enveloppé de papier de plomb : grand étonnement ; ils le mettent sur leur front pour ornement.

Marlí, 10 août.

ASCENSION DU MONT PERDU.

Réveillé à trois heures et demie. Le départ n'en finit pas. Paresse générale. — Vapeur terne sur le ciel, et quelques points de nuages menaçants. — On se met en marche, après avoir mangé du chocolat et une croûte du pain. Départ à cinq heures. Monté à droite, en passant au pied de la tour de Gollis, espèce de mamelon carré, à pic, non encore gravi, disgracieux. Au-dessus est la seconde pointe du mont Perdu, qui nous cache la première, la plus haute. L'ascension n'offre pas de dangers, mais quelque chose de continuellement pénible; on traverse des champs de pierres éboulées; chemin très-roide, fatigant; une fatigue ennuyeuse. De temps en temps des crêtes de rocs, qu'il faut franchir par des saillies en escaliers.

Après avoir tourné la tour de Gollis, et longé une grande courbe entre les deux pointes, avec des champs de neige au fond, on passe une crête de roc, puis on se trouve en face du plus haut sommet, qui s'élève droit et roide; c'est une pyramide de débris roulants, coupée par deux murs : les deux pas de l'Échelle; la deuxième échelle est la plus rude; c'est une gouttière où il faut se hisser des pieds et des mains, s'accrocher à grand'peine en montant verticalement. Un filet d'eau qui coule est gelé par endroits sur la paroi du roc; très-glissant et très-dangereux. Le passage est gardé par deux grosses colonnes rondes. Au-dessus, gravi les vilains graviers jusqu'en haut. — Nous sommes poursuivis par les nuages, qui se forment en gros rouleaux blancs sur les pics, montent derrière nous, nous couvrent toute l'Espagne, la plaine, puis les vallées les plus proches.

La vue, d'ici, est encore une forêt de pics;

celui qui se voit le mieux, c'est le Vignemale avec ses beaux glaciers. Au delà, quelques hautes montagnes éloignées, et la silhouette pointue du pic du Midi de Pau. Le premier plan, la montagne elle-même, est clair; sommet écartelé; plusieurs pointes, et dans les creux, de belles nappes de glaciers. Au-dessous de nous, au nord, le petit lac du mont Perdu, dans les neiges; à gauche, la belle masse découpée du Cylindre, non encore gravi. Le sommet du mont Perdu est un cône de graviers, de débris; formation calcaire; pierres de marbre, rochers crayeux éclatants comme la neige. M. S... est en retard, et arrive bien après nous. C'est la première ascension de cette année. — Un monsieur, arrivé quelques minutes avant nous, est étendu, sans mouvement et indifférent, sur les pierres du sommet. Il a un guide comme il doit y en avoir beaucoup pour les inexpérimentés, qui me donne pour la Maladetta un pic noir dans une tout autre direction et d'une tout autre forme. C'est du côté de la Maladetta que les nuages sont le plus épais; magnifique *cumulus*, nuages gris perle s'entassant les uns sur les autres, et bordés de dentelures blanches étincelantes de lumière.

Nous étions à huit heures en vue du pic, et arrivés au sommet à neuf heures; en moins de quatre heures depuis le départ. — Déjeuné. Nous mettons nos noms dans la bouteille, qui ne contient que six billets de l'an dernier; les autres bouteilles sont cassées, et le contenu dévoré par les rats. Descendus à dix heures un quart, et arrivés au niveau des cabanes à midi. — Glissé sur les coulées de gravier, ce qui n'arrange pas les souliers. En bas, nouvelle halte pour manger un morceau. M. S..., éreinté, s'étend tout de son long. — Les deux guides de ces messieurs (deux guides de Luz) vont nous accompagner en passant par Torla (soi-disant moins fatigant que de redescendre la brèche). M. Russell retourne à Gavarnie. Michot y va aussi payer la dépense, renvoyer les chevaux à Luchon, craignant des difficultés pour les faire rentrer s'ils ne revenaient pas par le même port. Il nous rejoindra demain à Torla.

Descendus par plusieurs étages et *escalettes* dans la vallée au-dessous, le val d'Araça. En descendant ces assises, qui s'étagent en escaliers gigantesques taillés en marches régulières, on est dominé par le pic lui-même et le Cylindre. En tournant le fond de la vallée d'Araça, on a à gauche la montagne puissante de Montarruogo. Pour franchir la crête qui couronne toute la vallée, un pas très-difficile et très-dangereux; ce que j'ai encore vu de pis. — Moment d'hésitation. — Il faut poser le pied sans voir sur des saillies de roc où le rebord du soulier peut à peine tenir, se retourner plusieurs fois, faire d'énormes enjambées, sauter presque sur une de ces saillies imperceptibles, le tout à pic au-dessus d'un effroyable précipice, et n'ayant pour accrocher ses mains que des pierres déasgrégées et branlantes. Au bas enfin pelouse unie plus douce aux pieds que le velours.

Le fond de la vallée s'arrondit et forme un cirque majestueux, pas aussi brillant et aussi ravissant que Gavarnie, mais nu et austère comme l'Espagne, triste et sauvage. Bientôt les lignes de sapins paraissent sur le rocher, et la vallée se rétrécit, resserrée entre deux hautes murailles de roc dénudé; au fond le gave tombe en cascades comme sur des barrages faits de main d'homme, et forme de belles nappes d'eau d'une limpidité sans égale. Ce mur de rochers continue à droite et à gauche, et affecte des formes singulières et pittoresques, si leur grandeur souffre ce mot. De vraies fortifications, des aiguilles, des pointes, des créneaux; au sommet, comme le mur épais d'une citadelle flanquée de deux bastions. Descendus à travers une belle forêt de hêtres aux troncs élancés, en marchant sur un lit doux de feuilles accumulées depuis de longues années. Silence et solitude profonde. Traversé un endroit où le sentier a été emporté. Passage très-dur, où il faut monter à l'assaut. Il faut ici passer le torrent, déjà très-large. Il n'y a pas de pierres; je me jette dans l'eau et me rafraîchis les pieds dans ce clair courant; on jette un tronc de sapin en travers, sur lequel passe notre jeune homme. Il est très-fatigué, et commence à m'inquiéter; il a une soif ardente, qu'on apaise à tout moment avec de l'eau-de-vie et de l'eau fraîche. Mon attention est partagée entre le souci de ce jeune homme seul, débutant dans la montagne par cette terrible course, souffrant, avec sa mère inquiète à Saint-Sauveur, et mon admiration pour l'incomparable scène qui nous entoure.

Devant nous un orage : les hauts pics sont voilés de rayons bleus de pluie, sur lesquels se dessine un arc-en-ciel. La vallée s'élargit encore; à la base fraîche verdure; au-dessus les masses de rochers de plus en plus grandioses. A droite, séparées par une coupure profonde, deux masses carrées prodigieuses sous tous leurs aspects; de vraies forteresses naturelles bastionnées et crénelées. C'est quelque chose presque d'emphatique et d'énorme comme l'imagination espagnole. Flancs rouges et éclairés du soleil couchant. Plus loin, pelouses charmantes semées de beaux bouquets d'arbres, une vraie Arcadie. Cette vallée réunit tous les aspects à leur plus haut degré de beauté. En face, un pic aigu qui domine Torla. Entre ses flancs route en zigzags (*échelle de Torla*), très-longue, rapide et pierreuse descente sur le fond de la vallée. La nuit tombe. Ici aboutit le val d'Araça et ses splendeurs.

La nuit vient, la route se prolonge, Torla s'éloigne. M. S..., à chaque pas plus faible, s'assied, refuse d'avancer, et menace de tomher insensible sur le chemin, malgré ses efforts surhumains. Jamais je n'ai vu la fatigue portée à ce degré de souffrance. Chemin rude, raboteux; le pied heurte à chaque pas, les eaux y coulent et le ravinent. Pont sur le torrent. Encore une montée jusqu'à ce malheureux village. Je ne sais comment nous avons pu y arriver. Le pauvre jeune homme s'assied de nouveau; nous le prenons sous les bras : malgré cela il tombe; on lui frotte les tempes et les lèvres d'eau-de-vie. Heureusement un mulet vient à passer; on le hisse, et il se cramponne aux paniers. La montée du village est très-difficile, surtout dans l'obscurité. Enfin nous frappons à la bienheureuse porte; on le monte au lit, on le déshabille, vin chaud, etc. — C'est la maison de l'alcade. On m'apporte un *caldero de agua fresca;* délices à y plonger mes bras et mes pieds. Je passe la maison en revue. Puis vient le dîner, assez bon et mangé de bon appétit. Écrit à ma mère sur un charmant petit papier que les gens de la maison m'apportent. Je ne suis pas trop fatigué. — Les guides sont éreintés; le jeune homme a les pieds tout écorchés, et se plaint beaucoup. Couché à onze heures dans un bon lit. Mon compagnon se retourne, m'éveille, pousse des gémissements, s'écrie : Ah! que je souffre! j'étouffe. Il a le cauchemar. Je suis assez effrayé de ce qui surviendra. Nous sommes arrivés à Torla à huit heures. Il faut compter six heures de marche pour la vallée d'Araça.

Mercredi, 11 août.

DE TORLA A FAULO.

Profondément dormi et réveillé à neuf heures et demie. Je passe la matinée à me remettre. De nouveau recours au bon *caldero* pour me rafraîchir et me laver. On envoie mes souliers à réparer à Broto, et on me rapporte de bonnes espadrilles espagnoles. Déjeuné et bu avec délices. Vin d'Espagne fort, très-*temperatum*. Michot arrive à onze heures et demie. Il était parti à quatre heures de Gavarnie.

Toute cette hospitalité espagnole est fort chère ; 13 francs pour chacun de nous. Je fais mes adieux à M. S..., qui se trouve bien reposé, et je pars à deux heures. Les guides me laissent un bâton ferré; on n'en trouverait pas en Espagne. Le malheureux Michot est horriblement chargé de son sac et de ma malle sur son dos. Le temps est lourd et chaud.

Broto est à une demi-heure de marche, et se voit d'ici. La vallée s'élargit, les lignes s'abaissent, s'adoucissent, et reposent l'œil et l'esprit après les horreurs et les hardiesses des gorges traversées hier. En se retournant, on voit l'énorme masse carrée qui est plantée au milieu de la vallée, et fait le plus grand effet. Broto est joliment situé, à l'entrée d'une vallée cultivée et ouverte, très-pittoresque; pont de trois arches à ogives très-élevées. J'attends une heure que le *zapatero* ait fini mes souliers; le brigand exige *diez pesetas* (10 francs). Changé chez l'épicier, qui résume tout le commerce de l'endroit, une pièce de 20 francs, sur laquelle il me fait perdre 1 franc. Tous les habitants de ces vallées me prennent d'abord pour un Anglais; ils ne voient pas d'autres étrangers. Ils sont étonnés et agréablement épanouis quand ils savent que je suis un *senor Frances*. — Visité l'église, qui a un portail roman assez sévère. Intérieur assez misérable, mélange de richesse et de misère.

Repartis à trois heures et demie. A une demi-heure de Broto, on trouve le hameau de Cerviceta. Ici on quitte le val de Broto; on tourne à gauche pour entrer dans une gorge transversale qui conduit à Faulo. Un assez bon chemin de mulet; mais désert, silencieux, retiré, à peine une maison. Montagnes peu élevées semées de pins; des buis roux qui donnent les teintes de l'automne. Pendant deux heures et demie, même aspect. Plus loin le vallon se ferme et s'encadre d'assez belles lignes de montagnes. Après avoir traversé un pont, nous montons un énorme mamelon boisé, d'où l'on a une très-belle vue sur la vallée solitaire et touffue qu'on vient de parcourir. Rencontré un vieux bûcheron de Faulo, qui a été en France et parle un patois étonnant; je le comprends à moitié, et m'escrime à lui répondre. Il nous dit que la montagne en face appartient tout entière à *el senor* de Faulo, une bien bonne maison où nous allons descendre.

La nuit vient, le chemin continue à une très-grande hauteur. Faulo est situé très-haut sur une pente, et domine une vaste étendue. — Mes espadrilles, bonnes en ce sens qu'elles laissent le pied à l'air et ne le serrent pas, sont gênantes dans les descentes; la semelle de corde brûle la plante des pieds. Nous descendons chez le *senor*. Balcon avec vue du magnifique horizon. Dîner très-bon : soupe excellente ; pain d'une légèreté et d'une saveur comme du gâteau. — Un jeune homme fort attentif, une femme roide, un enfant hébété de curiosité, qui ne cesse de tourner autour de moi. Michot fatigué, mécontent de ce qu'on le regarde très-peu et qu'on lui fait attendre son lit. Je retiens un mulet pour demain, et m'enquiers du chemin de Bielsa.

Jeudi, 12 août.

DE FAULO A SALINAS.

Levé à quatre heures et demie ; attendu le mulet une heure. Il faut se résigner à la lenteur et à l'inexactitude en Espagne. — Le balcon de la maison s'ouvre sur cet immense horizon de montagnes dont les lignes se rejoignent à la base pour former une vaste gorge. Une des premières est la montagne de Cestale, dont le profil se dessine en noires et gigantesques découpures. L'horizon est terminé par un cône tronqué, très-élevé, biscornu, majestueux, la Pena-Montanera, qui s'élève dans la vapeur comme un fantôme bleuâtre. La matinée est belle, mais vaporeuse; cela augmente l'effet de ces grandes silhouettes. — Dans la cour au-dessous, du bois empilé, un troupeau de chèvres qu'on trait, les enfants qui jouent autour; richesse pastorale, patriarcale; absence de luxe et des recherches de la vie; les domestiques ne sont que des aides dans les soins du ménage, tandis que chez nous tout le *ménage* est peu à peu retombé sur eux.

Partis à six heures avec un petit muletier nerveux, patient, vigoureux, qui marche devant, tenant l'animal par la corde. En guise de selle, un amas de couvertures qui fait affreusement écarter les jambes ; pas de brides, pas d'étrier ; je me hisse à grand'peine. Rien dans les mains ; on n'a pas d'action sur l'animal, et il faut se tenir accroché aux couvertures quand il descend. En quittant Faulo, on traverse des petits ravins qui vont se creusant jusqu'à Nérin. Monté et descendu par des chemins rocailleux, impraticables. Rochers pittoresques, *Salvator Rosa like*, faits pour être des repaires de brigands et de *guerrillas*.

A sept heures à Nérin, misérable petit hameau de quelques maisons délabrées, assis sur une croupe aride et nue. Descendus chez le senor Clemente, où nous déjeunons. Pas d'autres meubles que des bancs de bois enfumés. Un grand vieillard reste immobile dans la cheminée ; une vieille femme à l'air vif, mobile, fin, prépare notre déjeuner : soupe au lard, omelette et chocolat. Cependant elle me regarde curieusement, et fait des observations sur les *manos fi. as del senor* ; c'est sans doute pour cela qu'elle se croit autorisée à m'écorcher ; 7 francs 50 centimes pour cette maigre chère. Grande incertitude sur le chemin que nous devons suivre ; ils connaissent à peine leur propre pays. — Entre un garde forestier le fusil sur l'épaule, qui nous dit qu'il y a une route d'ici à Bielsa par la montagne, par le port et l'hospitalet de Pineta ; mais qu'il faut compter dix heures, et non pas cinq ; que le mulet ne peut marcher que quatre heures ; après quoi il faudrait trouver un pasteur pour nous accompagner ; car pour arriver il ne faut pas chercher ni allonger le chemin. Il affirme que par Vio et Escalona on peut gagner Bielsa ce soir ; je me décide à prendre le chemin par les vallées, qui est le plus long. Nous repartons à neuf heures.

Les ravins deviennent une gorge profonde, rougeâtre, semée de touffes de buis ; on suit au-dessus un sentier en corniche. Plus on avance, plus cette aridité prend de grandeur ;

auprès de Cercuet, petit hameau qu'on passe au bout d'une heure, le paysage prend un des aspects les plus frappants qu'on puisse imaginer; un coin de la montagne se déchire, et s'avance au-dessus de la gorge en pointes énormes, comme les dents d'une mâchoire ouverte. — Il y avait jadis ici un ermitage, et on s'y rendait en procession; on raconte la légende d'un berger qui, voulant passer le torrent grossi, jeta son bâton, lequel se fixa et devint un pont, que franchit tout le troupeau. On domine de très-haut et on plonge dans cette scène de confusion; dernières limites de la grandeur sauvage. La masse de Cestale se présente maintenant en face comme une des plus prodigieuses masses de pierres qu'il y ait; immense superposition de terrasses bastionnées, de vrais murs de forteresses flanqués de tours, d'une couleur rouge et ardente. Le sentier monte toujours, faisant croître à chaque pas la profondeur, la netteté de vue, la grandeur de la scène, qui se développe de plus en plus. Enfin, au fond d'une gorge latérale, s'élèvent deux grands sommets neigeux, enroulés de nuages; c'est le mont Perdu (*las Tres Sorores*). C'est un peu à droite que passe le chemin direct de Nerin à Bielsa; je doute qu'il puisse offrir plus de grandeur, et la même variété d'aspect que celui-ci.

Le sentier de mulet abandonne au plus admirable moment la grande gorge, qui continue directement jusqu'à la Pena. Tourné à droite en franchissant des crêtes; pente où est situé Vio, affreuse bourgade; tout ce qu'il y a de plus triste et de plus stérile; terre absolument nue, partagée par des murs en pierres grises, enclos où il ne pousse absolument rien. Suivi pendant une ou deux heures les flancs d'une gorge stérile et brûlante. Je ne me figurais rien d'aussi âpre que dans la Sierra-Morena. Rencontré quelques hommes et quelques mulets, qui traversent péniblement, ou sont étendus sur le sol brûlant. Le grand pic de la Pena Montanera se voit de ce côté presque isolé, et marque, comme une borne, la fin de la haute montagne. En avant, une sorte de plaine accidentée; plus de lignes, plus de direction; quelque chose de confus, d'inextricable et d'affreux; cela dépasse en stérilité tout ce qu'on peut concevoir. Pas une goutte d'eau, pas un brin d'herbe. Cela me rappelle don Quichotte dans ses solitudes; les paysages de Cervantès me reviennent à l'esprit, et vivent devant moi.

Au-dessus d'un mamelon apparaissent quelques amas de maisons perdues dans cette solitude, où un insecte ne pourrait vivre. Escalona, au pied de la Pena, et plus près, Puyarruebo. Nous laissons Escalona sur la droite, et nous passons le torrent, ou plutôt ses pierres, sur le pont de Puyarruebo, deux ruines de gros piliers en pierre qui supportent quatre pauvres planches. Nous voyons encore à l'horizon le mont Perdu, où se forme un orage. Ses sommets, d'un noir d'encre, sont enveloppés de brume et d'ombre; au centre seulement, les glaciers étincellent au soleil comme des diamants. *Rex tremendæ majestatis.* Effet magnifique au bout de cette plaine grise et nue. Descendu à ce qu'on appelle la maison de Puertolas, sur le bord du torrent. Besoin de reposer et de nourrir bêtes et hommes. Mais la maison a l'air aussi misérable que le pays; devant la porte une femme, qui nous renvoie en disant qu'elle n'a rien à manger ni à boire, pour les chevaux ou pour nous. Inhospitalité du climat et de la race. Cette maison et cette femme ont l'air de revenants dans ce désert, qui ne porte aucune trace de culture ni d'habitation humaine. *Non domita, non mansuefacta terra.*

Nous continuons de suivre le triste bord de ce torrent, qui s'encaisse de plus en plus. Quelques arbres apparaissent sur ses bords.

Sous un groupe d'arbres est l'hospitalet, où nous nous arrêtons. Masses de pierres noires, sales, peu avenantes; on traverse l'écurie, sombre comme une cave, pour aller dans le recoin qui sert de chambre; deux femmes y sont accroupies, dont l'une file la laine des moutons du pays. A peine arrivés, orage et grosse averse; la première eau qui tombe ici depuis cinq mois. Arrivés ici à trois heures, et repartis à quatre. Nous sommes loin encore de Bielsa, et l'orage est menaçant.

Une demi-heure après l'hospitalet, on rentre tout à fait dans la montagne, à la *Fortunada*; deux ou trois maisons à l'entrée de la vallée de Bielsa. Admirable gorge, et, sauf le buis qui en garnit presque uniquement les flancs, sortant du caractère que j'ai vu jusqu'à présent au versant espagnol. Très-rétrécie, sauvage, mais en même temps pittoresque. Masses de rochers qui surplombent; un torrent écumant d'une charmante couleur bleue, et contenu parfois entre deux murs droits; tantôt le sentier grimpe comme une chèvre, ou descend, par des escaliers à pic, dans le lit même du torrent, suit au milieu des eaux bouillonnantes, sur une sorte de digue de troncs d'arbres ou de cailloux. L'orage revient, et la pluie reprend au milieu de cette gorge isolée et sauvage. Essayé de nous mettre à l'abri sous une grotte, puis repris notre route. Nous arrivons à *el paso de las Devotas*, une vraie échelle de pierres déchirées, que le mulet descend, et qui mène dans le lit du torrent. — Plusieurs grandes figures d'Espagnols réfugiés dans les cavernes en sortent à notre passage. La pluie augmente: Si le torrent se gonflait, on pourrait être embarrassé. Michot s'enveloppe du châle, le muletier de la couverture, et nous cheminons ainsi sous l'averse, qui nous a bientôt trempés. Ce qu'il y a de bon, c'est que ces sortes de circonstances critiques me donnent, ou tout au moins me gardent ma meilleure humeur.

La gorge tourne et s'élargit; joli endroit. Mais aucune maison, aucun village; on nous avait annoncé Salinas pour dans une heure, et il y en a trois que nous marchons. J'aperçois une maison blanche près d'une chapelle; le muletier y grimpe, et reste très-longtemps. Michot, sous l'averse qui redouble, et avec la nuit qui approche, est d'une impatience croissante. Refus de nous recevoir; on ne loge pas la *caballeria*, et le village n'est pas loin. Enfin, après plus d'une demi-heure encore, dans l'obscurité qui augmente, aperçu deux ou trois cabanes, et frappé à un pauvre *huis*. Figure peu flattée, et accueil peu empressé du maître de ces lieux. Il n'a rien pour les chevaux, maigre chère pour nous. Ces Espagnols sont réservés, peu accueillants, presque durs au premier abord. Pourparlers assez longs sous la porte, tout dégouttants de pluie. Monté à une chambre haute, noire, misérable, où des enfants nous éclairent avec des copeaux de résine.

Nous sommes tombés dans le plus pauvre intérieur espagnol ; mais heureux encore d'avoir un gîte. Changé presque à tâtons, suspendu nos habits, puis pris place dans la cuisine autour du vaste foyer, sous le manteau enfumé, assis sur les larges bancs de bois. Ici, l'accueil de ces braves gens se radoucit un peu ; ils causent, interrogent, deviennent gais. Assis au milieu de toute la famille : un homme, deux femmes, huit marmots, occupés à manger la soupe. Ensuite on nous fait la nôtre, sans huile, que je trouve très-bonne. A la suite, nous n'avons à ronger que des os de mouton, c'est ce qu'ils appellent *carne* ; bu d'assez bon vin.

Content de ma soirée après tout, et à l'aise dans cette pauvre demeure. Je couche dans la chambre commune, dans un coin noir séparé du reste par une sorte de cloison en planches. J'occupe un grand lit (un matelas étendu à terre), qui sert d'ordinaire à six membres de la famille. Draps très-blancs, sur lesquels ils ont étendu une espèce de belle couverture ou mante. Je m'y endors comme un prince.

Arrivés à Salinas après sept heures et demie.

Vendredi, 13 août.

DE SALINAS A L'HOSPICE DE GISTAIN.

Habillé à tâtons : en fait de fenêtres, il n'y a qu'un petit trou à l'autre extrémité de la chambre; les maisons ne sont pas percées. Le temps s'est rasséréné; les montagnes sont claires; mais il reste quelques légères vapeurs blanches, qui font prophétiser encore la pluie pour aujourd'hui. La toilette n'est pas longue en ce pays, je suis vite prêt. Nous partons sans rien manger, et pour cause. Ces hôtes-là ne nous écorchent pas; trois francs pour notre dépense en tout. Je garde le mulet jusqu'à

Bielsa. — Les torrents accourent remplis, écumants, bondissants ce matin. Bientôt on rentre dans une gorge moins étroite que celle qui a précédé le vallon de Salinas, mais non moins charmante. Les courbes se referment gracieusement derrière nous. La fraîcheur est pénétrante dans l'ombre de ce défilé, et me force à mettre paletot et châle.

Un peu avant Bielsa, la vallée s'élargit de nouveau, et prend un aspect frais et riant; le cœur de la montagne a dompté l'aridité naturelle à ce pays. La pluie d'hier a comme recouvert toute la nature d'une fraîche splendeur, d'une vivacité étincelante. Rencontré des gens en habits de fête, à mulet; les femmes avec de jolies boucles d'oreilles tombantes et collier d'or. Un homme portant avec une précaution tendre et embarrassée un enfant empaqueté. Nous arrivons à Bielsa, petite ville située sur une éminence au-dessus du torrent; à droite s'ouvre la vallée qui monte au port de

Bielsa ; à gauche, une autre large vallée qui va gagner la base du mont Perdu, et où est situé l'hospitalet de Pineta. Débarqué sur la place, dans la *casa Agostin*, *segretario*. Les notables de l'endroit sont assemblés à la porte.

Pendant qu'on prépare le déjeuner, je visite la ville ; elle porte le cachet et la date de la renaissance sur ses plus pauvres maisons ; elle doit avoir eu de l'importance à cette époque. Sur la grande place, un hôtel de ville avec galerie cintrée du xvie siècle. Maisons à grands balcons en saillie, à hautes balustrades en morceaux de bois plats découpés. Comparaison de ces balcons ouverts, en bois léger, avec les *thorlein* du Nord, fermés et solidement construits. Jeune femme qui travaille à la fenêtre, la tête penchée, la chemise blanche relevée par-dessus le coude, laissant voir ses forts et beaux bras. Le contraste du linge blanc et de la peau a été recherché par les peintres méridionaux. Cela me rappelle la jeune fille du Caravage, à la galerie *Lichtenstein*. — L'église est également de la renaissance; assez large et vaste nef, sombre, ornée aussi de ce vieux luxe sale et terni. — Déjeuné de l'éternelle soupe au lard, de mouton coriace qui vient sans doute d'être tué, et de chocolat. On nous sert du vin doux et un peu piqué, du sud de l'Aragon, qui est regardé comme une grande friandise. On pèse le pain avant et après le repas fort exactement.

Partis de Salinas à six heures, nous étions à Bielsa à huit heures, et nous le quittions à dix, accompagnés d'un grand vieux bonhomme, *Sebastian*, qui porte ma malle à la mode du pays avec une courroie autour du front, et ne marche pas très-fort. Pour aller à Gistain, nous franchissons directement la montagne de Malista, qui sépare deux vallées. Gravi par un des beaux ravins latéraux jusqu'au-dessus de Bielsa. Monté au milieu d'une végétation touffue de buis, puis parmi des pins magnifiques et vigoureux ; au-dessus, nous suivons un grand col herbé, allongé, qui ne finit pas. — Dans l'herbe, grands chardons jaunes, comme des soleils d'or, comme de larges cœurs enflammés et rayonnants. Tout le temps qu'on monte, on a la plus admirable vue, quoique un peu lointaine, mais complète et grandiose, sur la masse du mont Perdu; c'est le versant oriental qui se présente d'ici; celui par lequel nous sommes montés se trouve caché; l'effet de lumière est très-beau; d'abord enveloppé d'un orage épais et noir, comme hier; les nuages et les rochers se confondent; puis l'orage est balayé, et toutes les crêtes se détachent vigoureusement sur le ciel. Au bas s'étale la belle vallée de Pineta, avec le sillon d'argent du torrent qui la descend, et dont les ombres passantes des nuages brunissent ou polissent la surface. L'orage tourne vers l'est sans nous atteindre. Au bout de quatre heures et demie de marche, nous gagnons le sommet du col, et nous renvoyons notre *Sebastian*.

Sur l'autre versant, une sorte de promontoire saillant nous cache la vallée du Plan, ou de Gistain. Tout à l'horizon, on aperçoit les crêtes du port de la Pez. En face, une belle chaîne de hauts sommets sévères, bruns, âpres, de cette teinte bronzée et de ces contours hardis qu'ont les sommets de l'Aragon, surtout par un temps nuageux. Nous descendons très-rapidement sur les pentes herbées ou pierreuses, le long d'une montagne d'un rose si vif, qu'on la dirait éclairée d'une aurore boréale. Sous nos pieds, le village de *el Plan*, capitale de la vallée, ramassé avec ses toits de tuiles rouges, rares en Espagne. Nous le laissons à droite, et descendons directement sur Gistain, une demi-heure plus loin dans la vallée, et situé plus haut. Gistain a l'air d'un gros bourg, mais de bien pauvre apparence, malgré ses deux clochers.

A la *Taverna* à trois heures trois quarts. A la porte du cabaret, des femmes assises filent et regardent nonchalamment, des enfants s'ébattent, quatre ou cinq grands gaillards oisifs se drapent dans leur mante. On s'aperçoit à peine de notre venue et de nos questions. Air froid, indifférent, presque hostile, de l'accueil espagnol. On ne nous fait même pas entrer dans le bouge sombre, où la *senora* est assise parmi ces hommes, qui parlent d'un ton haut, dur, presque irrité; on nous apporte un peu de pain et de vin sur une pierre du seuil. Pas autre chose à avoir ici : *pan y vino*. Ils rient beaucoup de ce que je bois de l'eau avec le vin. Après bien des tentatives, je finis par avoir quelques renseignements sur la route, et un homme se décide, non sans peine, à nous accompagner. Il faut aller coucher à l'hospice de Gistain, à deux heures d'ici, au pied des vallées qui montent aux différents ports. Le guide revient lentement, muni de son énorme *manta* à grandes rayures blanches et bleues. Partis à cinq heures. Laissé au-dessous de nous San-Juan, dernier village. Monté au milieu de prairies et de champs cultivés, par un bon sentier très-praticable, que descendent de nombreux attelages de bœufs. Caractère plus civilisé.

Un orage se forme, et monte rapidement derrière nous, fermant la vallée d'un nuage uniforme qui nous presse, et se rapproche de minute en minute. Monté au pas gymnastique. De loin, aperçu la maison blanche des carabiniers auprès de la petite baraque de l'hospice, à l'entrée et à l'embranchement des hautes vallées. Mais avant de l'atteindre, la pluie éclate; les nuages nous rejoignent, et se déversent sur nous en torrents furieux; les coups de tonnerre se pressent, et leur écho passe, renvoyé d'un flanc de la montagne à l'autre; des éclairs d'un rose vif illuminent la vallée, s'étendant comme une nappe devant nous. Très-grand. En un quart d'heure, je suis transpercé. L'Espagnol jette sur ma tête un coin de sa lourde *manta*, impénétrable à la pluie, mais qui m'écrase, et tous deux nous montons, comme sous un même toit mouvant, les pentes roides au pas de course. Perdu, abîmé, aveuglé dans le désordre des éléments, la violence de la pluie qui fouette et nous enveloppe, les lueurs mobiles des éclairs, le bruit, la confusion, les pierres où le pied se heurte à chaque pas; vacillant sous le poids de la *manta*, qui me retombe sur le visage, je me sens entraîné et rouler confusément.

Arrivés à la porte de l'hospice, au plus fort de la tourmente, comme à un véritable lieu de refuge, et enfoncé la porte d'un vigoureux coup de bâton. A notre entrée, l'*hospitalero* et la vieille femme manifestent un sentiment de compassion. Un grand feu est allumé; nous changeons de vêtements, et nous nous séchons. Une demi-douzaine d'Espagnols sont étendus sur les larges bancs autour du foyer, dans la cuisine enfumée, qui est la seule pièce de la maison. L'orage continue à rager.

On nous fait un dîner, que je trouve excellent ; je n'ai jamais mangé de meilleur appétit ; deux assiettées de soupe au lard, l'*olla* (légumes du pot), et des tranches de jambon frit. J'offre une pièce de monnaie pour qu'on consente à m'aller chercher, dans la tourmente, une jarre d'eau fraîche. Dîner très-animé, et gai. Causé beaucoup avec les Espagnols, et nous arrivons à nous comprendre. Après le dîner, arrivent les carabiniers, qui jouent aux cartes la moitié de la nuit. Je tombe de sommeil sur les bancs ; il n'y a pas d'autre lit ici. Cependant on me fait monter dans un galetas où on a étendu par terre une vieille paillasse recouverte d'une couverture en lambeaux, que je laisse sur mes pieds, et je m'entoure la tête de mon châle. Michot est couché près de moi sur la moitié de ma paillasse ; il est très-défiant des Espagnols, et surtout de ceux de Gistain ; il n'y a pas de plus mauvaise vallée que celle-là. Reposé tant bien que mal parmi le bruit des chats, qui se battent d'une façon sauvage jusque sous nos pieds, et des Espagnols, qui parlent bien haut dans la chambre au-dessous.

Nous avons fait le trajet de Gistain à l'hospice en une heure vingt-cinq minutes, ce qui est regardé comme une merveille.

———

(Écrit sur une feuille à part et daté de la montagne de Bielsa à Gistain.)

Je voudrais être comme la pierre luisante et ruisselante, comme la mousse vive et humide que baigne la cascade d'une perpétuelle fraîcheur. Ainsi puissé-je, ô mon Dieu, être devant votre face, inondé à la fois des rayons chauds et lumineux de votre soleil, et humecté de vos eaux vives et éternellement jaillissantes!

———

Samedi, 14 août.

DE L'HOSPICE DE GISTAIN A LUCHON.

Réveillé bien avant le jour; je suis pressé de sortir de ce bouge. J'ai été inquiété et dévoré par toutes sortes de bêtes, et ma peau en porte de nombreuses traces. A trois heures et demie, Michot descend, et ne remonte pas; un silence absolu s'établit, entrecoupé de murmures; ses histoires sinistres d'Espagnols commencent à me trotter par l'esprit : solitude dans la nuit noire, et dans une caverne de brigands. Enfin je me traîne à tâtons jusqu'à l'unique ouverture; il fait petit jour. Michot revient, et nous descendons; je presse le départ.

Impossible de mettre en mouvement ces masses qui dorment, s'étirent, répondent à peine. Il faut une heure pour qu'ils se décident à nous donner du pain et du vin pour notre journée, un peu de fromage, et rien autre chose. Le carabinier arrive, et demande mes papiers, qu'il fait semblant de regarder; il faut financer; il rejette avec indignation vingt sous, se porte en dehors de la cabane pour barrer le passage, exige trois francs, attendu que personne ne doit passer par le port : voilà sa théorie; il refuse de mener au brigadier, et recommande de n'avouer au susdit qu'un franc, pour que sa part soit plus forte. Moyennant quoi il nous indique gracieusement une source d'eau très-bonne, et nous congédie avec force civilités. Michot, et même le guide espagnol, indignés contre les carabiniers : *Robadores! ladrones!* répètent-ils pendant trois heures.

En marche à cinq heures. Le temps est encore une fois éclairci, mais les vapeurs n'ont été que refoulées à l'horizon; déjà elles remontent, et convoitent les sommets, menaçant pour l'après-midi. Nous montons à droite dans la vallée le long du torrent, superbe, grossi, abondant. On laisse à gauche le passage du port de la Pez, dont on aperçoit les grandes pointes décharnées, et on s'enfonce entièrement dans le groupe formé par les énormes montagnes de Clarabides et d'Espoussets, qui sépare cette vallée de Gistain de celle d'Astos de Vénasque. Dédale de vallées, qui pénètrent entre ces hauts sommets, et qui s'embranchent les unes dans les autres; profondeurs peu explorées. La masse et l'aspect du pic d'Espoussets sont magnifiques de ce côté. C'est une pointe de rochers qui va en s'élargissant; sur les flancs de beaux glaciers. Ces hauts sommets, vus au-dessus de longues pentes couvertes d'herbages, sont d'un aspect charmant et tout à fait alpestre; réunion de pâturages et de glaciers qu'on ne s'attendait pas à trouver là. Nous passons près d'un rocher isolé, debout, menaçant, en pyramide aiguë. C'est la *Punta de las Espadas*.

Monté, au pied même d'Espoussets, dans un étroit et long couloir en pente rapide, entre des montagnes vertes couvertes de fleurs, comme dans les pâturages des Alpes. Le torrent descend en cascades entre ces deux pentes gazonnées. Scène très-simple, grave et belle. Nous faisons une halte au bord du gave, et entamons notre maigre, *scanty*, provision. Un morceau de pain bien sec trempé dans du vin, et le fromage est épargné. C'est assez pour soutenir l'estomac. Nous montons assez lestement une pente escarpée qui conduit à un premier port. Nous trouvons des traces de neige et de grêle, restes de l'orage d'hier. Atteint le sommet du port à huit heures et demie. Halte d'une demi-heure. Je congédie le guide, après avoir vidé l'outre, qu'il remporte à l'hospice, et donné à boire à un beau pâtre espagnol.

Le vent est glacé au haut du port. De grosses masses noires arrivent, chassées et apportant la pluie. Au-dessous de nous, la vallée d'Astos de Vénasque, triste, pierreuse, gigantesque, creusée entre les flancs des rochers qui supportent les énormes masses d'Espoussets et du port d'Oo; une des plus sauvages régions de toutes les hautes Pyrénées. C'est comparable, comme position et comme haute solitude, aux alentours de la Forcanade, à l'autre extrémité du massif. Ce sont comme les bornes de cette région culminante circonscrite par la Maladetta, le port de Vénasque, Espoussets, la Forcanade. C'est l'extrémité opposée que nous explorons maintenant. D'ici, nous pourrions, en longeant les crêtes, contourner le fond de la vallée, et aller gagner de plain-pied le port d'Oo; mais c'est le plus long, et le temps est trop incertain. Nous repartons à neuf heures, et descendons rapidement en glissant, mon sac sur le dos pour alléger Michot, qui reprend ma malle. Nous gravissons une grande crête qui s'avance entre nous et le port; montée assez dure, sur de petites marches à pic le long du rocher.

Dans cette ascension, nous sommes pris par

la pluie, qui souffle par raffales. Rien à faire qu'à continuer de grimper. C'est d'ici qu'on voit bien la vallée dans toute sa grandeur morne et uniforme, vaste désert de pierres. Il faut sauter péniblement sur de grands blocs qui se présentent de toutes les façons, n'offrant souvent qu'une pointe tranchante, où il faut à peine appuyer le pied pour sauter plus loin. Cela habitue à la sûreté du coup d'œil et à la légèreté du pied pour choisir rapidement son chemin. De quelque côté qu'on se retourne, on ne se voit enveloppé que d'affreuses et grandioses solitudes. Quels désordres, quelles convulsions pour semer ces blocs, élever ces pointes et ces crêtes, creuser ces gorges, établir ces énormes masses de la Maladetta et d'Espoussets !

Le port apparaît comme une petite dépression entre deux pointes. Monté par un sentier tout droit, extrêmement dur, au milieu du tournoiement des nuages ; enfin ils laissent libre le sommet du port, que nous franchissons à midi, et nous avons la vue sur la France, sinon lumineuse, au moins claire. Le port d'Oo est le *passage* le plus élevé de l'Europe. On est là au centre des plus grands efforts et des plus grands *hérissements*. On voit encore tous les grands sommets espagnols; mais le côté français est plus saisissant, plus varié, plus grandiose de contours. Au-dessous du pas du port, un énorme bassin circulaire évasé, rempli de neige; plus bas et à droite, toute cette forêt de pics magnifiques, dont chacun séparément est superbe et imposant, s'élèvent droits avec leurs fissures, leurs abîmes, leurs flancs ravinés. D'un peu plus bas, sur un rocher saillant qui est au centre de ce vaste spectacle, on en embrasse l'ensemble autour de soi, et on domine le petit lac glacé (le cinquième) : cette petite nappe, d'un bleu exquis, cachée et doucement brillante au fond des abîmes, relève toute cette grande scène, d'une délicatesse et d'un charme infinis. Simplicité de tons ; le gris des montagnes, le blanc de la neige, et le bleu du lac ; belle harmonie de ces nuances : fraîcheur et pureté.

Nous descendons au-dessus du lac par les précipices qui l'entourent en l'approchant davantage. Plus bas, on voit en même temps, à une grande profondeur, le bassin du troisième lac, d'un vert pâle. Aperçu en passant le quatrième, une vraie flaque d'eau, mais d'un bleu vif. Jusqu'au troisième lac, la descente est longue et rapide. Ici la scène s'est simplifiée ; on ne voit plus que le grand amphithéâtre de rochers, que dominent les trois grands pics. Traversé le torrent au-dessus du lac d'Espingo, à demi enveloppé de brume. Les chutes de lac en lac sont aujourd'hui splendides ; une seule masse d'écume gonflée, rebondissante, rejaillissante. Pendant que nous descendons au lac d'Oo, l'orage éclate. Enveloppés dans une brume grise, qui fait un singulier contraste avec les teintes vives de la verdure près de nous. Descendus sous une pluie torrentielle, en contournant le bassin du lac d'Oo. Arrivés à mi-côte, un rayon de soleil pénètre cette masse de vapeurs, la divise et la jette de côté en lambeaux, glisse sur le lac, dont toute la surface des eaux est éclairée. Admirable spectacle, que je m'arrête pour contempler, sous la pluie.

Nous arrivons à la cabane du lac en moins de trois heures. Je me sèche au foyer, et, après les privations espagnoles, je me donne le régal, la délicatesse de deux verres de vin chaud, sucré, avec des rôties. Repartis à quatre heures, et descendus d'un pas singulièrement allongé, en trois heures, jusqu'à Luchon, en traversant les prairies entre Cazaux et Saint-Aventin. Je me dépouille de mes vêtements de voyage, et je descends à huit heures, rafraîchi, dîner au restaurant.

Luchon, dimanche, 15 août.

Jour de repos. Je mets de l'ordre dans mes papiers et dans mes herbes. Après la messe, je visite l'église. Elle est sans doute romane, mais réparée, restaurée, reconstruite, au dedans et au dehors. Elle est assez grande; une seule nef et des bas-côtés, sans doute ajoutés. Le fond est peint à fresque par M. Caze, un peintre de Luchon, dans le style des fresques allemandes. L'effet d'ensemble est très-bon; goût et distinction dans cette petite église. Ma journée se passe à rédiger mon journal. Je mets sur le livre de Michot une note expliquant toute l'excursion, dont il paraît très-fier. Je rencontre M. Lambron, qui me donne des détails sur la tournée que je compte faire d'ici à Perpignan; le guide Lafont-Prince, qui l'a faite l'an dernier avec lui, est absent, et je suis très-embarrassé. Je vois que mes préparatifs ne seront pas achevés demain, et que je vais perdre ici trois jours.

Luchon, lundi, 16 août.

La journée est éclatante; c'est vraiment dommage de la passer confiné.

Pris un aperçu de ce qui me reste à voir dans mon voyage : la Provence, etc.; cela s'étend indéfiniment. Quand serai-je rentré chez moi? Et les vendanges? et la vie d'intérieur? et les beaux mois d'automne en Touraine, et les projets remis indéfiniment? Senti plus vivement que jamais la rapidité de la vie. Encore plus d'un mois avant le retour, et déjà la fin de l'année approchera; déjà approcheront mes vingt-sept ans, précipitant les années les unes sur les autres. Vingt-sept ans, âge critique, décisif dans la vie, où il faut se décider, se recueillir, faire son œuvre dans le monde!

Où sera donc le temps de mettre à exécution tant de projets, de voir, de lire, de faire, de connaître tant de choses rêvées? Il faut élaguer les inutilités. Je n'ai encore rien fait, pour ainsi dire, qu'assembler des matériaux, prendre des notes, et faire des projets pour vivre, comme si je devais avoir une seconde vie dont celle-ci ne serait que l'introduction. Alors je regarde les jours qui passent, et le temps qu'il faut pour faire un voyage, avec une anxiété d'avare qui veut retenir cette monnaie qui s'écoule. — Tâcher en arrivant de ne pas me laisser reprendre et emmener par le courant. Se resserrer. Aboutir. *Nicht so in die Breite.* Et cette provision de notes que je m'épuise à prendre en si grand détail, à quoi bon, si elle reste enfouie ?.....

Je vois partir tout le monde, et je vais rester ici le dernier ; il est temps de sortir de ces lieux dépeuplés.

Allé parler au guide Lafont-Prince, qui a

l'air très-intelligent et agréable; il ne peut laisser son écurie au milieu de la saison; il m'offre son père. Puis, le soir, j'apprends que l'autre Lafont, le cousin qui a fait aussi la course avec M. Lambron, vient d'arriver.

Luchon, mardi, 17 août.

Il est tombé pendant la nuit une pluie torrentielle; mais ce matin le temps est pur et beau de nouveau. Le guide Lafont-Prince, celui qui est de retour, vient me trouver. Nous convenons de prix à vingt-cinq francs par jour, et cent francs de retour de Perpignan. Le départ est fixé à demain. — Allé chez le coiffeur, où je fais presque raser mes pauvres cheveux, qui tombent affreusement : *a round head*. Je suis basané et cuivré comme un Africain. — J'achève mes commissions, et j'écris mes notes jusqu'à minuit.

DE LUCHON A PERPIGNAN PAR LA MONTAGNE.

Mercredi, 18 août.

DE LUCHON A MOUNGARRI.

Je me lève à quatre heures et demie. J'achève et je ferme mes malles, et je laisse au maître d'hôtel le soin de les expédier directement à Perpignan. Je pars avec un plaid et un caoutchouc, ma petite valise et mon sac. Nous quittons Luchon à cinq heures et demie, avec un laissez-passer français pour pouvoir faire rentrer les chevaux en France sans frais.

Le temps est chargé de gros nuages blanchâtres et lourds qui sentent la pluie. Les montagnes du port sont découvertes et, quoique sombres, d'une netteté de détails incroyable. — Adieux à Luchon, à l'allée d'Étigny, à l'établissement. Passé à Saint-Mamet, Castel-Viel, etc., à tous ces lieux familiers qui défilent une dernière fois. *Something dark and sullen on the valley.* Remonté le charmant et agreste vallon de Burbe ; fonds de prairies coupés d'arbres et de lignes de haies, comme en Normandie. Une dernière vue sur les glaciers de Crabioules.

On traverse un coin de la forêt. Le temps est étrange ; derrière nous, les lignes des montagnes sont d'un bleu épais, mat et intense, se détachant comme de l'encre sur la teinte jaunâtre et fauve des nuages. Air si différent de l'air vif et matinal des montagnes ! air tiède et mou, brise faible et comme expirante qui vient mourir contre nous, comme le vent de la fin du monde dans mon rêve d'enfance, comme l'attente de quelque chose de sinistre. Tout est langueur dans la nature. Triste, pesante, mais poétique matinée ; c'est la tranquillité de l'automne avec la chaleur de l'été.

Rencontré des Espagnols qui portent à Luchon, dans des corbeilles, de vermeilles framboises de montagne, et je m'arrête pour en faire verser dans mon mouchoir. Il paraît qu'en ce moment messieurs les ours se régalent fort de ce mets, bien délicat pour leurs gros museaux. — Le petit Portillon, passage presque insensible d'un versant sur l'autre. Poste de carabiniers *del reino*, à qui il faut toujours donner la pièce en passant. La chapelle Saint-Antoine et le chemin de Bosost me paraissent bien plus petits et plus courts que la première fois; mais la vue est toujours superbe sur le fond de la vallée, le cours de la luisante petite Garonne, les formes accidentées et les beaux sommets qu'on a devant soi. L'aspect a avantageusement changé depuis trois semaines. Les récoltes sont coupées, les carrés jaunes ont disparu, et le vert naissant des récoltes nouvelles (du sarrazin), couvre le pied des montagnes, et entoure Bosost. Nous y arrivons à huit heures. On ne finit pas d'avoir le papier pour les chevaux, parce que M. le directeur des douanes ne se lève pas si tôt. En attendant je me promène près du pont de la Garonne; du côté de la France les montagnes sont d'un bleu pâle, teintes voilées d'automne (me rappelle un peu le lac de Zug). *Nature clad in stillness and sorrow.*

Nous quittons Bosost à neuf heures; quelques bons temps de trot sur une bonne route. Ici commence la plus belle partie de la vallée d'Aran. A droite, grandes pentes vertes et boisées; lignes douces et allongées des montagnes; les pentes de l'Entécade. Le point culminant des beautés du val d'Aran est autour de l'entrée de l'Artigue; fond frais et gracieux; vallée rétrécie par deux petites chaînes de rochers. Délicieuse position du village de Lasbordes, assis entre deux petits mamelons, son clocher au milieu, se détachant sur les belles pentes de l'Entécade; c'est extrêmement pittoresque. Les flancs des coteaux sont garnis d'une infinité de beaux villages. En approchant de Viella, magnifique terminaison de la vallée par l'amphithéâtre des monts du port (de Viella), et plus à gauche, des sommets inégaux, crénelés, dentelés, bizarrement coupés. Très-imposant. Arrêtés à la chapelle de Medio-Aran, attenante à une espèce de cour entourée de bâtiments; délabrée, et à moitié en ruines. Les carlistes ont brûlé et saccagé cela il y a quelque quinze à vingt ans. Nous sommes à Viella à onze heures et demie, et nous y déjeunons. Je retrouve ma bonne vieille cuisinière française de Fos.

Nous repartons à deux heures et demie. Le temps est menaçant; un orage se forme au-dessus du port. Remonté à gauche la continuation de la vallée d'Aran; cette partie est bien moins belle; montagnes abaissées, sans forme. Tout près de Viella, une curieuse petite chapelle de transition, Bertrens; la disposition et les éléments du style roman avec les formes de l'ogive. Nous passons successivement plusieurs villages jusqu'à Salardu, tous curieux par leurs restes du moyen âge et de la renaissance, et leur caractère féodal. Plusieurs maisons à bel encadrement en pierres, avec l'écusson sculpté au-dessus de la porte. Un peu avant Astiés nous sommes gagnés par l'orage, qui vient du port de Viella. Nous voyons beaucoup de maisons fendues, délabrées ; les murs, presque comme des forteresses, qui entourent les églises et les cimetières, démantelés en beaucoup d'endroits : restes des guerres civiles. Nous sommes à Salardu à trois heures. Ici on quitte la route de Barcelone, qui passe le col de Bonaigues, et on monte une vallée à droite, jusqu'à ce qu'on arrive au rebord du Plat ou Plan de Béret. La vallée d'Aran, à son sommet, se divise en plusieurs branches. On a la vue sur la Maladetta et ses glaciers, qui couronne les montagnes de Viella ; tout cela est malheureusement vu sous la pluie ; l'orage nous poursuit.

A l'entrée du plateau de Béret, *œil* de la

Garonne, un petit filet d'eau terreux, sortant dessous un petit rocher. Pourquoi a-t-on donné le nom de Garonne à ce filet insignifiant, plutôt qu'au gros gave qui remonte jusqu'au fond de la vallée? A quelques pas, sous un rocher semblable, est la source de la Noguera, coulant en sens contraire. Suivi longtemps ce haut plateau couvert de pâturages ; assez jaune et triste, et insignifiant ; à peu près comme le terne plateau d'Einsiedeln. Au fond, on découvre un petit amas blanc de quelques maisons, et une église. Enceinte de murs au-dessous de la pente boisée, au sein de cette morne solitude ; c'est bien la *cella dulcis* de l'*Imitation*, c'est l'ermitage de Moungarri.

Nous y arrivons à six heures. Le *padre cura* est sorti ; le propriétaire, baron Bertrand, vice-consul à Lérida, est ici, mais dort. J'attends sur le seuil ; puis j'entre, et je suis accueilli par un grand monsieur à l'air distingué ; il s'étonne que M. Lambron ne m'ait pas donné de lettre. Il me fait voir son exploitation. La frontière de France (Ariége) est au sommet de la crête qui domine l'Ermitage. Le curé et l'homme d'affaires passent tout l'hiver ici dans les neiges. La chapelle est moderne, avec quelques richesses anciennes. Au 15 août, jour de la fête, il y a eu grande affluence de pèlerins, surtout venus de France; une centaine de pâtres s'avançant, leurs bâtons en main, pour communier : touchant et primitif. Voici la légende qu'on raconte. L'image fut découverte par le taureau d'un pâtre. Celui-ci l'emporta plusieurs fois dans un sac jusqu'au col qui forme la frontière; mais toujours elle revint, ne voulant pas quitter l'Espagne, et on lui bâtit une demeure en ce lieu.

En attendant le souper, pris du chocolat, assis autour de la cheminée de la cuisine. Paraît *el padre cura*, senor Ventura. Type parfait de l'épanouissement vulgaire et satisfait dans la simplicité, avec sa grosse figure ronde, rouge, contente, où sont enfouis *his little good humoured, twinkling eyes*; son sourire perpétuel, timide et heureux; ses mouvements gauches, sa physionomie enfermée et parfaitement satisfaite dans le cercle étroit du lieu, du moment, de la réalité présente; son air *borné*. — Prière le soir à la chapelle. Puis fait une vingtaine de parties de dominos dans la petite salle; le pauvre *ser* Ventura, toujours humilié et satisfait, ne peut arriver à gagner. A neuf heures, souper splendide. Soupe à l'huile qui n'est pas désagréable, poulet, truites, etc. La conversation s'égaie. A onze heures je me retire, et j'écris mon journal en dormant à moitié.

Jeudi, 19 août.

DE MOUNGARRI A TIRBIA.

Réveillé à cinq heures. Ici les puces se promènent avec un grand abandon sur vos manches et votre oreiller, comme les animaux des pays sauvages qui n'ont pas encore perdu leur candide confiance au contact de l'homme. Pris du chocolat et un verre de lait.

Prière dans la chapelle qu'on m'ouvre, dans le calme sanctuaire discrètement pénétré des lueurs rosées du matin. Recueillement de ces hauts lieux, pénétrant avec la lumière matinale dans la chapelle solitaire. Imploré assistance pour ma route, pour les absents, pour toute la vie, pour l'esprit et le cœur. — Goûter toujours le calme heureux et serein de cet asile!

Parti à six heures. Hospitalité gratuite. Le consul n'est pas encore levé, le garçon lui porte mes remercîments et mon nom. Lendemain d'orage, la matinée est fraîche; gros nuages épais au-dessus des sommets. Les hauts pâturages sont enfermés entre deux lignes de petites montagnes qui s'élèvent derrière l'Ermitage et le clocher blanc; c'est un autre aspect qu'hier; il y a du charme; on sent les lieux élevés, le champêtre sévère des hauteurs. Jusqu'à Esterri on descend la vallée de la Noguera, qui coule d'abord dans un haut vallon. Les sommets se revêtent de sapins; on traverse une grande et belle forêt de jeunes arbres vigoureux d'espèces mélangées : pins, sapins, merisiers au léger feuillage, frênes, sorbiers aux grappes rouges, etc., *alles blinkend im Thau* [1]. Les rameaux sont tout chargés des gouttes de la pluie d'hier; chaque arbre est comme une girandole chargée de pendeloques de cristal qui tremblent et étincellent au soleil, et qui passent par toutes les couleurs du prisme. Cette promenade dans la forêt est ravissante. Il y a des clairières, des troncs rasés; ce sont des endroits ravagés par les avalanches. On ne voit pas une maison. Traversé une gorge très-resserrée et tournante; à chaque détour, on attend des brigands à l'affût.

---

[1] Tous brillant dans la rosée.

La vallée se poursuit sans intérêt. Les nuages s'avancent derrière nous, et quelques gouttes de pluie nous atteignent. Premier village sur la route, Alos; carabiniers qui ne nous demandent rien. La vallée devient de plus en plus aride, triste et insignifiante. Passé cinq ou six villages. Tous ces villages catalans sont d'une saleté abominable et d'un aspect repoussant. Masures faites de pierres non taillées, et posées l'une sur l'autre; basses, noires; toits effondrés, pans de murs écroulés. Vieux balcons en bois aux barreaux sculptés et disloqués; portes, *holes to creep in;* ici le seuil repousse au dehors, est inhospitalier, *et deterret, non invitat.* Ces masures semblent plutôt des chenils que les demeures d'êtres humains. Ceci au milieu d'une contrée sèche, stérile, hérissée de rochers; avec une population à l'air dur, digne, sévère, presque menaçant, ne se courbant pas.

Parmi ces masures informes, on voit des portes en ogive, des fenêtres de la renaissance, date de l'époque où elles ont été construites, signe d'un mouvement prospère à cette époque, depuis laquelle elles ont été à peine réparées. La vallée devient de plus en plus desséchée ; dès qu'on s'éloigne des hauts sommets, la désolation apparaît. A peine quelques poignées de terre végétale, qu'on saisit pour y semer le blé ou la pomme de terre. Nous sommes bientôt en vue d'Esterri et de la descente qui y conduit. Il occupe un bassin élargi, aplani, verdoyant, entouré d'arbres, arrosé d'eaux, au bas de la rude montagne. Jolie position ; gros bourg, fraîchement assis sur le torrent. Nous y arrivons à onze heures et demie. Le pont d'une seule arche, élevé, garni d'un parapet très-haut, avec des meurtrières pratiquées du côté de la montagne (du temps des carlistes). La rue principale est d'un aspect très-pittoresque et méridional. Maisons à grands toits plats et saillants, garnies et accidentées d'une quantité de balcons en bois et en fer, et de grands rideaux blancs flottant hors des fenêtres. Irrégularité charmante, mais à condition de ne pas habiter de pareilles demeures. L'aspect et la forme de ces villages espagnols n'a certainement pas changé depuis des siècles; la vue de ces lieux reculés, arriérés, aide singulièrement à comprendre et à se représenter l'aspect et les mœurs des temps anciens.

D'après la recommandation de M. Lambron, nous descendons ici chez el senor don Buenaventura Casimiro Badia. Le nom de M. Bertrand le consul fait un grand effet; il paraît très-connu, respecté et influent dans le pays. Don Buenaventura est un jeune homme à barbe blonde, portant le costume français, qui me raconte qu'il a fait ce printemps un voyage de deux mois à Paris pour son plaisir, et qu'il y a dépensé six mille francs. Il me sert un dîner très-beau comme cuisine espagnole, mais sans huile. Soupe excellente; légumes, plat de viandes mêlées, et les fameuses truites de la

Noguera, qu'on expédie jusqu'à Lerida; très-bon vin de la Concha; vin rancio de vingt ans; tout cela très-soigné. Tout ce pays-ci a été ravagé par la guerre civile, il y a vingt ans. Esterri tenait pour la reine, et a été le théâtre d'une lutte des plus acharnées. Nous quittons Esterri à trois heures; on continue la vallée de la Noguera et la route de Barcelone jusqu'à Llaborsi. Ici l'intérêt languit un peu. Pour le ranimer, en traversant Escaleto ou Ascalon, nous trouvons la fête locale (sainte Hélène patronne), qui dure trois jours.

Comme nous arrivons, on sort des vêpres. Cortége de paysans en grands habits de fête: belles vestes de velours bleu à boutons de métal, bonnets rouges, ceintures de diverses couleurs; en tête, une clarinette et une cornemuse. Aussitôt on nous entoure, on s'empare de la bride de nos chevaux, et on nous escorte, musique en tête, jusqu'à la place. Là, on fait halte, et on nous apporte le pain et le vin; pain plat, bon comme du gâteau. Mangé, et vidé plusieurs verres, toujours à cheval et entourés de tout le cortége. Je remarque de beaux jeunes gens, à charmante figure, dont deux parlent français. Les femmes aux balcons, regardant, en beaux fichus de tête, corsages rouges, etc. Nous sommes un moment les héros d'une sorte de procession d'entrée. Cordialité, air ouvert, physionomie expressive et gestes vrais de ces gens. Le lieu de la scène est une place entourée de maisons noires, sombres, qui contrastent avec l'éclat des habits. Je reste étourdi et charmé de ce spectacle inattendu.

Nous sommes accompagnés avec la musique jusqu'à la sortie du village, dont la moitié des maisons tombent en ruines. Traces persistantes des guerres; pas de bien-être renaissant, pas d'activité qui les efface; incurie, insouciance. De la porte de la ville il ne reste debout qu'une moitié; tristesse de ce sombre lieu. Il paraît que les carlistes guerroyaient en vrais sauvages.

Plus loin, au flanc du rocher, pendent les murs calcinés d'un village brûlé par eux, et depuis abandonné.

A l'entrée de la vallée de Tirbia, on quitte la Noguera et la route de Barcelone; Llaborsi, village comme un bastion, sur un rocher à pic; les murs se confondent avec la pierre sur laquelle ils sont fondés. Maisons à peine percées, comme un mur de prison. Dans cette contrée, les habitations humaines attristent encore la nature. Tirbia, même caractère; trois ou quatre misérables maisons perchées au haut d'un mamelon. Nous y arrivons à six heures et demie, et nous descendons à la casa Battista Pacho, homme à l'air intelligent et sérieux. Il m'accueille avec beaucoup de prévenance (toujours le nom de M. Bertrand). Parcouru le village avec mon hôte, qui parle un peu français, et convient que son pays est bien laid. Les alentours sont desséchés, stériles. On a de la neige depuis octobre jusqu'en avril. *Francia es una buena tierra*, est l'exclamation générale par ici. L'éminence sur laquelle est située Tirbia est à la séparation de quatre vallées; deux hautes, allant vers la France (en douze heures), encaissées de montagnes nues, sombres, bleues ce soir. C'est beau et sévère. Je rentre à la nuit pour souper. Écrit mon journal jusqu'à dix heures.

Les chemins aujourd'hui sont très-bons. Descente rocailleuse avant Esterri, et de là à Llaborsi, une vraie route.

Vendredi, 20 août.

DE TIRBIA A ANDORRE.

Je me lève à cinq heures et demie d'un lit affreusement sec et dur. Pendant que je fais ma toilette, la petite servante vient, me prend la main, et la baise; marmotte je ne sais quoi d'inintelligible, puis me montre ses pieds. Air de profonde humilité et de respect suppliant. Je ne sais ce que cela veut dire, et je reste ébahi. Après avoir pris du chocolat, nous partons, emportant pour provision une outre contenant du vin, du fromage, et une omelette insérée dans un pain. Un vieux petit guide nous accompagne. Partis à sept heures. On monte parmi des pentes rocailleuses, d'où on a une jolie vue sur Tirbia. Tous les villages de Catalogne sont juchés sur des éminences ou suspendus sur les pentes comme des nids de vautour; ils cherchent une position défensive. Caractère militant de ce pays, dont la population a des habitudes de luttes, et qui dispose ses demeures en conséquence.

Il y a deux chemins pour aller à Andorre : le col de Maniga, le plus court, et le col de Sô, qui s'allonge à droite, et contourne la montagne. C'est celui que nous prenons. La vue de la chaîne de montagnes à l'horizon continue, et se développe jusqu'en haut du port, où nous sommes à huit heures trois quarts. Le vent est glacé en plein soleil. Descendus en tournant parmi une végétation de genièvres et de sapins courbés par les vents, et dont les grosses racines ligneuses sont mises à nu par les eaux; le bruit du vent dans leurs branches est comme celui de la marée montante. On descend dans une gorge assez profonde, entre de grands et très-beaux pins, puis on remonte pour gagner le col d'Os. Arrêtés à quelques pas du sommet pour déjeuner. Nous partageons notre repas avec un homme que nous avons rencontré, et qui va à *Andorra la Vieja* (Saint-Julien). C'est un contrebandier, qui va prendre en pays neutre des marchandises françaises. Nous renvoyons notre guide à Tirbia, et nous nous remettons en route à midi.

Après avoir passé le col d'Os, on aperçoit les crêtes des montagnes d'Andorre. Descendu le col à pied, mais c'était inutile; le chemin est praticable pour les chevaux. Au-dessous de nous le village d'Os; ces villages si noirs, si sales, sont gracieusement groupés et charmants de lignes : du Guaspre et du Claude. En sortant d'Os commence une charmante gorge, serrée entre des rochers variés d'aspect, tournant et se repliant sur elle-même, et vous enfermant comme dans un étroit labyrinthe. La chaleur est brûlante. Au milieu de cette gorge est la frontière de la république d'Andorre. On voit des forges, des moulins, etc. Charmant village de Bixesarri, enfoui dans la verdure avec des eaux écumantes de tous côtés; une pauvre petite église, basse comme une étable. Plus loin, la gorge s'agrandit, le torrent mugit profondément; on a en face de hautes montagnes. On débouche sur la vallée principale d'Andorre, celle de la Baliva, au hameau de Juvallo, qui conduit, à droite à Saint-Julien, à gauche à Andorre. Vallée cultivée, couverte d'une belle végétation; quelques villages. Andorre brille au loin; en arrière de hautes montagnes.

Le val d'Andorre, au centre duquel est située la ville, est riant, charmant, verdoyant, arrosé d'eaux abondantes et magnifiques. Un fond de prairies, un vrai tapis uni, éclatant de verdure, ombragé de bouquets d'arbres, et enfermé dans de beaux rochers; éclairé d'une fraîche et tranquille lumière. Arrivés à Andorre à quatre heures et demie. Descendus à l'auberge. La maîtresse est seule, et ne se presse pas de nous recevoir. Dans ces pays méridionaux, on vous laisse à la porte une demi-heure avant de vous prier d'entrer. Enfin on m'introduit dans une sorte de poulailler. La servante m'apporte un bouquet. — Sorti par la ville. Gravi un petit rocher d'où on domine la vallée des deux côtés. Charmant bassin gracieusement enfermé d'assez hautes montagnes. Voici le vrai val d'Andorre! A sept heures, on me sert un dîner très-passable. J'organise ma course pour demain.

Les renseignements sur le pays sont très-difficiles à avoir. Je fais consciencieusement bien des questions sur le gouvernement du pays, et je ne parviens pas à en bien comprendre le mécanisme, surtout exposé en catalan. Ils paient des impôts à l'Espagne et à la France. L'organisation de la justice me semble assez peu claire, mais le vieux maître de l'hôtel la résume d'une façon charmante : les juges sont peu utiles; ici on peut tout faire; *nous avons la liberté en grand*. Mot charmant. A neuf heures, monté à ma chambre.

Samedi, 21 août.

D'ANDORRE A URGEL.

J'ai été affreusement dévoré toute la nuit par toutes sortes d'insectes. Senti les frôlements de monstres qui cheminent à travers ma barbe, rampent dans mes cheveux; senti l'agacement de chacun de leurs petits pas. — Rêvé de mélanges incroyables : brigands, longs voyages, la Grèce et la Russie, etc. Je me sens mal à la gorge ; je bois deux grands verres de lait d'une chèvre qu'on trait dans la chambre ; doux, crémeux, délicieux. Nous partons pour visiter l'Andorre à cinq heures et demie avec un grand vieux bonhomme pour guide. Le temps est radieux. Toute la tournée pourrait se faire à cheval ; nous partons à pied pour retrouver nos chevaux frais.

Pour aller d'Andorre à Urdino on prend, à gauche, une belle gorge très-étroite. Nous y arrivons à sept heures. C'est un petit village étagé sur les pentes et plus propre que ceux de Catalogne. Nous laissons à droite un étroit défilé qui mène vers la France par le port d'Anzats. Pour passer à Canillo nous traversons la chaîne de montagnes qui sépare les deux vallées, dont les flancs sont recouverts de petits sapins. On ne voit plus de forêts en

Andorre ; elles sont toutes détruites. Le vieux chevrier se trompe de chemin, et nous égare dans des pentes très-pénibles, jusqu'à ce que nous rencontrions une honnête et pitoyable famille, un vieux bûcheron qui nous remet dans le droit chemin. En haut, très-belle vue sur les montagnes d'Andorre ; pays coupé de petites vallées, sommets étagés les uns au-dessus des autres, beaux rochers aux nuances vives ; derrière ces sommets s'en dressent d'autres plus élevés. Du côté de Tirbia, horizon borné, sauvage. Du port d'Urdino nous nous dirigeons sur Canillo.

Nous descendons rapidement par un rude chemin dans l'angle de la pente. En arrivant au bas, trouvé beaucoup de fleurs ; le *geranium muscatum* en superbes touffes, et un grand muflier jaune. Arrivés à neuf heures et demie à Canillo, espacé sur une pente au pied de tristes rochers, tout ce qu'il y a de plus noir et de plus misérable. Monté dans une des huttes de l'endroit pour avoir du vin. On nous offre du pain dur à ne pas le couper. Nous repartons à dix heures; nous descendons d'un pas effréné, et menons le vieux chevrier tambour battant pour sa peine. Il sue à grosses gouttes, met son grand bonnet sur son épaule, court pour pouvoir nous suivre.

A onze heures et demie, nous arrivons à Aigues-Caldes. Rien de plus beau que la position de ce village. Il est situé à l'endroit où les rochers s'abaissent rapidement et s'écartent pour encadrer le beau bassin d'Andorre. Maisons pittoresquement disséminées au pied des rochers parmi les prairies, les touffes d'arbres, les eaux jaillissantes; la chaîne de rochers se termine par des pointes aiguës, sauvages, qui élèvent leurs dentelures audessus des maisons; c'est au moins aussi beau et plus sauvage qu'Argelès. Dans le village il y a deux sources chaudes, l'une sans goût et très-chaude, l'autre sulfureuse; elles ne sont pas utilisées. On fait un très-long détour pour regagner Andorre, où nous arrivons à midi. Le vieux chevrier traîne la patte, est rendu; venus en deux heures comme des isards, dit-il, et il en faudrait trois bonnes. Dîné et quitté Andorre à deux heures.

Le temps s'est entièrement couvert de vilains nuages. Suivi la même route qu'hier, qui est belle jusqu'au pont de Juvallo, et qui le devient moins jusqu'à Saint-Julien. Ce village est encore dans une jolie position, et a plus d'apparence qu'Andorre. Une place et des maisons peintes; ici on voit quelques traces de civilisation, des boutiques ouvertes; bouchers, menuisiers, forgerons, etc. Trois quarts d'heure après Saint-Julien, nous passons la frontière d'Espagne et la maison jaune des carabiniers; ils ouvrent ma malle pour la forme, et sont très-polis. La montagne s'abaisse, on voit les premières vignes et des figuiers. Dans une large vallée on aperçoit Urgel très-joliment assis dans les prairies. Nous y arrivons à cinq heures et demie; trois heures de route, et non cinq ou six, comme ils le disaient. La ville est entourée de murs à moitié tombés, percés de meurtrières; débris significatifs. Descendu à l'auberge *Casa Calendria*. Dans ce pays on entre par l'écurie; on pense d'abord à la monture. Pas d'accueil; personne ne se dérange et ne vous souhaite même le bonsoir. On me donne une chambre ouvrant sur un grand balcon en terrasse ayant large vue sur la vallée.

Je sors par la ville, et j'entre dans une église où on dit le rosaire; population à deux genoux, et qui se traîne d'une chapelle à l'autre. — Rentré à la nuit fatigué et avec mal à la gorge. A huit heures le souper; espèce de table commune avec les gens du pays et les muletiers. On nous sert un bon dîner. Pendant le repas la discussion s'anime sur les qualités des chevaux et des mulets, et il se fait un bruit terrible. Privilége de ces populations du Midi de se passionner pour toutes sortes de choses, de prendre tout au sérieux, sinon au tragique, à l'épique. Beaux gestes, expression profonde. Un homme assis au bout de la table, à traits énergiques, caractérisés, large chapeau de côté sur le front, dont je m'étudie à suivre tous les mouvements. Il y a sur ces visages l'empreinte d'un caractère profondément marqué, inflexible. — J'écris mes notes, et je me couche à dix heures.

Dimanche, 22 août.

D'URGEL A BOURG-MADAME.

Sorti à huit heures pour visiter la ville. Maisons hautes et étroites, avec balcons et toits très-saillants. Des ruelles où des toiles tendues de chaque côté se rejoignent et forment une espèce de voûte irrégulière au-dessus de la rue. Murs blancs, peu d'ouvertures; sous les maisons grandes galeries d'arcades profondes et sombres; là, dans l'obscurité, sans apparence, se cachent les boutiques ou échoppes, qui semblent vouloir fuir les regards plutôt que les attirer. Aujourd'hui dimanche tout est ouvert; le marché se tient sur la place. Les hommes coiffés de leurs grands bonnets rouges; les femmes en jupes bleues, tabliers éclatants, rayés, corsages de velours, la tête couverte d'un mouchoir blanc noué sous le menton et enveloppant tout le cou; presque des béguines. Beaucoup de filles de Catalogne au teint clair et frais, *a fair complexion*. Un beau grand jeune gars causant avec une jeune fille devant l'église. Expression de sérieux presque sévère; réserve et air contenu d'autant plus frappant qu'en dessous on sent la force et l'ardeur. Étalage de *Volksbücher* (livres populaires), la plupart ayant trait aux guerres civiles; souvenirs populaires, complaintes religieuses, histoires de chevalerie, de crimes célèbres. Je fais un choix. — Les prêtres en grand nombre, coiffés de leur grand chapeau, enveloppés dans leur manteau noir; ils ont quelque chose de très-sévère.

La cathédrale, vaste bâtiment sombre et massif, roman, du xie siècle, retouché, rapiécé, altéré et mutilé de mille manières différentes. L'intérieur est un vaisseau très-élevé et imposant, à trois nefs : on l'a restauré dans le goût de l'architecture antique avec des chapiteaux corinthiens. Et en effet, il était facile de transformer le roman du Midi si pur, si net, si simple, si précis, en style de la renaissance. Le point de contact était aisé à trouver. (Comme forme, comme idée, c'est tout différent.)

L'église est peu ou pas éclairée; aucun jour de côté, rien que les trois fenêtres romanes de l'entrée et quelques jours à moitié bouchés au fond du chœur. Surtout quand on entre et en quittant l'éclatante lumière du dehors, on ne distingue presque rien. *Sense of awe.* Dans ce sombre intérieur ne glissent que quelques rayons de jour égarés, étranges, perçants, d'une lueur et d'une couleur singulières; c'est du Rembrandt méridional; cela me rappelle la synagogue de Prague; un culte jaloux et sombre. Sur les pupitres d'énormes missels; devant le sanctuaire de grandes lampes en cuivre; quelque chose de gigantesque et de terrible qui a un cachet particulier et fait une profonde impression.

Tout cela porte bien le caractère de la dévotion espagnole : sombre, ardente, exaltée, sans charme. Ils ont saisi et conçu puissamment la *réalité* des doctrines religieuses et du culte, mais jusqu'à un rude matérialisme; alliance étrange d'imagination exaltée et de caractère décidé avec l'absence d'idéal. Je ne m'attendais à rien de si frappant; cela me donne envie de voir davantage de l'Espagne. Erré sous ces grandes voûtes, frappé d'un sentiment extraordinaire.

Par une porte de côté, on entre dans un magnifique cloître roman, dont trois côtés seulement sont conservés. Beaux piliers ronds supportant un petit cintre; chapiteaux nettement et finement sculptés, simples d'ornementation, et sobres d'exécution. Un peu derrière la cathédrale, sur une place, palais épiscopal. Entré dans une petite cour, où je ne rencontre personne. Petit jardin où poussent quelques tiges de maïs, quelques arbres, à peine agités par un souffle sous le soleil brûlant. Quelques feuilles tombées annoncent l'automne. Il y a un sentiment de mélancolie profonde dans ce silence, ce calme recueilli, et cette solitude au sein de cette vive et chaude lumière. Un cadran grossier sur le mur. *Sicut umbra transit homo.* Monté le grand escalier désert, et entré dans la galerie, qui s'ouvre d'un côté dans les appartements, de l'autre donne sur le petit jardin ; on a d'une fenêtre la vue de cette belle vallée de la Sègre, inondée de lumière entre les pentes douces des montagnes. Délicieux horizon et charmant ensemble que ce pauvre palais épiscopal. On aimerait à y vivre mélancolique, isolé, détaché. C'est la première fois que je comprends la *mélancolie* dans le Midi.

Je rentre très-frappé de cette petite ville, avec une foule de pensées se pressant, comme quand on voit quelque chose de nouveau qui éveille des idées non encore classées et tirées au clair. Espèce de trouble dans l'admiration et de crainte de perdre une de ces impressions nouvelles, avec le besoin de les coordonner. — Départ à dix heures, et retraversé toute la ville. Des mules caparaçonnées, panachées, sonnantes, s'en vont haut la tête et le pas vaniteux. Je ne sais combien de paquets de pompons retombants et de grelots. Toujours l'emphase et l'exagération espagnoles.

La route qui conduit à Puycerda, si facile à

arranger, est semée de grosses pierres dès la sortie d'Urgel, et parfois se réduit à un sentier; elle suit tout le temps la vallée de la Sègre. *A delightful ride*. La Sègre coule dans une ravissante campagne, au milieu de champs verdoyants et de pentes couvertes de vignes, d'oliviers, d'arbres à fruit. Au delà, les maisons blanches de la petite ville, brillantes au pied de ses forts et des montagnes abaissées. Bientôt la vallée se rétrécit; on s'élève, et la montagne perd son caractère d'aménité. On passe auprès des bains sulfureux de San-Vicente; une hutte pour les eaux et une grande auberge. Un peu plus loin, le village de Puente-de-Bar. Nous rencontrons beaucoup de passants, et leur demandons : *Cuanto es daqui a Bellver?* Réponses très-amusantes; cela varie depuis deux heures jusqu'à huit.

Un petit village couvrant l'extrême sommet d'un rocher, Aristot, nom surprenant; un autre, Martinet; mais Bellver ne se voit pas. Enfin nous apercevons la ligne lointaine et vaporeuse des montagnes de la Cerdagne. La gorge s'ouvre sur un bassin encadré de deux lignes de montagnes. Bellver, dominé de son clocher, s'élève sur un mamelon isolé à l'entrée de ce grand plateau de la Cerdagne. Gracieuse position avec des vues charmantes de tous les côtés.

Dans ce pays-ci les gens ne se dérangent jamais. Le chemin est encombré de leurs bêtes ; ils vous regardent fixement, ne bougent, et vous laissent faire. Singulière incurie, et laisser-faire hautain, dédaigneux. Nous arrivons à Bellver à trois heures. A l'hôtel de Pablo Tuset, où on me sert un bon repas. Monté à l'église, dont l'extérieur n'a rien de curieux. Elle est située sur une place entourée de grossières arcades, encombrée de débris et de murs écroulés. En France, après une révolution, on se hâte d'en effacer les traces, on enlève les instruments qui ont servi ; ici la guerre civile semble en permanence ; ses traces hideuses subsistent, et ses moyens ne sont point détruits le lendemain ; ils restent tout prêts. A l'intérieur de l'église, sur les autels, comme je l'ai vu partout en Espagne, des statues informes de la Vierge, révoltantes pour notre sentiment ; tout ce qu'il y a de plus vulgaire et de plus grossier.

Nous quittons Bellver à quatre heures et demie. Les chevaux sont las. La Cerdagne s'étend devant nous : grande, large, vaste plaine, ou plutôt plateau entre des montagnes aux lignes tranquilles et agréables ; l'horizon termine par une dépression très-douce ; c'est le col de la Perche. La Sègre arrose cette plaine, et y est perdue. — Revu des chars pour la première fois depuis longtemps, et une race de grands et beaux bœufs du pays. On quitte la vie pastorale pour rentrer dans la vie agricole. Nous passons près de Puycerda, petite ville assise sur un rocher qui s'avance dans la vallée en formant un cap, que l'on double. La limite entre la France et l'Espagne est à quelque distance ; frontière complétement arbitraire, coupant en deux une large vallée, qu'aucun obstacle ou ligne naturelle n'interrompt. Ici la France empiète sur le versant méridional. Nous ne voyons point de carabiniers, et le douanier français se contente de notre déclaration.

Nous arrivons à Bourg-Madame, village frontière, à maisons blanches. Descendus chez M. Jambon. On me donne une petite chambre proprette; c'est plaisir de trouver un lit blanc au sortir des insectes de l'Espagne. Au souper, cuisine française; un certain apprêt, de la coquetterie, de l'élégance même, qui contrastent avec le simple, substantiel, et quelquefois exécrable ordinaire espagnol. Dans la salle à côté, réunion et conversation des gens de l'endroit. Babil et sociabilité française; causerie et expositions à perte de vue. Contraste avec la dignité, la froideur et le ton déclamatoire des Espagnols.

Lundi, 23 août.

DE BOURG-MADAME A MONT-LOUIS.

On n'apprécie bien toute la dureté des lits d'Espagne qu'en voyant quelle douceur prend un lit ordinaire d'auberge française. *Sound sleep.* Il paraît que les chevaux aussi, après avoir couché sur la dure, sur la terre nue de l'étranger, s'en donnent sur la bonne paille de la patrie. — Quitté Bourg-Madame à six heures, et suivi la route des Escaldes et de Mont-Louis. Nous montons doucement les premières assises douces et vertes de la chaîne, de frais petits vallons. Villanova des Escaldes et quelques maisons sont cachées d'une façon charmante au milieu de massifs d'arbres, à la base de la chaîne. C'est un peu la position d'Albisbrunn. Je visite l'établissement des eaux; cinq sources sulfureuses plus ou moins chaudes. — Du chemin qui descend à Livia on domine admirablement et librement tout ce vaste et beau plateau, bien cultivé; Bourg-Madame dans les arbres, et les tours de Puycerda brillant au soleil. Ce plateau est une large ouverture qui coupe obliquement la chaîne, lieu de séparation des eaux, et qui relie le groupe du Canigou à celui de l'Ariège.

Devant moi s'étend donc cette Cerdagne, objet de tant de disputes et de traités avec le Roussillon, et qui sont revenus tant de fois dans mes rédactions d'histoire. Tous ces pays si disputés sont toujours de riants et fertiles bassins, bien arrosés, au pied des montagnes, servant de *clefs*, et objets d'envie. Le haut de cette vallée de la Cerdagne française est bien une pure conquête; c'est tout à fait en dehors de la France. C'est le col de la Perche qui sépare le bassin de la Sègre de celui de la Tet. Livia (*Julia Lybica*), gros bourg espagnol enclavé dans la France.

En allant à la recherche d'une fontaine intermittente, passé à Llô, village pittoresquement situé sur des rochers escarpés, avec de vieilles tours en ruines. Du temps de la féodalité et des luttes pour ces provinces, ces tours avaient l'œil sur les champs convoités, sentinelles ayant un pied dans la montagne. Gravi très-haut, et demandé vingt fois cette malheureuse fontaine. Enfin hélé un homme pour nous y conduire. Nous suivons une crête de rochers ; derrière quatre grandes pointes, nous arrivons à la source, qui est assez abondante, fraîche et bonne, et qu'on voit sourdre sous quelques pierres. Je m'assieds auprès, et je passe une heure à la guetter patiemment ; elle ne bouge pas d'une ligne ; on finit par nous dire qu'elle est quelquefois vingt-quatre heures sans intermittence. Descendus à travers champs du côté de la Tet, et allés regagner la route de Mont-Louis. Saisi par un vent glacial en descendant ces pentes. La grande route témoigne d'un haut et mauvais passage ; elle est bordée de grands poteaux en bois pour indiquer le chemin en hiver. D'ici, quand le temps est clair, on peut voir le Canigou; mais nous entrons dans le brouillard, qui monte. Gagné Mont-Louis à deux heures; aperçu à travers les brumes flottantes les murs sévères de la citadelle.

Arrivée triste; j'entre à l'auberge en grelottant, quoique enveloppé de châles, et je me blottis dans la cheminée de la cuisine. Je déjeune de bon appétit de cailles et de framboises de montagne. Mont-Louis est une création de Vauban, et porte encore en certaines choses la marque du grand siècle. Les portes, qui s'ouvrent sur les deux ponts-levis, la ligne des murs garnis de petites tourelles et les ouvrages saillants ont une sorte de simplicité sobre et élégante. L'église est bien nue et froide; fenêtres carrées; mais la porte d'entrée et son fronton arrondi sont d'un bon style. Cette régularité raisonnable, même à l'excès, du génie français fait éprouver un certain sentiment bienfaisant après les extravagances puériles de l'Espagne. La citadelle carrée s'élève au-dessus de la ville. Il y a ici trois compagnies et un lieutenant-colonel.

A quatre heures, on amène les chevaux ; fait quelques pas en dehors de la ville, dans le brouillard épais et glacé. Comme d'arriver à Olette ne nous avancerait en rien, qu'il faudra toujours coucher demain au Vernet si nous voulons monter le Canigou, je me décide à rentrer et à coucher ici. Je m'installe dans une chambre avec du feu, et je fais ma correspondance en retard. — Le brouillard s'établit, s'épaissit de plus en plus. Quel augure pour le Canigou ! A neuf heures, je prends une bonne tasse de lait bouillant, et je me couche dans un bon lit.

Mardi, 24 août.

DE MONT-LOUIS AU VERNET.

Temps affreux toute la nuit. *Tremendous pouring down.* Un brouillard lourd et épais est encore maître ce matin. On m'allume un bon feu, et on me sert une grande tasse de lait chaud. *An image of quiet home, lying in bed, with the smoking milk, the closed curtains, and lighted hearth with playing lights* [1]. Je quitte Mont-Louis bien enveloppé dans mon châle, et trottant dans le brouillard. Suivi silencieusement et obscurément les détours de la grande route qui descend la vallée de la Tet. A Unzès, le brouillard se lève un peu; la route est jolie; ravin étroit et verdoyant; des eaux thermales

---

[1] Une image de la maison paisible : couché dans ce lit, avec le lait fumant, les rideaux fermés, le foyer allumé et ses joyeuses lueurs.

jaillissent de toutes parts; une grande cascade fumante, dont l'eau n'est point utilisée. La Tet a son passage obstrué par d'énormes et curieuses masses de rochers; on ne sait comment ce filet d'eau a pu se creuser une rigole entre ces blocs. La route, ne pouvant se frayer un passage, a percé le rocher, et passe sous une espèce de porte cintrée dont la voûte est formée de blocs inégaux. Quand on sort de ce défilé, les pentes s'adoucissent, les champs de blé paraissent, et on arrive à Olette, petite ville située au confluent de plusieurs jolis vallons, dans une riante position. Je m'y arrête pour déjeuner.

Tombé dans une curieuse société de baigneurs : quelques originaux du Midi qui sont venus prendre des eaux à bon marché dans ce coin, et s'en vont tous les matins à une lieue, au pied du rocher, chercher leur bain. Bons types : un gros entrepreneur de Toulon, qui ne connait en fait de montagnes que celles où il a construit des forts, et les maudit toutes depuis; une bonne vieille dame de Perpignan, sèche comme un clou, et qu'on donne comme un exemple merveilleux de l'effet des eaux; un grand vieux au sourire perpétuel, à l'air embarrassé et gauche, silencieux et râpé, et la tête tenue plus roide encore dans les pointes de son faux-col; son beau-frère, qu'on appelle capitaine, un petit méridional à l'air bourru, au ton rogue, appuyant vigoureusement et répétant indéfiniment les sottises qu'il débite, et agaçant la fille de la maison de ses lourdes provocations. Il se déclare jaloux du juge de paix de l'endroit, un petit homme un peu bossu, qui arrive à moitié endormi, ayant passé la nuit à une affaire d'assassinat; le coq et le muscadin de l'endroit, un jeune employé de Narbonne, à belle chevelure, qui affecte un ton léger et une indifférence de bon goût pour toutes choses; très-prétentieux. Puis un monsieur rasé, grisonnant, de Carcassonne, qui affiche certaines prétentions à la science et au sérieux. Quand ils se lancent dans l'érudition, c'est à n'y plus tenir; ils confondent les géologues et les ichthyophages, discutent sur l'origine des patois, etc.

Repartis à une heure. Charmante vallée jusqu'à Villefranche, petite place forte dans un étroit défilé, créée par Vauban; curieuse défense de l'entrée; série de murailles originales, arcades rondes superposées, dont on ne voit pas trop l'usage. Ce petit trou porte un cachet ancien d'inaltération, maintenu qu'il est entre ses murailles: maisons de la renaissance; église avec deux beaux portails romans; colonnes en marbre et beaux chapiteaux d'une grande netteté et fini d'exécution. La matière influe beaucoup sur l'art; c'est bien plus correct et parfait que les sculptures du Nord; rappelle étonnamment la forme antique. De Villefranche poussé jusqu'à Prades, en suivant une ravissante vallée. Prades est situé au milieu d'un charmant bassin arrosé et fertile, qui s'incline vers la plaine. Petite ville insignifiante, peinte en jaune; deux rues étroites, garnies de petites échoppes.

Nous revenons à Villefranche par le même chemin, pour prendre la route du Vernet, où nous arrivons à cinq heures; le village est en avant; l'établissement des bains est perché sur un rocher pointu; au pied quelques maisons. Position un peu rétrécie, mais charmante comme fraîcheur et comme végétation. Il y a ici quatorze sources, toutes sulfureuses; le climat y est très-doux, et on peut y passer l'hiver. Monté au haut du village, d'où on a vue sur les divers côtés de la vallée; le temps s'arrange un peu; le soleil couchant perce les nuages, et me donne de l'espoir pour demain. *secluded and quiet spot.* Après le dîner, et malgré le temps incertain, je fais tout préparer comme si nous devions monter le Canigou : guide, provisions, etc. Ce serait vexant de le manquer.

Mercredi, 25 août.

DU VERNET A ARLES EN ROUSSILLON.

Journée manquée. Vraiment, pour les derniers moments que j'ai à y passer, ces montagnes ne sont pas aimables. — On m'éveille à trois heures ; il pleut à verse ; je me recouche, et j'attends. A cinq heures, les nuages s'élèvent ; je me lève, je secoue guides et garçons : j'écris quelques lignes à ma mère, un pied dans l'étrier, et nous partons à six heures, avec un vieux guide qui ne parle pas deux mots de français. On monte derrière le Vernet, qui se détache en pyramide sur la verdure touffue ; seul illuminé de claire lumière, et couronné de ses ruines, il est charmant. Le climat est déjà bien plus doux ici ; tout le long de la gorge montent les beaux noyers et les châtaigniers, chargés de fruits. Traversé le village de Casteil, et au-dessus, perchés sur le flanc des rochers, quelques pans de murs de l'abbaye de Saint-Martin-du-Canigou. D'ici on pourrait monter au Canigou à pied en trois ou quatre heures, mais on est obligé, à cheval, de faire un grand détour. On compte ordinairement cinq heures de cheval, et une heure à pied. Cette ascension est une plaisanterie.

A huit heures et demie, nous sommes à la Jasse de Navialles (Jasse, lieu où couchent les bestiaux); on voit bien de là les crêtes dentelées et déchirées, les énormes gradins qui précèdent et appuient le Canigou, et sur lequel il s'élève comme un géant; mais le sommet est couvert d'un grand panache de nuages. Il est inutile d'avancer, ils ne se lèveront pas. Il faut en faire le sacrifice. Je regrette surtout ce que j'avais depuis si longtemps caressé dans mon imagination et mon espoir : la vue de la mer terminant les montagnes. — Pris le chemin du Plan Guilhem, parmi des forêts de rhododendrons. A un moment, aperçu la pointe du Canigou découverte : j'ai regret de n'avoir pas persisté quand même à le monter ; puis les nuages l'envahissent de nouveau, et descendent. Le Plan Guilhem est un vaste et morne plateau d'herbe jaunâtre, où courent de toutes parts, rasant l'herbe, les folles brumes, qui s'agitent et glissent en tous sens. Me rappelle Ossian et ses bruyères, et Walter Scott.

Quand le temps est clair, on a d'ici une magnifique vue sur les vallées environnantes, les montagnes d'Espagne, tout le Roussillon et la mer : c'est un crève-cœur. Descendu l'autre versant dans une brume épaisse, froide, machinalement et pensant à autre chose. A onze heures, nous faisons halte pour déjeuner, près d'une pauvre source. Contre fortune bon cœur : je mange de très-bon appétit nos provisions. Je n'ai pu réussir à faire entonner à notre vieux guide la chanson du Canigou. Nous descendons sur Prats-de-Mollo, petite ville à toits rouges, surmontée de son église et de sa grande tour carrée ; au-dessus, la citadelle. Jolie position. Ville fortifiée, curieusement entourée de vieux murs élevés percés de meurtrières, doublés de petites murailles intérieures, de vieux ponts-levis et de vieilles portes. Cela ne résisterait sans doute guère au canon ; mais c'est très-original.

Pendant qu'on ferre les chevaux, je visite la ville. Rues étroites, serrées, mortes ; ville privée d'air et d'espace. A travers les fentes des meurtrières, on plonge sur le fond vert et frais de la vallée ; ce doit être plaisir d'y viser et d'abattre un ennemi. L'église, sur un point culminant, s'élève au centre d'une place d'armes, entourée également de remparts et de créneaux.

Nous suivons la ravissante vallée du Tech. Nos chevaux sont fatigués ; il faudra aller au petit pas jusqu'à Arles ; le chemin est très-beau ; il y aurait peu de chose à faire pour le rendre praticable aux voitures. — Joli village du Tech. Petits ponts exquis, à moitié enfouis dans la verdure. Tantôt la vallée, bornée, fermée, repliée sur elle-même, arrête les yeux dans les limites étroites de ses deux pentes fraîches, *of her quiet and lovely seclusion;* tantôt, s'ouvrant un peu, les élève à l'horizon sur de gracieuses lignes de montagnes qui se terminent au loin, et derrière lesquelles se voit une lueur claire du côté de la mer. Ce sont les Albères, pics peu élevés, espacés, à pentes douces. — Belle soirée, et azur délicat; *wie eine Ahnung*[1]. Derrière nous, nuages noirs. — Tout à coup, halte. A un endroit où la vallée fait un grand détour, la route, pour l'éviter, monte, et passe un petit col sur le côté. Délicieux spectacle d'en haut. Au-dessus de la gorge sombre, inclinée, du Tech, on voit une ligne brillante. Les montagnes du fond se creusent et s'évident avec une grâce infinie,

[1] Comme un pressentiment.

comme le bord d'une belle coupe ; l'horizon s'élargit, se recule, s'éclaire : halte, et salut à la mer, à la Méditerranée ! Pour la première fois je la vois d'ici, et sans m'y attendre.

Au-dessus de la verdure vive du premier plan et du fond de la vallée, des teintes sombres des divers plans des montagnes qui s'éloignent, paraissent, dans la splendeur radieuse du couchant, les habitations brillantes des hommes, des maisons blanches étincelantes au soleil, et une citadelle plus élevée au-dessus, comme un point lumineux : tout cela grand comme la main, dans un lointain horizon ; puis, plus loin, entre une ligne d'un azur clair et le ciel pur, une bande d'un bleu plus foncé : c'est la mer, la Méditerranée. Descendu de cheval pour mieux contempler cette admirable apparition dans la lumière du soir. Contraste de cette sérénité lointaine avec le ciel sombre, nuageux, des lieux où nous sommes.

Comment, en voyant au loin ces lignes abaissées et adoucies des hauteurs qui s'effacent, cet horizon d'or, de pourpre et d'azur, l'habitant des âpres montagnes n'imaginerait-il pas là des régions plus fortunées, aux fruits abondants, au soleil clément, aux communications plus faciles, une vie plus douce et plus exempte des tracas de l'humanité? De même l'habitant des plaines rêve une vie plus fraîche, plus libre, plus pure, plus heureuse sur ces sommets sereins, bleuâtres, perdus dans le ciel. C'est l'illusion du lointain et d'une vie différente, meilleure, à trouver autre part.

Je ne me suis pas lassé de contempler cette bande bleue noyée dans l'horizon vermeil du soir; ce sont les premiers flots de la mer qui baigne les plus beaux rivages de la terre; qui a vu naître, se développer, passer, se croiser, s'échanger sur ses rives toutes les civilisations grandes, délicates, précieuses, de l'humanité; cette mer, qui est vraiment le cœur et le charme du monde. Sur cet horizon bleuâtre, l'imagination enchantée vole vers l'Italie et la Grèce, vers l'Égypte, la Judée et l'antique Orient, vers Jérusalem, vers les Pyramides, vers le Parthénon; vers Homère, Raphaël; vers tous les doux noms, tous les grands souvenirs. Je suis heureux d'avoir aperçu ce soir pour la première fois cette belle mer, ces ondes charmées, dans une heure calme et recueillie, par-dessus l'ombre et la fraîcheur de ces belles montagnes, plutôt que de l'avoir vue d'abord au delà des cloaques et des fabriques de Marseille, comme c'est le cas de presque tous les Français.

Cette vue n'a duré qu'un moment; mais elle efface tout, tout le reste du chemin. La jolie vallée continue, s'élargit et s'aplanit de plus en plus, et j'arrive à Arles presque sans le voir, à sept heures. C'est un gros chef-lieu de canton de trois à quatre mille âmes, à rues étroites et sales, qui ne m'inspire pas du tout la même admiration qu'à notre vieux guide du Vernet.

Après beaucoup de détours descendu chez M. Rousseau, sur la grande place. Hôtel de peu d'apparence, où on me sert un délicieux petit dîner. Le maître de l'hôtel me tient compagnie, et nous causons beaucoup. Il a habité Paris cinq ans, et aspire, on le voit, à causer d'une façon distinguée. Il est l'oncle ou le cousin du peintre T. Rousseau, dont il est très-fier. Il déplore que ce pays soit si arriéré. Des chutes d'eau, des richesses métallurgiques, et pas d'industriels, pas de capitalistes. « Avez-vous vu la plus petite usine dans notre vallée, Monsieur? Pas même un moulin. Ah! dans le Nord, etc. » — C'est singulier, ce dépit des pays du Midi encore épargnés du démon moderne; et cette rage jalouse, cette frénésie d'industrie, cet enthousiasme, ce *desiderium* de machines à vapeur qui les prend. Il en est de même en Suisse.

Le climat est très-doux ici l'hiver; presque jamais de neige à Amélie-les-Bains; la saison d'hiver amène plus de baigneurs que celle d'été.

Mon hôte me dit que je puis très-bien aller coucher demain à Figueras. Il m'engage à aller à Barcelone. Tout le monde est d'accord pour me faire l'éloge de ses charmes et pour exciter mon envie. Couché à dix heures et demie. Beau clair de lune sur la grande place silencieuse.

Jeudi, 26 août.

D'ARLES EN ROUSSILLON A FIGUERAS.

Ce matin le temps est pur et radieux; j'ai un moment de dépit; je suis tenté de prendre un jour de plus, de recommencer l'ascension du Canigou et d'en avoir le dernier. — Toute cette côte brillante et enchantée de la Méditerranée se lève devant moi, *surgit ante oculos*, comme je l'ai vue hier d'en haut. — Je prends congé du gros M. Rousseau, et de son bon petit hôtel bon marché.

Parti à sept heures. Charmante matinée; fraîcheur, éclat, relief de toutes choses dans cette délicieuse vallée. Passage à gué du Tech; un vrai petit tableau de Berghem : le mur du rocher en face dans l'ombre, le fond de la vallée doucement éclairé, un pont, et, derrière, une grande masse de rocs surmontés des murs d'une citadelle. La chaleur est déjà brûlante, quoique tempérée par une forte brise qui remonte la vallée. En une demi-heure et au petit pas on arrive aux bains d'Arles ou Amélie-les-Bains; un tout petit village bien abrité sur une pente douce et dans une vallée déjà méridionale. Il y a deux établissements rivaux. Le vieux petit directeur P... me conduit tout à travers le sien. Les sources sont toutes sulfureuses; ils ont la prétention d'avoir ici toutes les sources des Pyrénées, et leur donnent les noms d'Eaux-Bonnes, Cauterets, etc.

Arrivés au pont de Céret, sur le Tech; délicieux endroit; les montagnes deviennent des collines. Devant soi les pentes verdoyantes, variées, fertiles, inondées de lumière du Roussillon qui s'étend jusqu'au pied des montagnes, enfermé dans un gracieux contour. Le groupe des Albères, avec quelques pics assez élevés, est tout à fait détaché de la chaîne des Pyrénées ; il s'y rattache par un abaissement très-marqué qui décrit une sorte d'amphithéâtre. C'est là qu'est abrité Céret. Cette chaîne des Albères bleuâtre, d'un gris fin et délicat, se détache sur un ciel éclatant; belles lignes au-dessus d'une vaste plaine; une courbe de la rivière en avant forme un tableau de Claude tout fait. — Comme la vue du Midi éclaire ces grandes œuvres de nouvelles lumières! — Le pont, avec son arche centrale très-élevée, hardie et gracieuse en même temps, embrassant le torrent et tout le paysage, est charmant. On tourne à droite, et on entre à Céret, petite ville resserrée aussi entre de vieux murs de fortifications; il y a encore des portes et une enceinte presque entière. De Céret, par un chemin direct et très-bon, nous rejoignons la route d'Espagne, huit kilomètres, en passant par le gros bourg de Marillas.

On recommence à monter, par de grands détours bien tracés, les bases du col. Tout le temps très-belle vue sur la plaine, sur la montagne et le groupe du Canigou toujours sombre. On passe à l'Écluse basse et haute, deux misérables hameaux; devant nous, une belle montagne élevée, très-bien couronnée par les lignes carrées d'une citadelle : c'est le fort de Bellegarde. Au-dessous se trouve le Porthes, dernier village français à quelques pas de la frontière, qui a assez d'importance comme lieu de transit. J'y déjeune promptement et assez bien. Je monte au fort. Rencontré un jeune lieutenant de la garnison très-gentil et très-aimable, qui monte avec moi et m'en fait les

honneurs. Il passe sa vie depuis avril à courir
et à chasser. — Il fait un vent furieux du nord :
c'est une lutte à soutenir pour arriver jusqu'en
haut; ce vent souffle assez souvent ici de cette
façon. Ce fort, construit par Vauban, est encore dans le même état; trois enceintes superposées. Un grand porche voûté, élevé, très-
grandiose et d'un effet frappant. Je fais le tour
extérieur du fort. Magnifique vue de toutes
parts et très-étendue. Le fort occupe le milieu
même du passage, et enfile la plaine des deux
côtés. La vue sur l'Espagne est charmante;
plaine ondulée avec quelques chaînons lointains; la grande ligne de la route, où s'élèvent
des tourbillons de poussière, est visible très-
loin. Tout près au-dessous la Junquera; un
point noir marque la place de Figueras. Mon
lieutenant habite un petit fortin avancé; il me
fait monter à sa chambre, dont la fenêtre
domine cette vue. Je m'arrangerais pour une
quinzaine de jours de cet ermitage sur un som-

met détaché de la terre et enveloppé de toutes parts d'un vaste horizon ; solitude recueillie sur la hauteur. Je prends congé de mon obligeant guide, emportant un charmant souvenir de Bellegarde. Redescendu, et parti à trois heures. A la frontière deux bornes posées sous Louis XV en 1764, avec cette inscription : *C'est ici que César et Pompée avaient élevé leurs trophées.* En s'éloignant, le fort de Bellegarde sur son cône isolé ferme admirablement la perspective ; il est comme une grande sentinelle toujours debout dominant de loin l'Espagne. — En une heure à la Junquera, petit bourg blanc et propret. Les champs sont bordés de grands joncs bien plus hauts qu'un homme, et qui servent de haies (de là le nom de la Junquera) ; ils sont poussés par le vent, et font un bruit terrible en se choquant les uns les autres.

Délicieuse soirée. Pureté et douceur exquises de l'air et des nuances. Les grandes silhouettes bleues des Pyrénées se dessinent moelleusement et nettement sur le ciel étincelant. Les montagnes qui bordent la mer sont d'un rose vif et violettes. Splendide coucher de soleil. Passé une rivière et un petit village dont les maisons sont peintes des plus gaies couleurs. Nous arrivons à Figueras presque sans le voir. Longé la citadelle, qui ne se présente pas de loin; lignes d'ouvrages en terre. Figueras est une ville de dix mille âmes, sans grand caractère. La place du marché est entourée d'arcades. Grande promenade plantée d'arbres, à l'extrémité de laquelle est la *Fonda del Comercio*, de belle apparence. Comme partout, on ne voit personne; on entre comme on peut, et il faut héler quatre ou cinq fois avant qu'ils lèvent seulement les yeux de leur besogne ou de leur rien-faire. Sorti dans la ville; entré à l'église, où on dit le rosaire; *hurried*, rien de religieux. Femmes à genoux avec une sorte de coiffe blanche retombant sur les épaules; c'est joli. A huit heures, table d'hôte. Rien que des Espagnols et le consul français, M. Gilbert des Voisins. La table est bien servie; c'est un pays de gibier.

Demain nous aurons une forte journée; pourrons-nous aller coucher en France, en suivant tout le long de la côte? Il y a justement demain un bateau à vapeur qui part de Rosas pour Barcelone, et le consul m'engage aussi à y aller. Nouvel assaut à ma fermeté.

Vendredi, 27 août.

DE FIGUERAS A BANYULS.

Sorti à six heures pour voir la citadelle San-Fernando, bâtie par Ferdinand VI, et située sur une éminence à un quart de lieue de la ville. Le capitaine du poste permet immédiatement l'entrée. Apathie et incurie. Le soldat qui me conduit ne sait rien, ne connaît rien, me fait faire négligemment le tour. La citadelle est abandonnée à cause des fièvres; il ne reste plus qu'un poste. C'est un immense assemblage de bâtiments entourés de plusieurs enceintes; portes monumentales avec trophées; des casemates, de belles écuries tout alentour sous le rempart. Tout est très-beau de construction, mais il y a un air d'abandon; l'herbe envahit tout; il y a des bâtiments découverts, des arcades en suspens et des pierres dispersées de tous côtés. Est-ce ruiné, ou non achevé? on ne sait. Vraie image de l'Espagne, cette citadelle : une œuvre gigantesque, emphatique, à moitié édifiée et à moitié ruinée. — La vue est belle des remparts. Grande plaine verdoyante entourée des lignes lointaines des montagnes.

Parti à sept heures de Figueras. On traverse toute la plaine jusqu'à la mer, en suivant une route neuve où cahotent quelques vieux coches incroyables. Rasé une petite ville étagée au bord d'un ruisseau à sec, Castillon d'Ampurias, l'ancien *Emporiæ*, autrefois port de mer, et qui en est aujourd'hui à plus d'une lieue. On rencontre des sables qui annoncent l'approche de la mer, mais on ne la découvre, ainsi que Rosas, que lorsqu'on est dessus. — Arrivé à neuf heures et demie à Rosas, une pauvre petite ville insignifiante de six cents maisons basses, éclatantes de blancheur, couvertes de toits rouges, rangées en file le long de la mer, au fond du golfe. — Un fort en ruines à l'entrée, et sur le rocher du cap quelques pans de mur du fort de la *Trinidad* (le bouton de Rose ou l'Œillet), ruiné par les Français. — Déjeuné dans un petit pavillon sur le bord de la mer, le plus près possible de cet éblouissant tableau. Les deux filles de la maison, vives, souriantes, avenantes, curieuses, s'installent près de ma table. Une jeune femme recoud et restaure le *ventalle* que je veux emporter.

Surprise enchanteresse de ce premier aspect de la Méditerranée. Quand, en débouchant sur Rosas, cette bande d'un bleu intense, presque sombre, a paru entre les terres, je n'en ai pas voulu croire mes yeux, et j'ai pensé avoir un éblouissement. Toutes les fois que je les lève aujourd'hui, c'est un nouvel étonnement et un nouveau charme non affaibli. Ciel parfaitement clair, mer très-légèrement *asperata* par la brise. Teinte d'une richesse, d'une vigueur, d'une profondeur incomparable; indigo foncé, mais avec un charme lumineux. Autour de cette admirable mer, la belle baie de Rosas décrivant sa vaste et gracieuse courbe. A gauche, le cap qui ferme la pointe extrême de l'Albère dans la mer. Tout l'autre côté bordé de montagnes lointaines qui enferment presque entièrement la baie. Ces montagnes, et surtout la chaîne des Pyrénées, d'un ton vaporeux, délicat, lumineux, exquis, se rapprochant de la teinte du ciel; mais les deux teintes, quoique si rapprochées, se détachant très-nettement l'une sur l'autre; la ligne peu marquée, mais pourtant nette dans sa délicatesse; elles vont s'évaporant de plus en plus; à la fin ce n'est plus que comme un *Duft* [1] de montagnes flottant à l'horizon. Par contre, les petits pics en avant se dessinent vigoureusement.

Monté sur une petite jetée en bois, et avancé au-dessus de l'eau bleue, de cet élément inconnu à notre Nord; assis, contemplé, et aspiré par tous les pores la lumière, l'air, la mer, la beauté, la caresse de toute la nature. Étendu au soleil et fermé les yeux, et vu toujours ces nuances magiques, ces contours charmants, et senti cette splendeur douce me baigner. C'est comme l'apparition du Midi qui se lève devant moi, le sens de cette nature qui se réveille, l'entraînement invincible qui opère.

Quelle distance avec la nature allemande.

[1] Vapeur légère.

avec les fraîcheurs touffues et mystérieuses, les brouillards, le *Waldleben*, les profondes vallées de la forêt Noire, les retraites, la vague rêverie, l'impression plus intérieure! Ici tout est ouvert, tout est lumineux, tout est extérieur, tout enivre et pénètre l'homme d'une caresse si douce, qu'elle lui fait oublier toute autre chose que de la sentir. La terre n'est rien ici; elle peut être sèche, aride. — Il y a la lumière, l'eau, le ciel et la forme : une fleur de beauté sur toutes choses. — Volupté physique et esthétique de ces climats.

Demeuré là une heure couché. Cela semble si naturel aux gens du pays et aux matelots catalans qui vont et viennent; ils comprennent si bien le repos, qu'ils passent sans me déranger, et me disent : *No se mueva*. Une jeune femme, en souriant, me dit : *El senor es enamorado del mar? Oh! bien se ve, el mar le agrada.* Deux vaisseaux en rade, chargés de blé, et qu'on décharge : va-et-vient de barques des navires à la terre. Tout devient beau dans cette lumière et sur ces ondes foncées, qui forment un fond si riche et si tranché. Formes charmantes des barques avec les sacs de blé entassés au milieu ; le soleil frappant leurs bords. C'est un plaisir de les voir voguer moitié dans cette eau, moitié dans cette lumière limpide. Les hommes qui déchargent les sacs, coiffés de grands bonnets rouges, les pantalons relevés jusqu'au haut des cuisses, entrent dans l'eau jusqu'au-dessus du genou. Beaux jarrets tendus, brunis. — Encore un commentaire des tableaux de Claude. Comme il avait admirablement senti la beauté de ces scènes, de ce mouvement des ports du Midi, au milieu de cette atmosphère pure, l'éclat, la poésie ineffable répandus sur toute cette activité, le charme de ce mouvement, qui met en jeu et fait valoir encore l'eau et la lumière ! et comme il a fixé tout cela !

Il faut s'arracher. Parti directement pour

Selva. Pour faire le tour par Cadaques, il faudrait quatre heures de plus, et nous ne pourrions coucher en France ce soir. Monté des pentes brûlantes exposées au midi. Vignes bordées de cactus et d'aloès. Magnifique vue sur la plaine de Figueras et son enceinte, puis sur le bord arrondi du golfe, et presque toute son étendue jusqu'à sa pointe méridionale. On domine ce charmant bassin d'eau bleue qui s'étend à vos pieds, bordé par cette belle campagne, et plus loin par les hautes montagnes. Au sommet, la mer apparaît à perte de vue de l'autre côté. Rien ne borde l'infini *cœruleum*. Descendu sur Selva del Mar, charmante petite ville blanche et rosée, nichée, abritée dans une anse bleue, qui pénètre dans la terre comme une goutte d'azur. Plus loin, les montagnes arrivant jusqu'à la mer et y formant le cap Cerbère, d'où elles s'élèvent par gradins. Vue délicieuse; nuances non encore vues. Je ne sais pourquoi tout cela porte constamment mon imagination vers la Grèce ; ces rives de rochers découpés qui s'avancent dans cette mer bleue me la représentent sans cesse. Cela me rappelle aussi les paysages de Bottman, à Munich.

Quitté Selva à trois heures, et pris le sentier immédiatement sur le bord de la mer. Petits rochers qui la bordent, et où elle vient se briser en lames d'écume d'un blanc étincelant. C'est bien de quelque chose d'aussi délicieusement beau que devait naître Vénus. Pas de fable plus délicate et plus empreinte du sentiment de la beauté, de la grâce de la nature. — Le sentier est dur et pierreux, rude pour les chevaux, délicieux comme spectacle ; il suit toutes les dentelures de la côte. Teintes au loin d'une profondeur surprenante ; c'est bien *the dark blue sea*. La côte change d'aspect et de contour à chaque pas.

Un peu avant Llanza, la route monte assez haut sur le flanc de la montagne. Vue de la mer au-dessus des champs d'oliviers, dont la verdure pâle et frêle se détache sur l'horizon bleu. Llanza, gros village dans une large et fertile vallée, entre de belles pentes de montagnes, bien abrité, à quelque distance de la mer.

Après avoir couru entre les haies, formées de tamarins en fleur et d'un joli arbrisseau à fleurs violettes comme la véronique, repris le bord de la mer. C'était une vraie peine de l'avoir quittée, et pendant une demi-heure d'éloignement, une vraie *Sehnsucht*, un véritable *Heimweh*, un besoin de cette plaine bleue. — Rencontré quelques rares naturels, qui nous regardent avec stupéfaction. De fait, mon accoutrement doit être assez original : ma malle et mon *ventalle* attachés en avant de la selle; mon chapeau rabattu et posé de travers, et, dessous, mon mouchoir retombant sur le cou, mes poches bourrées de divers ustensiles, de vieux gants paille, et mes souliers ferrés.

D'ici, c'est l'autre côté de la côte qui se déploie, celui que nous venons de quitter. On découvre le cap Creux, s'étendant comme une longue traînée qui coupe les flots bleus. Aspect ravissant. Partout la terre pénètre dans cette belle mer, et on dirait qu'elle cherche à l'enlacer et à la retenir dans une charmante étreinte, tandis que les eaux la caressent amoureusement. Délicieux mariage, embrassements de la terre et de l'eau dans l'éclat de la plus belle lumière. *Purpurea connubia.* Virgile dirait cela bien chastement et bien poétiquement :

Conjugis in lætæ gremium descendit.

A gauche, de beaux pics assez élevés, bruns, aux contours sévères. Le passage est fermé le long de la côte par les dernières marches de la chaîne, qui disparaissent à pic dans les eaux. Ici, comme au lac des Quatre-Cantons, il faut se figurer les pentes des montagnes se continuant au-dessous de l'eau dans la profondeur. Le mont est coupé au milieu par la ligne d'eau, et ce ne sont que les sommets qui surnagent, tandis que la base se prolonge sous la mer. Il faut faire l'ascension de ces chaînons abrupts. Ce sont de vraies petites montagnes, qu'il faut encore une heure pour gravir à cheval, parmi les raisins mûrs que nous picorons.

On domine au loin l'immensité, qui s'étend à mesure qu'on monte; tout le golfe enfermé par le cap Creux se dessine sur ce fond bleu en teintes d'or et de pourpre, jetant toutes ses dentelures, qu'on embrasse d'un coup d'œil. Le cap s'allonge gracieusement et indéfiniment sur l'eau; les sommets s'abaissent progressivement, jusqu'à ce qu'il finisse par deux petits points de rochers détachés et semblant flotter sur l'eau, où il meure délicieusement.

Le soleil s'incline; tout ceci est recouvert de cette gaze vaporeuse de la lumière du soir, qui harmonise et transfigure (*verklært*) toutes les nuances. Tout repose dans la splendeur : ciel, mer et montagnes. *Efflorent omnia.* C'est le point culminant de toutes ces beautés. Du sommet, jeté un long et dernier regard vers la rive espagnole, vers la vision de lumière, et redescendu la pente, qui cache bientôt tout à fait ces splendeurs évoquées pour un instant. C'est une des plus vives émotions de ma route.

Cette mer, vue du haut de la montagne, apparaissant de trois côtés à la fois, offre un si frappant spectacle, que le guide même en reçoit une grande impression, et ne peut contenir un cri d'admiration, répété plusieurs fois avec l'accent de l'enthousiasme.

Redescendu à travers les vignes à Saint-Michel, petit village enfermé dans une gorge resserrée. Encore une grande montagne à franchir : le cap Cerbère proprement dit; la frontière est au sommet. Déjà les teintes vives s'éteignent. On descend en France par un ravin profond, très-étroit, et sauvage; de ce côté, la côte, au lieu d'être saillante, recule, se dérobe et s'efface. Crépuscule; la mer est grise et terne;

l'humidité de la nuit qui tombe *piange il di che si muore.* Le cri perçant et monotone des grillons sort de toutes parts des rochers. Nous faisons lever des volées de perdrix effarouchées, qui partent à grand bruit à deux pas de nous. L'ombre nous enveloppe. La route s'élève peu à peu en corniche, contournant le flanc de la montagne. Du côté de la France paraissent tout à coup un grand promontoire, des golfes, de nouvelles découpures, et un phare étincelant au haut du cap (Port-Vendres). Les étoiles s'allument. Une lueur rouge comme d'un navire en feu paraît à l'est, et sort rapidement de la mer : c'est le globe de la lune, qui d'abord ne sert qu'à augmenter encore et à attrister l'ombre, puis s'élance, et jette déjà un léger reflet sur l'eau. Fait pendant au phare du côté opposé. — J'ai eu aujourd'hui tous les grands spectacles sur la mer. Au-dessous de nous, dans un grand vallon, paraissent les lumières de Banyuls. On descend beaucoup jusqu'à Banyuls, où nous arrivons à huit heures. Erré à la nuit en quête d'un logis. Après avoir soupé à l'auberge, je regagne mon gîte dans le village; terrasse sur le bord de la mer. Lune d'une pureté merveilleuse, jetant une longue et brillante traînée dans la petite anse. Douceur de la nuit. Je me couche au clair de lune, attendu qu'il n'y a pas de chandelle.

Samedi, 28 août.

DE BANYULS A PERPIGNAN.

J'ai au-dessus de mon lit un reliquaire avec de petites poussières microscopiques soigneusement étiquetées.

Parti à six heures. Laissé Banyuls par une magnifique matinée au bord de sa petite baie tranquille, où s'ouvre une large coulée entre les montagnes, et où descend une petite rivière. Traversé plusieurs petits chaînons peu élevés. Pays cultivé, vignes et oliviers. On ne suit pas immédiatement le bord de la mer. Devant nous le cap et le phare de Port-Vendres. Arrivés au sommet du petit col, la vue est charmante; on domine au loin la mer, d'un bleu plus clair et plus doux qu'hier. Au-dessous la petite ville de Port-Vendres, gaie, blanche, au fond d'une baie qui entre profondément dans les terres, et autour d'un bassin carré. La passe pour entrer au port est étroite; dans le fond, belles petites montagnes à aspect sévère, dont l'une est couronnée d'une vieille tour maure (le Massana); plus bas et au-dessus de la ville, le fort Saint-Elne brille gaiement de toutes les fraîches et vives couleurs dans ce beau soleil. Jolie descente pour arriver. Descendu à l'hôtel du Commerce. La ville n'est qu'un quai qui encadre tous les bassins. Le port est désert et inanimé. Pas un bâtiment; c'est un simple port de pêche et de refuge. Suivi une petite crête près d'une baie isolée; couché sur les rochers, et égaré au loin ma vue dans les délices de cette belle eau. Rêvé de la Grèce; je voudrais perdre ainsi mes regards dans le lointain des flots qui baignent Sunium et Salamine. — Désir de bain. Les rochers escarpés bordent partout la mer, qui est profonde au-dessous. Après bien des essais, je trouve une petite crique bien abritée, où il faut descendre par un sentier de chèvre. J'entre dans cette *sonnendurchleuchtete schimmernde Tiefe* [1]. Pris mon bain couché entre deux rochers tapissés d'algues qui s'écartent, et sans remuer, car la profondeur est au delà de cette petite rigole. Le soleil pénètre et échauffe à travers l'eau. C'est charmant de voir le fond de cail-

---

[1] Dans cette profondeur toute pénétrée et toute étincelante des rayons du soleil.

loux dorés et d'herbes flottantes, avec les rayons brisés du soleil qui s'y jouent mystérieusement au travers des flots. *Dem Fischlein ist so wohl auf dem Grund* [1]! et ce que dit Schiller : *Der geheimnizvolle Grund mit schimmernden Korallen* [2], etc. Souvenirs de Trouville. La peau est comme nacrée et rayonnante, touchée sous l'eau par les ondulations moirées de la lumière. En sortant de l'eau, séché au soleil et au vent tiède de la Méditerranée, qui enveloppe comme une caresse. Quel climat !

Retour à Port-Vendres, et traversé la rade en barque ; puis monté au phare. Le vieux gardien est très-complaisant. C'est encore le système de 1840. Phare à l'huile avec réflecteur métallique et série de miroirs. La consommation est inégale, tient au temps, etc.

---

[1] Le petit poisson est si heureux au fond de la mer !
[2] Le fond de la mer plein de mystères avec ses coraux étincelants.

De la galerie, vaste et très-belle vue. On voit une partie de la baie de Banyuls, la cime de Cerbère, et la pointe sans fin du cap Creux ; on embrasse une immense étendue sur la pleine mer. On domine le promontoire qui encadre Port-Vendres ; au-dessous, dans une baie semblable, on voit s'étager Collioure, le fort Saint-Elne à cheval entre les deux, et au fond s'arrondir toute la côte du Roussillon jusque vers Narbonne. A gauche, le Canigou bleuâtre, la ligne incertaine des Corbières à l'horizon ; le village d'Elne, Argelès et son clocher, Perpignan ; tout cela dans une couleur de rose. Voilà ce qu'il eût fallu apercevoir du Canigou : la courbe de ce beau rivage. Je me hâte de déjeuner, et je repars à une heure.

De Port-Vendres à Collioure, la grande route suit encore les hauteurs qui dominent la mer. Collioure, petite ville groupée en plusieurs parties sur les rochers qui bordent le rivage ; de petites tours et des apparences de fortifications.

Un peu plus loin, Argelès-sur-Mer avec son haut clocher, déjà à quelques centaines de pas dans les terres. Ici la route devient droite, et traverse en ruban la grande plaine du Roussillon, parmi les champs, les oliviers et les prairies. Sur un grand pont suspendu, on traverse le lit du Tech, complétement à sec. Toute l'eau est détournée pour les arrosages, ou perdue dans les sables depuis Céret. A moitié chemin de Perpignan, Elne, gros bourg : l'Illiberis où campa Annibal. Je m'arrête une heure à l'église et au cloître. Église crénelée, qui a l'aspect d'un château fort. Portail très-large, flanqué de deux tours de *castellum*.

Ici, en bâtissant le temple de Dieu, on ne perdait pas de vue les guerres humaines ; ce sont de vraies églises féodales et guerrières, où l'on devait adorer Dieu tout armé, où l'on entrait sans doute avec foi et ardeur, mais carrément, militairement, la lance au poing, entre deux combats, sans tendresse.

Les Allemands ont raison au fond quand ils réclament le gothique pour une inspiration des races du Nord et une expression de leur génie. Comparez les cathédrales du Nord avec les monuments du net et dur Midi : où est ici la poésie mystérieuse, l'élancement, l'inspiration ? Tout est carré, droit, positif ; l'architecture de l'église n'exprime pas la rêverie religieuse, mais la fermeté et la décision, la sombre conviction.

Cloître attenant à l'église, petit, peu élevé, du XIIe siècle ; les quatre côtés exactement pareils. Piliers en beau marbre ; chapiteaux d'une variété, d'une richesse et d'une beauté d'ornementation extraordinaires. Animaux fantastiques, taureaux enlacés dans des cordes, oiseaux, danses de chèvres, dont l'exécution est pleine de netteté et de pureté.

Continué la route pour Perpignan, qu'on ne voit guère qu'en y entrant. Pour la fin de la tournée nous prenons un bon trot. On traverse une triple enceinte avec entrées obliques tout à fait menaçantes. Descendu un dédale de ruelles pavées d'affreux cailloux; les chevaux glissent des quatre fers. L'hôtel de l'Europe est dans une petite ruelle tortueuse, et n'a pas d'apparence; cependant on y est bien. Ville étroite et mesquine, tout ce qu'il y a de plus provincial. — Je paie mon guide, qui renonce à prendre le chemin de fer, et retourne à Luchon en cinq jours. Il s'en va très-content. — La poste est fermée; je ne puis avoir mes lettres ce soir.

Perpignan, dimanche, 29 août.

Réveillé de bonne heure. Toilette à fond; plaisir et bien-être de la propreté. Je conçois que les pauvres s'en fassent une des joies et des fêtes du dimanche; mais la nonchalance, le travail continu, ôtant le loisir, amènent bien aisément à négliger et à laisser de côté ce qui serait un plaisir. — Messe à neuf heures à la cathédrale; puis à la poste chercher mes lettres. — Tout est bien; bonnes nouvelles de partout. Après plus de dix jours de solitude absolue, cela fait du bien de se retrouver un moment avec les siens, parmi les choses de chez soi, d'entendre les voix chéries, amies, accoutumées. M. Heinrich, dont la lettre m'attend ici depuis le 10, viendra me prendre à Béziers. Après déjeuner, écrit lettres et journal.

A trois heures, sorti dans la ville; rues étroites; maisons mal bâties, à étages saillants supportés sur de petits piliers ou poteaux formant galerie. Le point central de la ville est ce qu'on appelle la place des Cafés, un petit espace grand comme la main, où on se presse le soir. A un coin, la *Lonja*, ou la Loge, curieux petit bâtiment carré du XVe siècle, à toits plats, bordé d'une galerie à jour à entrelacements élégants. La place du Marché, décorée de guirlandes pour les danses de ce soir. C'est la fête de la Décollation de saint Jean, fête populaire, paroissiale de la cathédrale. J'entre à l'église au milieu des vêpres. Bel aspect de cette grande et unique nef remplie de monde. Toute la cathédrale est étincelante de lumière; lustres, guirlandes de feu autour de l'autel, *the whole church a blaze.* Pompe imposante et bon chant. Les femmes jouent de l'éventail dans l'église; même les femmes du peuple en font usage et s'en servent avec la plus grande aisance.

Sorti de la ville par la porte Notre-Dame. En dehors du rempart une belle allée de platanes, et foule de promeneurs. La coiffure des femmes du pays est un petit bonnet à fond plat plaquant sur le front et légèrement relevé au-dessus de l'oreille; très-simple d'effet, découvrant le visage et très-séant à plusieurs. Les femmes en général sont petites; quelques types intéressants; quelques-unes à traits accentués;

elles ont surtout un air de dignité, d'aisance et de distinction incroyable dans le port, la démarche, les gestes. Les femmes de classe moyenne et d'une certaine aisance portent encore le petit bonnet; on se moque de celles qui le quittent; elles sont marquées de ridicule. C'est bien heureux qu'ici cela passe encore pour un ridicule de sortir de sa sphère et de viser à l'apparence. Il y a tant de lieux où c'est si bien de mise et d'un ton si parfait, où l'on approuve et favorise la vanité d'autrui pour se donner le droit de satisfaire la sienne.

Après le dîner je vais à la salle de spectacle, où il y a un festival musical. On commence par l'ouverture du *Freyschutz*, rendue avec assez d'ensemble pour une réunion de province. *Le Désert*, de Félicien David, œuvre faible, semée de *Schnœrkel* déjà vieillis. On termine par *la Marche aux flambeaux*. En somme, c'est fort satisfaisant pour une petite ville. En sortant, regardé les danses publiques sur la place. Il y a beaucoup d'entrain et d'animation. Je rentre à minuit; la nuit est splendide; clair de lune dans un ciel pur.

Perpignan, lundi, 30 août.

M. F... vient me prendre pour visiter la ville. Nous traversons le marché, abondamment pourvu. Le Roussillon est un pays de cocagne; la vie y est pour rien, abondante, délicate; le bien-vivre est à la portée de tous; toutes les conditions de la vie matérielle y sont excellentes. — Quartier des *Gitanos*, tribu de bohémiens établis en assez grand nombre à Perpignan; ils parlent une sorte d'espagnol, descendent des Maures. Types singulièrement noirs, africains; air hagard et sauvage. — — L'entrée de la ville par la porte de Canet, triple enceinte formidable. Entrées obliques parmi de hautes et belles murailles, de grandes lignes de défense d'aspects variés. C'est encore de Vauban. Nous allons à la citadelle, située sur une petite éminence tout près de la ville. Porte des rois d'Aragon remaniée au XVIIe siècle. De chaque côté sortes de cariatides, hommes à mi-corps d'une grande énergie d'expression farouche. Sculpture grossière, primitive, blocs rudement dégrossis, mais d'un aspect frappant et puissant. Une cour intérieure, avec des casernes; le donjon, amas d'anciens bâtiments aux murailles épaisses avec des tours carrées. Au centre, deuxième cour intérieure. La chapelle des rois d'Aragon, du commencement du XIIIe siècle, est intéressante; elle est d'un style simple et élégant. L'intérieur est coupé en deux, et sert de magasin d'armes. Des remparts la vue est belle. La belle plaine du Roussillon est un épanouissement des deux vallées de la Tet et du Tech réunies. Fertile campagne encadrée de belles montagnes de tous côtés, et à l'horizon le liséré bleu sombre de la mer. On voit Perpignan serré au pied de la citadelle; le Castillet; l'église Saint-Jean, laide du dehors, masse confuse; la Réole, tour percée de fenêtres romanes, etc.

A une heure nous partons pour Canet, sur la mer, à treize kilomètres de Perpignan. Passé la tour ronde de Ruscino, emplacement de l'ancienne ville. Canet, petit *oppidum* fortifié; il y a des restes de grosses tours du moyen âge. Une auberge et quelques cabanes; une belle plage en pente garnie d'un sable fin. Entre la terre et le ciel la mer d'un bleu sombre comme un élément consistant et solide. La charmante pointe de Port-Vendres et celle plus éloignée du cap Creux. Petites barques de pêcheurs qui louvoient deux par deux, avec leurs gracieuses voiles latines. Pris un bain en face de ce bel horizon, et séché à l'air tiède et doux.

Au retour, entré à la cathédrale Saint-Jean. A l'intérieur, beau vaisseau d'un aspect frappant, du XIVe siècle. Une seule nef avec des chapelles sur les côtés s'ouvrant par une très-haute et belle arcade ogivale. Au maître-autel grand et superbe rétable en marbre blanc de la renaissance, par un maître du pays; il est supporté par des pilastres qui le divisent en compartiments, couvert de bas-reliefs et d'arabesques. Motifs et souvenirs mythologiques, *Amoretti* soutenant des guirlandes, satyres encadrant des scènes pieuses.

Dîné chez M. J... On sert un dîner splendide, ordinaire du pays, et qui serait d'un grand luxe à Paris. — Causé, fait un peu de musique. A dix heures sur la place, où on danse encore. Rentré à onze heures, et écrit mon journal.

Mardi, 31 août.

DE PERPIGNAN A NARBONNE ET CARCASSONNE.

Levé à six heures, et fait les préparatifs de départ. Le train part à dix heures. Dès huit heures et demie on se met en branle; il faut assister tout au long au chargement des omnibus, un vrai travail d'Hercule pour eux. Ils prennent leur temps, et se mettent cinq pour charger une malle. — Sorti de Perpignan par le Castillet. On a en face le petit mamelon sur lequel est la citadelle, le Canigou, toujours enveloppé, et les lointaines Albères, au-dessus desquelles flotte une grosse torsade de nuages qui les assombrissent sans les cacher. On entend comme un grondement et une sourde menace. C'est bien ces gros nuages puissants tout prêts à éclater et à déchaîner l'orage. — Fait la route avec un jeune Hollandais qui vient de passer un an en Espagne pour sa santé. Il a dix-huit ans, et s'est épris à Séville d'une jeune *marquesa* andalouse de dix-neuf; il va demander à son père son consentement pour l'épouser, décidé à fuir s'il ne l'obtient pas; mais elle lui a imposé la dure condition d'un voyage avant de se décider, pour éprouver la

14*

solidité de son amour. Il raconte tout cela fort gentiment, ainsi que son voyage ; les grâces de l'Andalousie et de Valence, et de cette population accueillante, mais où les femmes mêmes portent le poignard. Causé allemand.

Rivesaltes, première station, entouré de champs de vignes; lignes bleuâtres des montagnes à l'horizon. Le chemin contourne la base des dernières assises des *Corbières*, entre l'Aude et les Pyrénées-Orientales; elles viennent expirer sur la plage marécageuse en plaques de rochers gris et tristes. Dès ici la mer commence à former des marécages; le chemin de fer en longe les bords, ou les traverse. Leucate, Salces, la Nouvelle, petit port qui se fonde au bord d'un canal dans ces tristes lagunes. En deux heures on est à Narbonne, située à l'entrée de la plaine à quelques pas de ces marécages, dominée par la masse inachevée de sa cathédrale. Elle est tout entourée de fossés et de grandes murailles (remparts de

François Ier). Petite ville ennuyeuse et insignifiante, traversée par un canal jaunâtre. Cette Rome splendide de la Gaule n'a plus de monuments; le seul qui demeure n'est même plus *roman*; c'est une idée gothique transplantée sur le sol du Midi, la cathédrale (Saint-Just). Elle est inachevée; il n'y a que le chœur, très-vaste, très-élevé, et d'un style magnifique, ogival, du XIVe siècle. Simplicité et sobriété complètes; ne fait de l'effet que par la belle proportion des voûtes, des arcades et des fenêtres, et par la beauté, la solidité et la netteté de la construction. Des piliers ronds, avec de légères colonnettes en saillies allant former la voussure de l'arcade; sur le devant une simple colonnette montant jusqu'à la voûte; il n'y a pas de chapiteaux ni de sculptures: une simple moulure très-peu saillante; belle forme élancée et pointe vive de l'ogive. Les bas-côtés sont très-élevés; belle disposition des chapelles, ouvertes à cette grande hauteur. A l'extérieur, tout autour des bas côtés et des chapelles, règne une plate-forme, au-dessus de laquelle s'élèvent et aboutissent les arcs-boutants. Là aussi simplicité et sobriété ; on a cherché à introduire l'ordre et l'unité dans cette confusion et cette multiplicité. Double nef ou galerie, la première passant sous un double étage d'arceaux, la seconde sous une arcature ronde surmontée d'un seul étage d'arcs-boutants. Très-bel effet de cette vaste galerie, claire et nette, surmontée de ces ponts volants qui aboutissent à des tourelles crénelées, et sont eux-mêmes garnis de créneaux et de meurtrières en dehors.

Sur la place, le palais de l'archevêché ; il en reste une très-belle tour carrée, massive, avec donjon, et deux autres tours, plus basses, entre lesquelles a été bâti l'hôtel de ville, par M. Viollet-Leduc. Style libre et simple de la fin du xve siècle, sans prétention, et d'assez bon goût. Les remparts de la ville, surtout auprès du pont, sont incrustés de débris romains ; c'est comme une mosaïque ; des inscriptions, des autels et leurs colonnes, des fragments de belles guirlandes d'acanthe, de feuillage corinthien, des trophées militaires.

De retour à l'hôtel, je dîne, et prends à sept heures trois quarts l'express pour Carcassonne, où j'arrive à neuf heures et quart.

———

Carcassonne, mercredi, 1er septembre.

Sorti dans la ville basse, petites rues droites toutes semblables. Le long d'un boulevard qui remplace les anciens remparts de la ville basse, est l'église Saint-Michel, jolie petite église du XIIIe siècle en restauration ; une seule nef ogivale, et chapelles latérales, disposition qui se retrouve si fréquemment dans le Midi. L'ensemble est d'une simplicité aimable et gracieuse. Le chœur a été disposé avec beaucoup de goût par M. Viollet-Leduc. Siége de l'évêque en chêne sculpté, autel bas et n'obstruant pas la vue, dallage en marbre; tout est soigné et élégant. Le polychrome aussi est installé ici; les couleurs les plus heurtées, assorties ensemble sur les piliers ronds, en contrarient la ligne et la forme; voûtes d'azur aux chapelles. Cependant l'ensemble est assez doux à l'œil, et s'harmonise assez bien. Mais n'est-ce pas un peu *gay*, bariolé, manquant de sérieux pour un temple? — Je suis abordé en sortant de l'église par deux chanoines très-complaisants, dont l'un m'est annoncé par l'autre : « le livre vivant de notre *cité;* » il veut absolument m'en faire les honneurs, et nous devons nous rencontrer tantôt à l'église Saint-Nazaire.

Traversé une grande place carrée plantée de beaux arbres; au milieu une fraîche fontaine, qui est jolie quand on la voit de loin et qu'on n'analyse pas ses nymphes. Après le déjeuner, à midi, je monte à la *Cité*, qui est séparée de la ville par le boulevard et l'Aude. De là on aperçoit la large éminence où se développent les lignes des murs et des tours découronnées. Le Pont-Vieux date du temps des comtes ; arches en plein cintre assez élevées, larges et hardies pour le temps. On monte à travers les faubourgs, qui garnissent le pied de la colline. C'est frappant de voir au-dessus de soi les murs massifs, les créneaux, les tours, se découper sur le ciel ; toute une enceinte fortifiée du moyen âge se dresser au-dessus de la tête, et d'entrer dans cette vieille cité, fermée par une étroite poterne ogivale.

Saint-Nazaire, l'ancienne cathédrale, a été restaurée il y a dix ans. Petite église à voûte peu élevée, mais exquise. Dès qu'on est entré, c'est un enchantement de se trouver en face de ce fond de vitraux, ouvert de haut en bas, et soutenu par une quantité de petites colonnes. La nef est de transition, du XIIe siècle ; quatre travées divisées par deux piliers carrés, avec colonnes rondes engagées montant jusqu'à la voûte, et colonnettes sur le côté. Entre ces piliers, une colonne à fût rond, surmontée d'un chapiteau arrondi. Bas côtés étroits, voûtes à plein cintre également, sans chapelles dans l'origine ; mais, en face des deux travées le plus près du chœur, on a abattu le mur roman, et percé de chaque côté une chapelle, faisant saillie extérieurement, du XIVe siècle. Le transsept et le chœur sont un peu postérieurs à la Sainte-Chapelle (achevés en 1321). Les chapelles étaient autrefois séparées par des murs pleins ; maintenant par de délicates fenêtres trifoliées du XIIIe siècle, ouvertes à jour comme un écran de dentelles. L'abside, d'une seule nef, est terminée par sept fenêtres tout ouvertes, très-élancées, et régnant dans presque toute la hauteur ; à meneaux très-déliés, d'un dessin simple, et d'un goût gracieux. Elles sont toutes garnies de vitraux. Les murs de l'est du transsept sont percés de trois fenêtres semblables qui se relient sans interruption avec celles de l'abside, ce qui fait que de loin tout le fond de l'église a l'air d'une lanterne de verres de couleur; c'est magique, étincelant, se soutenant on ne sait comment; et, vu derrière un rideau de colonnes légères, élancées, cela me rappelle *the Lady Chapel* de Salisbury, pour l'effet et la grâce chaste. Au-dessous des fenêtres de l'abside, série d'arcatures ogivales avec des chapiteaux ornés de feuillages d'une grâce et d'un goût parfaits, de petites têtes d'hommes ou d'animaux d'une grande finesse. Les moindres clefs de voûte sont sculptées avec un soin rare; perfection ravissante dans tous les détails. Je suis surpris de trouver cette délicate œuvre ogivale dans le sec et positif Midi. L'ensemble de l'église, malgré les deux styles, est parfaitement harmonieux; l'œil suit les lignes sans choc; ce fond léger et aérien termine admirablement la sévère et forte galerie de la nef.

Monté sur le centre du toit, et fait le tour de

l'abside ; vu de près la rose du côté nord, qu'on répare. Monté jusqu'au faîte de la tour ou du campanile crénelé de l'ouest ; il est peu élevé. De là vue intéressante. On domine tout le plateau de l'ancienne Cité, occupé maintenant par des maisonnettes et des jardins. On voit tout autour les sommets dentelés de la ligne des remparts qui enserrait cet étroit espace d'une ligne terrible (cercle de fer dans lequel les villes étaient obligées de s'enfermer au moyen âge), la masse du château, les toits pointus des tours restaurées. Au bas la ville, riante, entremêlée d'arbres, et assise au milieu de jardins. La plaine s'étend vers Castelnaudary et Toulouse ; là le partage des eaux se fait d'une manière insensible à un col qui rejoint les Pyrénées aux Cévennes. La ville nouvelle s'est formée par l'émigration des faubourgs qui entouraient le pied de la Cité, qui avaient été détruits par saint Louis.

L'extérieur de l'église est moins intéressant.

Au nord, portail roman simple. Gargouilles avec figures humaines pour consoles, à physionomie fine et variée. Celles qu'on refait sont loin de valoir les anciennes. Près de l'église était l'archevêché, qui a été rasé, et quelques restes d'un cloître.

A une heure, j'ai trouvé dans l'église mon chanoine, qui est amoureux de sa *cité*, et enchanté de la parcourir avec ceux qui l'apprécient. Je fais avec lui tout le tour des remparts. Il y a une double enceinte, d'une conservation étonnante après tant de luttes, qui n'est nulle part interrompue. Les grandes lignes des murs et des tours dépourvues de toits sont d'un aspect triste et sévère (comparés à Chester avec ses fossés verdoyants, mais qui est bien moins important). A droite, au-dessous de la cathédrale, la portion restaurée par M. Viollet-Leduc, qui voudrait tout remettre dans l'état primitif. L'enceinte extérieure est la moins importante et la moins intéressante ; c'est une simple muraille peu élevée, flanquée de tours rondes, et dont la maçonnerie ne dépasse presque jamais le niveau du rempart. Elle est presque toute de l'époque des comtes.

L'autre enceinte est pittoresque, irrégulière, puissamment défendue, et porte des traces de toutes les époques : Romains, Visigoths, comtes, et un grand travail de restauration par saint Louis et Philippe le Hardi, principalement depuis la porte Narbonnaise jusqu'à la cathédrale. Les murailles ont une grande hauteur. On y voit partout encore des trous faits pour supporter en temps de guerre les *hourses*, énormes charpentes en bois, saillantes, couvertes, et d'où l'on pouvait dominer l'assiégeant. Peu de communications d'une enceinte à l'autre, deux ou trois portes seulement ; je fais le tour entre les deux ; il s'y est niché des maisons et établi de pauvres rues qui seront rachetées et déblayées. A l'est, la porte Narbonnaise, principale entrée, extrêmement imposante et monumentale. Rien ne peut donner une plus frappante idée de la terrible et sombre architecture militaire du moyen âge; cela porte le caractère serré, acharné, redoutable des luttes d'alors. Une étroite entrée, resserrée entre deux énormes tours saillantes, massives, élevées, qui la débordent. Porche ogival d'une énorme profondeur; rainures dans la muraille pour descendre des herses en fer; la place de je ne sais combien de portes successives, à entrée oblique; imprenable avant l'artillerie. Cela parle bien plus à l'imagination que nos petits forts modernes, et donne l'idée du puissant, du terrible, de l'indomptable. Une Vierge au-dessus de la porte; c'est comme un rayon de lumière dans cette terreur. Vers la ville, la muraille est percée de trois fenêtres ogivales assez délicates. En avant, au delà du fossé très-large, une porte avec une grossière et colossale figure de femme, les mamelles nues (jusqu'à la Révolution on a conservé le bouclier qu'elle portait),

Carcas sum. C'est la dame sarrazine qui, selon la légende, a fait fuir Charlemagne et donné son nom à la ville. Elle donnait ce qui lui restait de blé à une truie, et la jetait éventrée par-dessus les remparts pour faire croire à l'abondance.

Le château des comtes, grande masse de murailles nues et de tours se reliant aux remparts; cour intérieure, dans laquelle est un puits où l'on croyait enfouis les trésors de Jérusalem. La disposition de l'ancienne entrée du château, vue du dehors, est quelque chose de prodigieux. Chemin couvert en zigzags très-multipliés et très-resserrés, et à chaque détour trace d'une porte fortifiée; série effroyable de défenses; tout en haut, on passe coup sur coup par deux portes étroites, dont l'une est une simple poterne, où on ne passait qu'une personne à la fois. Le château est dominé par une grande *watch-tower* très-élevée, étroite, une sorte de *lanterne*, de *pile*. Après avoir fait le

tour complet des murailles, rentré par le Pont-Neuf. Entré au musée, composé en grande partie de croûtes modernes, que je suis presque forcé d'admirer. Je prends congé à cinq heures de mon excellent et obligeant guide, l'abbé ......
— Je dîne à table d'hôte, à côté de messieurs des environs dont la conversation est assez intellectuelle. Combien c'est chose rare en France!

Jeudi, 2 septembre.

DE CARCASSONNE A BÉZIERS.

Levé à quatre heures. Depuis nos grandes expéditions, les jours sont déjà bien raccourcis; la lune du matin éclaire encore en plein. A cinq heures, pris le train omnibus pour Béziers. Le chemin suit la large vallée ou plaine cultivée qui s'étend entre les Corbières et la montagne Noire, rasant de temps en temps de petites chaînes de mamelons. En partant on a la vue de la vieille Cité. — Arrivé à Béziers à huit heures. En traversant l'Orbe, la ville se présente d'une façon très-pittoresque, couronnée de sa vieille cathédrale, sur les pentes et le plateau d'une colline escarpée. Toutes ces anciennes villes cherchaient à se percher sur un poste élevé, à s'enfermer de murs et à s'isoler; tandis que la tendance des villes modernes est de descendre le long des cours d'eau, de s'étendre autant que possible. On tourne la ville, et on y arrive par une belle rampe. Dans l'omnibus, je remarque une jeune fille avec un air à la fois décidé et pétillant de gaieté et de bonne humeur.

L'entrée du Béziers neuf est vraiment frappante et monumentale : une vaste esplanade, d'où on a au loin la vue de la plaine; une grande place arrondie, un *square* arrosé, planté de fleurs et de lauriers-roses, où s'élève la statue en bronze de Riquet; plus loin, une grande promenade bordée de belles maisons, et terminée par un petit théâtre d'assez bon goût. C'est une physionomie de grande ville; ensemble qui dispose favorablement. La statue de Riquet est de David d'Angers; il y a de grandes qualités d'exécution, de la hardiesse dans la manière dont il a accepté le costume moderne, de la verve dans le manteau rejeté en arrière; mais malgré tout, ce vêtement avec ses lignes étriquées et contre nature choquera toujours dans la statuaire, et fera des lignes sèches et des plis chiffonnés d'une roideur affreuse.

Après avoir déjeuné et écrit à ma mère, je sors à midi, par une chaleur brûlante, et je m'engage dans les rues étroites et tortueuses, mais animées, du vieux Béziers. La cathédrale, Saint-Nazaire, bâtie sur le bord du plateau, est plus frappante par son aspect militaire que belle; c'est un amas de constructions de toutes les époques mal rajustées. A l'intérieur, c'est un assez beau et large vaisseau. Au sud de l'église un cloître ogival de la fin du XIIIe siècle, fort joli; belle ouverture de l'ogive; mais elle est mutilée, tous les meneaux sont détruits. Façade occidentale : portail uni avec pignon dentelé; une grande rose simple et sévère. Le milieu est resserré entre deux tours carrées, minces, nues, et crénelées au sommet. Au nord une grosse tour carrée, massive; vu du côté de la terrasse, cet appareil sévère, froid, *castellé*, est d'un aspect original, et qui ne manque pas de grandeur. Devant l'église, il y a une terrasse d'où l'on a une belle vue sur l'Orbe, qui coule au pied même de la colline, et sur la vaste campagne, riante, verte et bien cultivée. — La Madeleine, petite église qui a encore une tour carrée et un clocher en pierres; ce qui reste n'est qu'une faible partie de l'église où eut lieu le massacre des albigeois, en 1210. Tout ce pays a été le théâtre de ces guerres.

Revenu par des ruelles sales et misérables ; descendu au vieux pont, longue file d'arches biscornues, inégales, qui vont en diminuant jusqu'à n'être plus que des petits trous. De là, vue charmante sur la ville, qui se présente bien, montant à pic la pente du rocher, et en couronnant les rebords. Je rencontre une troupe de paysans, qui arrivent à pied de la montagne pour faire les vendanges dans la plaine, et vont jusqu'à Montpellier; pieds nus, sacs sur le dos, les femmes traînant les enfants, leurs robes retroussées, portant leurs manteaux pliés sur leur tête. Costumes à peindre. Ils arrivent harassés.

Je rentre à l'hôtel accablé par la chaleur. M. Heinrich arrive à trois heures. *Cheerful and hearty greetings.* Il veut m'emmener demain à Saint-André-de-Sangonis, près Gignac, chez la famille L...; compte que j'y passerai quelques jours, et m'accompagnera ensuite. Causerie, récits de voyages, puis repartis par la ville. L'hôtel de ville a une assez jolie façade du xviie siècle, de bon goût. Au coin d'une rue, on nous montre la statue de *Pepezut*, le pendant de dame Carcas, le Pasquin populaire, le favori de Béziers (un soi-disant capitaine qui a défendu la ville). C'est un torse romain en marbre, aux jambes mutilées, avec une grosse tête de pierre informe. Il est à l'angle d'une maison comme un vieil invalide. Retourné à Saint-Nazaire, où de la terrasse nous voyons le coucher du soleil. Belle lumière claire et limpide répandue sur la campagne, qui donne un vif relief et un charme transparent au paysage. La chaîne des Cévennes est vaporeuse et bleuâtre; mais le proverbe :

Si Deus in terris, vellet habitare Biterris,

n'en reste pas moins un peu faux de toutes les façons. *Ut iterum crucifigeretur*, ajoutent les gens de Montpellier.

Rentré, et causé de l'Espagne, de projets de voyage en Grèce, etc.

Vendredi, 3 septembre.

DE BÉZIERS A SAINT-ANDRÉ.

Nous partons, M. Heinrich et moi, pour Saint-André à six heures, par la patache de Pézenas. Le pays est fertile, riant; la culture toute méridionale. Nous passons le temps à arranger notre petite excursion de Provence, et à rêver un grand voyage de Grèce et d'Orient, comme si nous devions partir demain.

Nous sommes à Pézenas à huit heures et demie. Petite ville qui porte encore l'empreinte du xviie siècle. Pèlerinage au fauteuil de Molière, qui est conservé chez un pâtissier; c'est un grand siége en bois bruni, carré, avec un dossier tout simple montant presque jusqu'en haut de l'étage, comme une chaire épiscopale : vraie *cathedra*. Sous le siége il y a une espèce de coffre qui est maintenant rempli de notices sur le fauteuil. La place de la halle aux blés devait être le centre du beau quartier au XVIIe siècle, quand le prince de Conti et les Montmorency y donnaient une certaine vie. Sur l'emplacement du château, petite maison moderne d'où on a la vue sur tout le cercle de l'horizon; on découvre vingt-sept clochers. Vigueur de végétation des plantes du Midi : les aloès, les lauriers-roses, les grenadiers, le câprier, magnifique plante rampante d'un vert éclatant, à charmantes fleurs blanches odorantes, etc. Je m'informe : je voudrais essayer d'acclimater ces plantes en Touraine. Nous sommes rejoints par monsieur B...., qui vient nous chercher avec sa jument borgne, une *trouvaille* qui fait vingt lieues par jour, et sa voiture. C'est un garde du génie retiré et décoré, qui fait de l'agriculture modèle dans son *mas* à Saint-André, bonifie ses vignes, heureux et actif dans le petit cercle de son domaine. Nous rentrons dîner; puis après faisons une sieste, bien utile dans ces heures accablantes du milieu du jour. « Soleil, ton poids est trop lourd ! »

Nous partons à deux heures et demie pour Saint-André-de-Sangonis. Au-dessus de Clermont, du haut de la descente, vue magnifique sur l'ensemble du pays. Un riche et brillant bassin ; belle et fertile campagne, ondulée, montant doucement jusqu'aux pentes des petites montagnes qui l'encadrent, et où s'étagent de gros villages. Plus loin, Saint-André, Gignac, Aniane, le lieu de la réforme de saint Benoît au IXe siècle. Dans une gorge, Saint-Guilhem-le-Désert, autre lieu de réforme des Bénédictins. On aperçoit les premières assises des Cévennes. Splendeur, rayonnement de la lumière sur tout ce paysage ; tous les objets sont nets, arrêtés, noyés dans un milieu étincelant. Clermont-de-Lodève est une petite ville de fabriques nichée dans un petit vallon sur le Lergue, couronnée des ruines d'un vieux château ; jolie situation. — Nous traversons la ville à pied. Le drap garance sèche étendu de tous côtés. Il y a une assez jolie petite église du XIVe siècle. En une heure gagné Saint-André à travers la magnifique campagne, qui s'embrase peu à peu des nuances plus vives du soleil qui s'incline.

Saint-André est dominé de sa haute tour ou beffroi. Nous y arrivons à sept heures. Je suis parfaitement accueilli de la simple et excellente famille L... Regret de trouver M. Eugène L... retenu au lit, et d'être privé de sa compagnie pendant mon séjour ici. On me conduit à une grande et belle chambre donnant sur la place, reluisante d'ordre et de propreté.

———

Saint-André, samedi, 4 septembre.

Le temps est couvert. Sorti dans le village, qui était autrefois fortifié, comme tous les villages du Midi. Les rues sont étroites, et les maisons pressées.

Promenade dans la campagne avec M. Heinrich. Je conçois l'avidité irrésistible des hommes du Nord devant ce climat, ces fruits, ce soleil inconnus ; les fils de Clovis voulant *chacun leur part* du Midi. — Nous gagnons les rives de l'Hérault, qui coule au pied de petites collines parmi les prairies et les grands roseaux ; c'est une jolie rivière à bords frais. Groupe de quatre platanes magnifiques, qui nous rappelle le début de *Phèdre*. Erré en causant, discutant, rappelant des souvenirs historiques et classiques. Le pont de Gignac, bâti depuis quelque soixante ans, a trois arches ; celle du milieu, beau cintre d'une grande hardiesse qui encadre la campagne et les montagnes.

Nous rentrons à midi pour dîner ; puis après, allé visiter une des trois filatures de soie du pays ; opération à peu près unique, bien plus simple que la filature du coton. Visite au *mas* de monsieur B..., qui est à cueillir de la feuille pour ses vers à soie, nous fait les honneurs de ses platanes, de sa porcherie, de ses bassins, puis revient avec nous sur sa grande ânesse qui va à l'amble, et après laquelle bondit l'ânon.

Je suis forcé de promettre de rester jusqu'à mardi soir.

Saint-André, dimanche, 5 septembre.

Temps gris et pluie fine; mais la quantité de lumière que laissent passer les nuages est bien plus grande ici que dans le Nord. A dix heures, à la grand'messe, affreusement chantée, dans la petite église affreusement badigeonnée. Je lis l'*Imitation*: de quel calme ces pages sont imprégnées, et quel esprit de résignation s'en dégage!

Repos, et écrit mon journal. A quatre heures,

nous allons à Ceyras, petit village sur la route de Clermont. C'est la fête ; jeu de ballon et danses. Il n'y a rien de plus disgracieux dans son air et dans tous ses mouvements que cette population ; les filles sont affreuses et sans tournure. — Nous revenons par la pluie, causant de la décadence des mœurs, de la paresse toujours croissante de la jeunesse, etc. Le soir, dîner de famille, et gaie causerie.

Lundi, 6 septembre.

EXCURSION A LODÈVE.

Levé à sept heures. — M. Eugène va mieux, mais se lève à peine.

A neuf heures et demie, nous partons pour Lodève. On entre dans la vallée du Lergue à son issue des montagnes. Toujours des vignes et des *olivettes*, champs d'oliviers bêchés et façonnés comme la vigne. Lodève, située à l'entrée de la montagne, attire toutes les vapeurs, et il y pleut souvent, tandis que Montpellier est la ville de France où il pleut le moins. Lodève s'annonce par de grandes manufactures le long de la vallée; elle est dans une jolie situation, au fond d'un vallon, entourée de platanes et de prairies; ses maisons à toits rouges sont divisées par le lit d'un torrent, qui la traverse pour tomber dans le Lergue, et dominée par la vieille tour de Saint-Fulcran. On y fabrique du drap; sur quinze mille habitants, on compte six mille ouvriers. C'est une petite ville ramassée; le centre, comme partout en ce pays, est rétréci, formé de ruelles étroites, noires, mal bâties; l'ancienne ville était fortifiée; il y a encore des restes de murs. Tout autour, comme une ceinture plus large, une rue ou boulevard, d'où part la ville nouvelle. Du *Parc*, l'ancien jardin de l'évêché, jolie vue; les pentes des collines sont couvertes de *mas* blancs, de petits pavillons qui s'élèvent en quantité parmi les vignes.

La cathédrale Saint-Fulcran; au portail une très-jolie petite rose, à dessin délicat et simple, du XIV° siècle, surmontée de mâchicoulis; de chaque côté deux véritables bastions crénelés; aspect original. J'achète une *Vie de saint Fulcran*, écrite en style naïf et gracieux par un évêque du XVII° siècle.

Nous faisons une promenade sur la route de Milhau et du Caylar. On remonte la vallée du Lergue, bordé de manufactures, par une allée de magnifiques platanes. Les prairies, d'un vert étincelant, contrastent avec les vignes et les maigres oliviers. Nous allons jusqu'à l'entrée de montagnes plus âpres, aux sommets décharnés, à la bifurcation de deux vallées; ce massif et cette nature de petites montagnes entre-croisées se continuent jusque vers le Cantal et l'Auvergne. Rentrés de l'autre côté du pont. On refuse de nous laisser visiter une fabrique. Nous sommes de retour à Saint-André à six heures.

———

Mardi, 7 septembre.

EXCURSION A SAINT-GUILHEM.

Partis à sept heures et demie pour Saint-Guilhem. Beau temps, clair, vif et frais; les montagnes dans une ombre bleu foncé et pourtant transparente. A Saint-Jean-de-Fos, on quitte la plaine pour entrer dans la vallée de l'Hérault; belle campagne qui s'étend au pied même de la montagne, verdoyante, resplendissante, un vrai bois d'oliviers arrosé par l'Hérault, allant jusqu'aux pentes douces des montagnes d'Aniane. Quand on est entré dans la gorge, et qu'on revoit par une échappée un coin de cette belle campagne, cela forme un contraste charmant avec la rudesse soudaine des défilés où l'on se trouve. L'Hérault s'enfonce sous un pont qui termine la gorge, et forme un gouffre de quarante pieds.

On entre sans transition dans cette gorge étroite, où il est resserré non pas comme les torrents de montagnes, écumant et bondissant sur les pierres, mais comme un ruban bleu foncé, profond, tranquille, coulant entre deux murs de rochers blancs qui l'encaissent. Leurs rebords sont ravagés, sillonnés, labourés par l'eau du fleuve quand il déborde en hiver. Aspect âpre et sauvage de ces petites montagnes, *striking and impressive*, même après les hautes chaînes et les grands bouleversements. La ligne de la rivière disparaît souvent au fond du ravin; au delà de Saint-Guilhem, elle est tellement resserrée, qu'on peut la franchir en sautant. Saint-Guilhem, pauvre petit hameau, *wretched houses*, sur la rive droite de l'Hérault, dans un étroit vallon enfermé de toutes parts de rocs blancs, contournés, à sommets déchiquetés, et que ne recouvre pas un brin d'herbe. C'était bien un lieu à tenter et à ravir un solitaire. Supprimez par la pensée le chemin et les quelques maisons, et vous vous trouvez enseveli, perdu dans une dure contrée, séparé de tout par une gorge inaccessible. Solitude choisie par saint Guilhem pour s'y faire un ermitage (c'est le Guillaume au Court-Nez, comte de Toulouse, célèbre dans les poëmes carlovingiens, qui fut gouverneur d'Aquitaine sous Louis le Débonnaire, et mourut ermite). Un monastère de la règle de Saint-Benoît se fonda autour de son ermitage. Il y a peu de restes du couvent; l'église, du XIIe siècle, est curieuse; tout ce qu'il y a de plus simple. Dans une chapelle latérale, on voit un sarcophage des premiers siècles chrétiens servant d'autel; c'est d'un art encore assez correct et habile; les draperies et les types romains sont tout à fait conservés.

Allé visiter la grotte de saint Guilhem. On

remonte la vallée de l'Hérault un peu plus loin que le village, puis on gravit les flancs d'une petite montagne nue, sauvage, brûlante : une vraie Thébaïde. Les pentes sont toutes parfumées de l'âpre odeur de plantes aromatiques qui croissent entre les interstices des pierres : thym, lavande, menthe, romarin ; de charmantes bruyères, dont j'emporte quelques pieds. L'ouverture de la grotte est dans une petite *combe* entre deux montagnes. L'aubergiste de Saint-Guilhem, qui a été quinze ans soldat, qui a des prétentions au raisonnement sérieux et aux termes choisis, nous sert de guide. Des balais allumés en guise de torches font une pluie d'étincelles qui manquent de nous incendier.

La grotte est d'un accès assez difficile ; sol glissant et inégal. En entrant, on se trouve dans deux très-belles salles, vastes, élevées ; belle forme des voûtes, dont les murs sont tout tapissés de gros stalactites ; on passe dans deux autres salles plus belles encore. Des colonnes isolées formées par la réunion des stalactites, dures comme du marbre, semblent supporter la voûte. Groupes de colonnettes détachées, comme dans le style roman. Passé par le *Trou-du-Four*, bouche étroite où il faut ramper dans l'humidité; tourné une sorte de couloir circulaire, bas, étroit, et redescendu par un trou pareil.

Quitté Saint-Guilhem à cinq heures, après y avoir dîné. Passé par Aniane et Gignac, au milieu de la belle plaine éclairée d'un magnifique coucher du soleil. Préparatifs de départ; après le souper fait nos adieux, pris congé de ces messieurs et de l'excellente Mme L... A neuf heures et demie, nous partons pour Montpellier dans le coupé de la patache. La route traverse des plateaux et de petits monts pelés, *garrigas*. La nuit est belle et tiède; éclat extraordinaire des étoiles. A trois heures on voit briller Jupiter, gros et lumineux comme une lune.

A quatre heures nous arrivons à Montpellier. Gagné par les boulevards l'hôtel, et mis au lit.

———

Montpellier, mercredi, 8 septembre.

Nous partons à huit heures pour Cette. Le chemin est d'abord dans la plaine, bientôt gagne le pied d'une petite chaîne de collines qui se dirigent vers la mer. On commence les vendanges. Frontignan, dernière station. Là le chemin passe entre la mer et les étangs sur une étroite chaussée; on est environné d'eau de toutes parts; du milieu du wagon on semble glisser sur l'eau. Des bateaux avec leurs voiles naviguent tout près du chemin de fer. La montagne qui domine Cette est couverte de maisons; la ville longue et étroite en contourne le pied; la citadelle est construite à mi-côte. Un grand canal qui unit l'étang à la mer forme la principale artère de la ville ; une grande ligne de maisons régulières sont rangées de chaque côté ; assez bel aspect.

Promenade en bateau dans le port, où nous voyons le môle, la jetée et le phare. La mer est légèrement agitée. Un mistral violent souffle de terre. Fait le tour du brise-lames, belle digue demi-circulaire construite pour barrer l'entrée du port. De chaque côté, une tour ronde destinée à recevoir des batteries. Nous montons au brise-lames, qui fait une courbe gracieuse au milieu des flots. On a vue sur Cette et sur la pleine mer, qui n'a plus sa belle couleur bleue ; elle est verte avec des reflets changeants d'azur sur le côté des petites vagues. Nous rentrons par le port neuf. Un vieux loup de mer du premier empire suant à grosses gouttes pour lutter contre la vague et le vent, et pestant contre le mistral, qui le repousse ; contre le port neuf, où les vaisseaux peuvent approcher et décharger sans l'intermédiaire des bateliers; contre les douaniers, qui pêchent à la ligne et le forcent à faire un détour *pour ne pas troubler l'eau*. Nous débarquons aux bains; cabanes bien organisées, en dehors du port, vers la pleine mer. — Pris un bon bain.

Monté jusqu'en haut de la montagne. Le mistral souffle à renverser. Belle vue sur l'étendue de la mer. La montagne de Cette est isolée, se dresse entre la mer et les étangs, entourée d'eau de tous côtés. Derrière l'étang de Thau, qui est comme une petite mer, on voit deux gros villages, Mèze et Balaruc. On domine l'étang jusqu'à Agde, qui s'élève aussi isolé. A l'ouest, on voit la chaîne des Albères et le cap de Port-Vendres. Nous redescendons à deux heures et demie par une chaleur brûlante. La ville et le port sont animés. Nous prenons le convoi pour Montpellier, où nous sommes de retour à quatre heures.

Près du chemin de fer est le quartier neuf; jolis parterres et fontaines; la place des Trois-

Grâces; le théâtre, d'un genre simple et noble : le boulevard, bordé de belles maisons, qui entoure la vieille ville. A l'ouest, le Peyrou, promenade magnifique, élevée, soutenue sur une terrasse entourée de balustrades en pierres d'un bon style; des allées plus basses circulent tout autour; le plateau est couronné par le Château-d'Eau, la statue de Louis XIV, qui se relient à l'arc de triomphe, pour former un bel ensemble qui porte le cachet de la grandeur du XVIIe siècle. Au nord, les montagnes des Cévennes, le pic Saint-Loup, précédé de petites collines ondulées semées de blanches maisons de campagne; délicieux environs. Au sud, la montagne de Cette et la bande bleue de la mer au-dessus de la plaine et des étangs. Aujourd'hui on ne voit pas les Pyrénées. — Belle lumière.

Un aqueduc très-long à double rangée d'arcades traverse cette belle campagne, longue et imposante ligne qui vient aboutir au Château-d'Eau. Le Château-d'Eau est un charmant petit temple empreint du goût et du noble style des œuvres de cette époque, dans des proportions exactes et harmonieuses. L'arc de triomphe, élevé en 1714 après la guerre d'Espagne et les troubles des Cévennes, est du style de la porte Saint-Denis. On sent dans les draperies et les figures le goût mesquin et frivole, dégénéré, du xviiie siècle qui commence. Au-dessous du Peyrou, la cathédrale. C'est un parallélogramme flanqué de quatre tours carrées, massives. L'École de médecine et la Faculté, attenant à la cathédrale, dans l'ancien évêché. Dans l'amphithéâtre on voit un fauteuil en marbre tiré des arènes de Nîmes : c'est une chaise curule avec deux lions pour bras. Salle d'examens, avec l'inscription : *Olim cous, nunc Monspeliensis Hippocrates.* Cette école est dans un lieu recueilli, entre les grands murs de la cathédrale et la charmante promenade du jardin botanique, à deux pas.

La nuit tombe. Nous traversons l'ancien Montpellier, dont les rues sont étroites et tortueuses. Rentrés en discutant sur l'âme des bêtes et le principe vital. Dîner à huit heures. Journal.

Jeudi, 9 septembre.

MONTPELLIER, AIGUES-MORTES ET LUNEL.

Temps pur. Lumière éblouissante qui blesse les yeux. Nous allons, à travers l'esplanade, à la citadelle ; elle a été bâtie par Richelieu, elle est sans grand usage à présent. Des remparts on a une jolie vue. On aperçoit au sud-ouest Maguelonne, auquel on ne peut arriver qu'en barque.

Allés visiter le musée, qui est ouvert à neuf heures. Local assez bien disposé et qu'on agrandit. Excellent petit musée de province. Une belle tête d'homme de Raphaël; bonne collection de petits hollandais. Tableaux en général authentiques; dessins, collections de gravures, quelques bronzes antiques. Je suis trop pressé pour bien voir complétement et prendre des notes; nous rentrons déjeuner en grande hâte, et à midi nous prenons le train de Nîmes pour Lunel. Le chemin passe dans les fossés de la citadelle. De Montpellier à Lunel, grande plaine inondée de lumière, riche et très-cultivée, mais uniforme. La chaleur est accablante. En une heure arrivés à Lunel, où nous descendons à l'hôtel du Nord. Conduits par un hôte très-brave homme et très-complaisant, à travers la ville, à la recherche d'une voiture pour Aigues-Mortes. Lunel est une petite ville de 7,000 âmes qui fait un grand commerce de vins, d'alcools et de céréales.

Nous partons à deux heures et demie pour Aigues-Mortes dans un tilbury découvert. Grande plaine de vignes; les ceps sont chargés de grappes énormes; c'est une année extraordinaire; la disparition de la maladie cause une joie générale dans le pays. — Les montagnes lointaines nagent nettes et claires dans un éther transparent. On passe plusieurs gros villages et un pont suspendu sur le Vidourle. Saint-Laurent-d'Aigouze, à la limite du département du Gard; ce pays est en grande partie protestant. Il est curieux de voir la ténacité du protestantisme dans cette population mobile et vive du Midi, religion qui ne semble pas aller avec sa nature.

On passe un petit viaduc sur les marais maintenant à sec; à l'extrémité, une vieille porte fortifiée, la Carbonnière. Peu après, au-dessus des champs plats, on voit s'élever toutes les tours et les murs crénelés d'Aigues-Mortes, aussi entiers que si les sentinelles s'y promenaient, et comme si le vieux port de Saint-Louis existait encore. La ville est entièrement entourée d'un mur crénelé, enceinte continue, épaisse, d'une merveilleuse conservation; pas une pierre de déplacée; semble bâtie d'hier; un peu jaunie par le temps. Un parapet règne tout le long et dentelle le sommet. La muraille est flanquée de seize tours, dont plusieurs sont percées de portes de ville, arrondies ou flanquées de tourelles vers le dehors. Les fossés ont été comblés, et n'existent plus nulle part.

La tour de Constance, à l'angle nord-ouest, est un ouvrage détaché et avancé. A ce coin le rempart s'évide, et la tour est placée un peu en avant, reliée au rempart par un pont crénelé, étroit. Tour ronde, très-grosse, percée seulement de grandes fentes longitudinales, ou meurtrières, éclairant les escaliers. Elle a servi de prison aux camisards. Sur la plate-forme s'élève une petite tourelle mince et légère, poste d'observation. Au niveau du pont, une magnifique salle des gardes du XIIIe siècle; intérieur rond, divisé en six côtés par de gracieuses colonnettes engagées dans le mur;

salle très-élégante, d'un style pur et simple et d'une conservation parfaite. Une coupole percée de douze petites ouvertures ogivales donnant dans le chemin de ronde ; il y avait deux grandes portes ogivales se faisant face ; elles ont été bouchées ; l'épaisseur des murs est prodigieuse, sept à huit mètres. On peut faire le tour du chemin de ronde à l'intérieur par un couloir étroit et obscur.

Au second étage, une salle des gardes correspondant exactement à l'autre, mais moins haute ; elle est précédée d'un petit vestibule ou palier charmant, entouré de gracieuses colonnettes. Le sommet est couronné d'une plate-forme dallée. Toutes ces tours étaient évidemment plates, et n'avaient pas de toits pointus comme ceux qu'on refait à Carcassonne. Du haut de la tourelle et de sa galerie circulaire belle vue sur les environs. La ville, avec son enceinte carrément dessinée, forme un parallélogramme irrégulier ; les tours et les murailles se détachent sur le ciel. Au delà du mur d'enceinte on aperçoit les marais qui bordent les fortifications, avec des lambeaux de terre qui s'y découpent jusqu'à la haute mer; mer bleuâtre, d'un ton moins vif et moins foncé que sur les côtes d'Espagne.

Aigues-Mortes donne une idée parfaite de l'enceinte étroite, resserrée, d'une ville au moyen âge; c'est moins fort et moins savant que Carcassonne, mais c'est plus satisfaisant, parce que tout est complet et conservé. Système bien simple et facile à embrasser d'une seule vue.

Sur une grande place la statue en bronze de saint Louis, par Pradier, assez simple et de bon goût; air un peu trop naïf et manque d'élévation. — Nous obtenons facilement la permission de parcourir les remparts. Commencé à la tour de Constance, et continué sur un chemin assez large en dedans des créneaux jusqu'au point de départ; traversant certaines tours et contournant les autres. Quelques-unes sont très-larges ; la première est la principale porte de la ville. On y entre par la chaussée de Carbonnière. Porte ogivale à plusieurs voussures, dans laquelle on voit des rainures qui servaient à faire descendre une double herse. Dans l'épaisseur du mur de larges bancs en pierre pour s'asseoir près des ouvertures et surveiller assis ; niches pratiquées pour les lampes et pour déposer divers objets ; dans toutes les tours des cheminées. — Le mur crénelé est garni d'un parapet assez élevé, partout le même ; alternativement un créneau et une meurtrière. Aux flancs des murailles sont suspendues des sortes de chaires en pierre portées sur des consoles et séparées de la tour par un espace à jour fait pour jeter des projectiles sur les assaillants. Du côté de l'ouest, l'étroite enceinte est devenue encore trop large pour cette ville dépeuplée et abandonnée ; quelques cabanes avec de grands jardins et des champs labourés.

Longé le côté sud, qui regarde vers la mer, au moment où le soleil s'incline et jette ses beaux reflets sur la ville et les tours du côté opposé. Les marais arrivent presque jusqu'au pied des vieux murs; odeur à la fois fétide et salée qui arrive des marennes. Le soleil se reflète à l'ouest dans l'eau des marécages, et y jette une nappe de lumière splendide, éblouissante; il couvre des splendeurs solennelles du couchant ces tristesses de la nature et des ruines: double désolation qu'il rehausse et qu'il adoucit. Scène pleine de mélancolie. — Au bas des remparts des enfants jouent sur la plage solitaire, dont les contours sont bordés de ces nuances d'or et de pourpre vaporeuses que Claude a si bien rendues. En longeant le côté ouest, les nuances deviennent plus chaudes; le soleil jette à travers chaque meurtrière une flèche d'or qui vient atteindre le parapet en face et le *discriminare*. Essayé de regarder l'horizon du ciel et de la campagne immédiatement sous le globe du soleil ; c'est d'une pureté, d'une splendeur limpide inconnue à nos climats.—Manqué la porte, et redescendus en nous accrochant des mains par la caserne des douaniers, à l'aide d'un escabeau qu'ils nous tendent.

Quitté Aigues-Mortes à six heures et demie par une magnifique et délicieuse soirée; on est entouré d'un air tiède, pur et rafraîchissant. Cette immense étendue à perte de vue forme un grand spectacle; c'est l'indéterminé, l'indéfini : quelque chose de grand comme les *Prairies*, ou bien la campagne de Rome, cette étendue où le jour s'éteint, couronnée par les bandes merveilleuses des teintes de l'occident : bande d'or pur qui passe successivement à l'orange vif et au pourpre sombre. Dégradation de teintes d'une finesse et d'un éclat étonnants. Un grand canal droit où tout cet éclat se reflète. Au milieu du couchant embrasé Vénus étincelle comme une goutte d'or, plus vive encore. Elle éclaire vraiment.

Nous arrivons à Lunel vers huit heures et demie ; soupé ; écrit mon journal ; lutté une heure contre un sommeil vainqueur. Couché dans un lit entouré d'un moustiquaire.

Vendredi, 10 septembre.

DE LUNEL A NÎMES. EXCURSION A SAINT-GILLES.

Nous prenons à huit heures le train pour Nîmes. — Matinée fraîche ; lumière claire et vive ; on en est inondé, et l'on sent tout s'y mouvoir et s'y plonger comme dans un milieu facile, limpide ; mais quel malheur de n'en pouvoir soutenir l'éclat sans fatigue !

Grande plaine de vignes et d'oliviers jusqu'à Nîmes. Aspect riche, populeux, riant, heureux. De gros bourgs, de nombreuses stations. On ne voit presque plus les montagnes, qui ont tourné au nord vers Alais, et vont rejoindre l'Ardèche. — Par la vallée du Rhône, le passage s'ouvre plus largement au mistral; à Nîmes, il commence à souffler terriblement. Passé le Vidourle, petit fleuve; le terrain s'élève du côté de la mer. — On arrive à Nîmes par un grand viaduc qui borde tout le sud de la ville; de loin, la tour Magne se dresse au-dessus. Très-vaste et jolie gare; il part de là un beau boulevard planté de platanes et de maisons nouvelles. Aspect grande ville; après avoir déjeuné, nous sortons à midi.

Les Arènes. Elles sont isolées et dégagées de tous côtés sur une grande place; les trois quarts du monument sont admirablement conservés à l'extérieur; seulement l'usure, la dégradation de la surface de la pierre lui donne un certain caractère de rudesse et d'antiquité qui lui sied parfaitement. A l'extérieur, c'est un ovale très-prononcé. Vu du côté le plus large, magnifique développement des lignes de la courbe; ampleur, solidité, majesté simple et sévère; ne paraît pas très-élevé, relativement à l'étendue. L'effet est produit par les moyens les plus simples. Deux rangs d'arcades superposées, d'inégale hauteur, forment une belle galerie circulaire; vers l'intérieur elles sont à jour: sans doute elles étaient fermées autrefois, et devaient être couronnées d'un parapet. Chaque arcade est séparée par un pilier rond engagé, avec chapiteau dorique de la plus grande simplicité. Le faîte garni de distance en distance de saillies supportées par des consoles de pierres percées de trous, qui servaient à introduire les mâts destinés à soutenir le *velarium*.

Il y avait quatre entrées. Vers le nord, la porte de l'empereur et des sénateurs; en face, la porte des Vestales; dans l'axe le plus long, de l'est à l'ouest, la porte des bêtes et celle des gladiateurs, se faisant face aussi. Du côté de la porte de l'empereur, le dehors est moins bien conservé, et est noirci encore par la fumée, traces qu'y a laissées Charles-Martel.

On entre à présent par la porte des gladiateurs. Les escaliers ont été rétablis pour monter à l'intérieur. On traverse le premier couloir extérieur, à voûte élevée et d'un grand aspect. On passe ensuite de plain pied dans un second couloir intérieur moins élevé, sombre, mais beau et rude d'aspect, comme un passage souterrain.

L'intérieur est une ruine presque complète, et cet aspect déroute; il faut un effort pour le restituer par l'imagination, et surtout pour en comprendre la distribution; mais ce large ovale en entonnoir, dont les côtés sont un entassement d'arcades, d'escaliers, de bancs circulaires à lignes interrompues, de blocs brisés et dispersés, est d'un aspect grand et puissant. Dans le vide des gradins démolis on voit de belles rangées d'arcades encore debout; il faut se figurer qu'elles étaient intérieures, masquées par les gradins, et qu'aucune ne se voyait. Tout ce vaste bassin de la base au sommet était rempli de lignes concentriques, de gradins de pierres, dont l'immensité et l'uniformité devaient être saisissantes; il n'en reste quelques traces qu'aux étages tout à fait inférieurs et tout à fait supérieurs. Le milieu est effondré. Ces lignes n'étaient interrompues que par les ouvertures où aboutissaient les escaliers.

Nous grimpons à travers les couloirs, les arcades, les siéges brisés, jusqu'aux gradins supérieurs, formés de dalles de belles et larges pierres, comme placées d'hier. Le sommet se termine simplement par la dernière ligne de gradins sans ornements. Y avait-il des statues? une corniche? — On peut faire le tour complet sur le sommet en descendant un peu aux parties où il est brisé. De là, magnifique vue de cet immense ovale.

Il est prodigieux de penser que tout cela a été jadis couvert d'une foule frémissante; que sur ces gradins s'est assis tout un peuple; que sur cette paisible arène des gladiateurs se sont égorgés; que peut-être des chrétiens y ont péri devant la foule élégante, oisive, amollie, qui venait là négligemment comme nous allons au théâtre le soir; que ces chrétiens y ont joué le plus grand drame de l'histoire : la résignation, la foi héroïque, la grandeur morale luttant et triomphant devant la foule avide, triviale, indifférente, qui ne comprenait pas que le grand et vrai spectacle était tout intérieur et invisible, et se passait dans l'âme de ces obscurs combattants.

Les monuments élevés pour de pareils spectacles en étaient vraiment dignes par leur masse et leur grandeur imposantes. C'est lorsqu'on se représente l'amphithéâtre plein que l'imagination reste confondue. C'est là que se sont réunies les plus grandes assemblées que le monde ait jamais vues dans un lieu clos et élevé de main d'homme.

Restés assez longtemps sur ces hauts gradins. Le soleil y est écrasant de chaleur et de lumière. Les ruines sont d'un éclat éblouissant, et l'œil n'a pour se reposer que l'horizon bleu qui paraît au-dessus, et d'où la lumière rejaillit de toutes parts. De là on domine toute la ville, et au loin la plaine où elle est assise ; un écran de collines, dont les pentes sont couvertes de vignes et d'oliviers, s'élève insensiblement vers le nord et l'ouest. Du côté de la mer aussi le terrain s'élève, ce qui explique pourquoi le Gard se jette dans le Rhône et non dans la mer. A l'est, à l'horizon, le rocher de Beaucaire, les lignes des collines du Rhône, et la silhouette du mont Ventoux, déjà visible. Les premiers contreforts des Alpes déjà si près, à si peu de distance des Pyrénées !

Nous traversons le fond de l'arène ; à la porte des bêtes, on montre la rainure de la double porte qui les contenait, et le *recessus* où se tenait le gardien en les lâchant. — La bonne femme qui nous conduit avec son parapluie a un profond sentiment des Romains, et en parle *pieno ore*, d'un air de dominer son sujet, et prend en pitié les restaurations modernes. Nous voyons un fragment de corniche très-bien conservé, d'une netteté et d'une ampleur de profil qui font paraître maigres les essais d'imitation.

En passant rapidement devant la Maison-Carrée, allés à la *Fontaine*. C'est une source qui coule dans de grands canaux de pierre, et va se distribuer dans la ville. Elle sort au pied de la tour Magne, dans un charmant jardin dessiné au XVIIIe siècle. On a utilisé des restes de bains romains (bains d'Auguste). Au-dessus, dans un coin du jardin, le temple de Diane, ou *Nymphæum*, supposé de l'époque d'Auguste. — Remarquable petitesse des temples anciens; ils n'étaient pas faits pour la foule des fidèles : c'étaient des sanctuaires réservés pour les prêtres et le petit nombre. — Le côté gauche du temple n'est que débris; à la droite, on voit une arcade assez élevée. Il y avait de chaque côté du corps du temple deux galeries ou bas côtés, mais séparés de l'intérieur par un mur plein. Dans le fond, une sorte de niche demi-circulaire, rudiment de l'abside romane. — Ce temple païen contient déjà en germe la disposition d'une église chrétienne.

Revenus en hâte à l'hôtel. A trois heures et demie nous partons pour l'abbaye de Saint-Gilles, à vingt kilomètres de Nîmes. La route monte presque constamment pour franchir une élévation de terrain qui ferme la plaine du côté de la mer. D'en haut, belle vue; au loin la masse carrée d'Aigues-Mortes et la tour de Constance. Grands horizons plats à perte de vue, étincelants de lumière; quelque chose de solennel qui donne l'idée de l'étendue infinie. Saint-Gilles est au commencement de la Camargue; c'est une petite ville de 6,000 âmes, bien reculée et bien isolée, où l'on ne parle guère que patois, et où l'on ne semble pas accoutumé à la visite des étrangers. Nous avons grand'-peine à visiter l'église; quatre ou cinq personnes ont les différentes clefs, et on ne sait où les trouver. Quelques braves dames en prières se dérangent et se mettent en campagne pour nous.

Saint-Gilles était une ancienne abbaye de Bénédictins très-célèbre, siège d'une vie intellectuelle active, ayant jeté beaucoup d'éclat sous Louis le Débonnaire. L'église et l'abbaye devaient être un des monuments les plus riches et les plus beaux de l'architecture du XIIe siècle; elles furent ruinées deux fois; pendant les guerres de religion et sous la Révolution. L'intérieur a été rebâti, raccourci, diminué de hauteur. Dans la sacristie on voit encore un magnifique pilier rond avec un riche et beau chapiteau; c'était un des piliers des bas côtés, aussi haut que la nef actuelle. Au dehors, et dans l'axe du bâtiment, on voit encore sur le sol le plan du chœur et de l'abside anciens.

Sous l'église actuelle, il en existe une autre du XIe siècle. Elle a trois nefs et de gros piliers carrés, énormes, d'un effet saisissant. Petite chambre ou cellule de saint Gilles, pratiquée dans l'intérieur d'un pilier. Le cloître était attenant à cette crypte et de même niveau que le sol.

La merveille de Saint-Gilles est le portail de l'église actuelle (XIIe siècle), élevé sur un haut perron au-dessus de la place. Les trois portes restent entières avec leurs sculptures. C'est aussi curieux que beau. Une large façade couverte de sculptures et de moulures innombrables : bas-reliefs, frises, pilastres, d'une richesse, d'un caractère d'ampleur, de puissance, de majesté incomparable. Un peu de lourdeur, peut-être, mais quelle riche et forte imagination, quelle vigueur d'exécution et de style, malgré les incorrections et les grossièretés de la forme! Puis c'est frappant de voir à quel point le caractère, le style, l'ornementation, l'esprit antiques se sont conservés dans le Midi sans altération jusqu'à cette époque; cela ne ressemble pas au roman du Nord. Il y a ici un souvenir vivant de la tradition classique et un mélange perpétuel de ses formes.

La disposition est très-compliquée. Sauf les cintres des portes, toutes les lignes sont droites et carrées; entre chaque porte, l'espace est occupé par une sorte d'entablement saillant avec frise sculptée, supporté sur deux colonnes ou pilastres, les uns cannelés, les autres unis. Chapiteaux à feuilles d'acanthe tout à fait corinthiens. Le dessous est orné de caissons sculptés dans le goût antique; une petite frise couverte d'arabesques délicates, rappelant celle de la Maison Carrée; une autre frise, régnant tout le long et passant au-dessous des tympans, est couverte de scènes représentant la passion : l'entrée à Jérusalem, la Cène, le crucifiement, la mise au tombeau, etc. Dans un des chapiteaux du portail central, parmi les feuilles d'acanthe, on a introduit une ravissante tête d'ange, pure, les cheveux élégamment relevés à la manière des statues grecques. Tout le long du portail, dans les angles des voussures, grandes statues de saints mutilées, à dessin rude, incorrect, mais amples et vigoureuses. Leurs pieds reposent sur des animaux fantastiques ou sur des lions, dont les pattes et les croupes sont traitées avec une grande puissance. La base des pilastres et des colonnes repose aussi sur des lions; d'où est venue la formule en tête des chartes des abbés : *Domino N...*, *sedente inter leones.*

La nuit nous prend trop vite; nous montons au-dessus du portail pour avoir la vue; nous attendons vainement le serrurier qui a la clef de la tour. — Nous repartons à sept heures. De grands feux sont allumés pour brûler les herbes dans la Camargue; bel effet de cette grande plaine obscure où s'étendent des lignes de flammes. Beau ciel; douce soirée après l'ardeur du jour. Arrivés à Nîmes et soupé à neuf heures.

Samedi, 11 septembre.

DE NÎMES A AVIGNON.

[Il y a une lacune très-regrettable dans le journal du voyage; la journée du 11 septembre manque complétement; les notes n'ont pas été prises. Pour y suppléer, on n'a à citer qu'un court extrait d'une lettre.]

« Après avoir achevé de voir Nîmes, la Maison Carrée, qui est un délicieux petit temple parfait de tous points, d'une richesse et d'un goût de décoration très-grands, nous sommes allés en voiture de Nîmes à Avignon en passant par le pont du Gard. Le pont m'a émerveillé, et a dépassé de beaucoup ce que j'en attendais. Nous l'avons tourné et franchi dans tous les sens et à tous les étages; et plus on le considère, plus on reste stupéfait du mélange de hardiesse et de solidité, de légèreté et de force, de ces magnifiques arceaux superposés.

Le paysage qui l'encadre relève encore le monument par sa beauté ; et quand du fond de la vallée profonde on voit se détacher son triple rang d'arcades absolument dorées par le soleil du Midi sur le bleu vif du ciel, on a peine à s'arracher à un si grand spectacle. »

Avignon, dimanche, 12 septembre.

Levé à sept heures. La lumière entre discrètement à travers des rideaux verts. A neuf heures, à la messe à Saint-Agricol, église qui a un petit portail du XVe siècle, à voûte surbaissée, qui me rappelle un peu Saint-Symphorien. — Après le déjeuner monté visiter le palais des Papes et la cathédrale, bâtie sur une éminence qui se relie au rocher des Dons. De la place aspect sévère et imposant de cette grande masse de murailles irrégulières, sans ouvertures, flanquées de tours, qui constitue le palais. Murs sans couronnement, coupés carrément sur le ciel. — La papauté était campée ici, non établie, et y logeait dans une citadelle. Tout à côté le rocher des Dons, abrupt, blanc, qui s'élève à pic du quai du Rhône; le sommet est converti en une maigre promenade où le roc perce de tous côtés. — Une plate-forme où s'étale à une place par trop importante la statue d'Althen, le monsieur *de la Garance*; statue en bronze, longue robe comme un sénateur, perché sur un sommet d'où il domine tout. Vue très-vaste s'étendant tout alentour sur la campagne, sur le cours du Rhône, divisé en deux bras séparés par de grandes îles. Au fond le mont Ventoux, avec un cortége de petites montagnes; à son pied s'étend une belle plaine très-cultivée, très-arrosée, d'une verdure vive et semée de villages. De l'autre côté du Rhône, Villeneuve, groupé autour d'un mamelon, dominé par la masse blanche de la vieille citadelle. Le val du

Rhône est large et accidenté. C'est un très-bel ensemble.

La ville d'Avignon monte peu; elle fait complétement le tour du rocher et l'enserre. De vieux murs fortifiés garnis de hautes corniches avec mâchicoulis; en plusieurs endroits les remparts sont engagés dans les maisons. On voit encore trois arches du vieux pont de pierre qui portent une petite chapelle. — La cathédrale est précédée d'un porche assez profond. L'entrée du porche et le portail du fond sont soutenus par deux hautes colonnes corinthiennes engagées, cannelées, chapiteaux à feuilles d'acanthe. Le portail est surmonté d'un fronton paraissant également antique. Sont-ce les restes d'un monument primitif, ou ont-ils été apportés d'ailleurs? Derrière le porche s'élève une tour carrée percée de fenêtres romanes. L'intérieur est mutilé. C'est une église du XIIe siècle; quatre travées, des arcades en plein cintre qui ont été coupées à moitié de la hauteur par une balustrade saillante du XVIIIe siècle. Il n'y a pas de transsept; une coupole assise à l'est et à l'ouest sur une arcade ogivale, au nord et au sud sur des arceaux à plein cintre; chœur absidal, précédé d'une travée semblable à celle de la nef; abside à cinq fenêtres. Le plan général de la petite église primitive était simple et beau.

Dans l'ancienne sacristie on voit le tombeau de Jean XXII; style du XIVe siècle très-fleuri et très-orné. L'ensemble en est moins léger, moins élégant et moins délicat que celui d'Innocent VI, qu'on voit dans l'hospice de Villeneuve. — De même qu'à l'autre, six piliers, garnis de niches au dehors, supportent la voûte. On dirait que l'autre est la première conception, et qu'ici on a voulu renchérir; il y a une masse de découpures et de dentelles. C'est du vrai gothique français. Il y a peu de papes sans doute qui soient ensevelis dans cette forme de l'art.

Un autel des papes, simple boîte carrée en marbre; au-dessus de l'autel, frise avec sculptures byzantines; deux anges supportent un crucifix. Dans une chapelle on nous montre un autre autel très-ancien; c'est une simple dalle de marbre un peu creusée.

Siége des papes, fauteuil en marbre blanc; sur les côtés, un taureau ailé d'un puissant relief et un lion, tous deux très-grands de style.

L'église est sombre; la nef est éclairée seulement par les chapelles. — On conçoit que la fraîcheur et l'obscurité, pour ces populations brûlées, fassent partie de la poésie et du charme du saint lieu.

Palais des Papes. Grand amas de bâtiments du XIVe siècle construits à différentes époques, mais tous semblables de style et d'aspect; incohérents, mais frappants par leur masse et leur apparence sévère. C'est la forteresse, et non le palais de la papauté. Il y a encore aux angles de massives tours carrées. Deux façades sur deux plans différents. La principale en avant date d'Innocent VI ; celle en arrière est le palais de Jean XXII, qui renfermait les appartements du pape, et sert maintenant de prison. De grandes arcades ogivales tout unies partent du sol et vont dessiner leurs arceaux presque jusqu'en haut du monument ; *stern and impressive*. L'entrée principale est une suite de portes ogivales, trois herses. Jolies voûtes en pierres noires.

Le palais est livré à la plus honteuse dévastation. Il est mutilé et coupé de toutes façons pour les logements des militaires. On court à travers un dédale inextricable de couloirs sales, parmi la poussière, les chambrées, recueillant un débris de côté et d'autre. Et toutes ces dévastations datent de la *Restauration*, qui fit faire les séparations, badigeonner les fresques. La cour a été agrandie par la démolition d'un bâtiment ; au fond à droite, la tour des Anges, coupée. Tout est percé de fenêtres modernes. Dans l'aile gauche il y a deux chapelles superposées; la plus basse a été coupée dans la hauteur et divisée en plusieurs parties. Dans le coin d'un dortoir on voit à la voûte quelques vestiges de fresques; tout le reste est couvert d'un badigeon blanc qu'on renouvelle tous les deux ans. On distingue encore de saints personnages bien conservés se détachant sur un fond d'azur étoilé. On attribue ces fresques à Simone Memmi; elles sont bien certainement de l'école de Sienne; il y a des têtes d'un grand caractère et d'une grande énergie; le prophète Jérémie, Moïse, vraiment imposants. Têtes de vieillards toutes variées, profondément empreintes de vie propre et d'un sentiment doux et mystique en même temps.

La chapelle haute est divisée en trois; méconnaissable. A côté, salle du tribunal de la rote; belle voûte grattée à vif; elle était couverte du *Jugement dernier* de Giotto. — On eût pu garder ici un monument complet de la papauté féodale et militante, à côté du Vatican, monument de la papauté pacifique et lettrée; un palais élevé par l'art gothique et décoré par la primitive école italienne, en face des fresques de l'apogée de l'art. — La chapelle privée des papes est ornée de fresques de Giotto mises à l'abri. Celles de la voûte et celles qui sont au-dessus des portes sont encore assez visibles. Dans chaque compartiment de la voûte des figures en pied représentant des personnages bibliques.

Au second étage, charmant petit couloir ogival conduisant à la partie nord; jolie enfilade. La salle des gardes est recouverte de peintures en grisailles qui cachent les anciennes peintures. La chambre de la Question, dans la tour de l'Estrapade, salle en forme de cône allongé, à huit pans, très-élevée. A côté, la Glacière, où furent jetées pêle-mêle les victimes de 1791.

Rencontré dans les rues plusieurs Arlésiennes. Beau type, cou dégagé et allongé; port noble, tête un peu petite; quelque chose de vraiment grec. Leur coiffure est pour la forme le bonnet phrygien modifié. Le chignon élevé, garni de dentelles; un ruban ou velours noir sur la passe avec un grand bout flottant sur un des côtés. Un fichu léger découvrant le haut de la gorge, replié et enlevé derrière le cou. — Nous prenons une voiture pour le reste de la journée. Entré dans le cœur de l'ancienne ville; dédale de rues assez bien bâties, mais étroites, mortes, silencieuses; pas de commerce ni de passants; restes de tranquillité ecclésiastique. A l'hôpital des *Insensés*, dans la chapelle, on montre le fameux christ légendaire offert par l'oncle d'un condamné à mort à la confrérie de la Miséricorde, qui avait le droit de sauver un prisonnier chaque année, et qui sauva son neveu.

Saint-Pierre, petite église dont le portail

seul est remarquable; charmante façade du xve siècle; c'est un parallélogramme terminé par une balustrade à jour du dessin le plus délicat.

A Villeneuve, sur l'autre bord du Rhône. C'était la forteresse des rois de France en face de la ville des papes; elle avait été papale au xive siècle. — Chacun des bras du Rhône est un assez beau fleuve; Villeneuve est à deux kilomètres. Au bout de l'ancien pont on voit une tour carrée avec créneaux qui en gardait l'entrée. — L'église paroissiale a aussi une tour crénelée qui appartenait à une construction antérieure. Dans toutes ces églises du Comtat on voit des restes de richesses ecclésiastiques; vieux tableaux, ornements conservés en plus grand nombre qu'ailleurs. — Dans la chapelle des sœurs de l'hôpital, comme dans une étroite prison, est le tombeau du pape Innocent VI. Exactement le même style et la même idée que celui de Jean XXII; moins grand et moins compliqué que celui de la cathédrale, plus gracieux encore. Le baldaquin est supporté de chaque côté par trois minces piliers; à l'extérieur ils sont surmontés de niches dentelées; en dedans, ils sont formés d'un faisceau de légères colonnettes; ils s'élèvent très-haut, et se terminent par des arcades trifoliées fort riches. Au pied et à la tête, une arcade ouverte. Le monument est librement ouvert de toutes parts et très-léger; il est court, tout en hauteur. Le couronnement est élevé, délicat, fleuri, moins compliqué que celui du tombeau de Jean XXII. L'ensemble est d'une élégance et d'une délicatesse ravissantes: un chef-d'œuvre du xive siècle.

Monté à l'ancienne citadelle. Magnifique et forte entrée très-bien conservée. Une porte ogivale flanquée de deux énormes tours rondes à sept ou huit étages. Le reste n'est que des ruines. Les grands murs de l'enceinte crénelée sont encore debout au nord-ouest, avec leurs parapets dessinant une partie de l'enceinte, qui était très-grande ; elle couronnait tout un gros mamelon presque à pic de tous côtés ; une partie a été abattue par le vent. La vue est magnifique. On domine le cours du Rhône au-dessus et au-dessous de Villeneuve. Le mont Ventoux, rosé, charmant au soleil couchant ; Carpentras, les petites montagnes découpées des bouches du Rhône. La ville d'Avignon surtout se présente admirablement avec sa ceinture de remparts, la masse du palais et de la cathédrale s'élevant comme un immense château fort de cette riante et belle plaine. Les papes avaient là un beau domaine.

Au-dessous de la citadelle, la *Chartreuse*, dont les ruines couvrent un immense terrain ; débris du cloître, du réfectoire. Une petite église ogivale coupée, partagée, est remplie de foin. Une population nombreuse de femmes, d'enfants et de bêtes nichent dans tous les recoins de ces ruines, sur les cellules des vieux moines.

Rentrés à Avignon pour dîner. A table d'hôte nous avons des voisins qui ne causent que de voyages : l'Algérie, l'Amérique du Sud. Enflammé encore à ces récits. Ils disent que ce pays-ci est rafraîchissant, reposant, vert et doux après l'Algérie. Comme tout est relatif !

Nous faisons marché avec un cocher pour la tournée de Carpentras, Vaucluse, Saint-Remy et Arles. Rentré et écrit mes notes bien en retard. *Now hurried on!* Je vois trop de choses et trop précipitamment.

Lundi, 13 septembre.

D'AVIGNON A VAUCLUSE.

Retournés à la cathédrale et allés à la poste. Partis à dix heures dans une américaine avec nos bagages. Sortis par les quais et longé les remparts, partout couronnés de créneaux et percés de meurtrières. On laisse le Rhône à gauche. Campagne fertile et arrosée, champs de garance et mûriers. En deux heures à Carpentras, petite ville blanche, riante, dans une jolie situation sur les dernières pentes du mont Ventoux. — Visité la ville. — Entre le palais et la cathédrale, un arc de triomphe en ruines dans une cour. Une seule arche, dont le cintre est maintenant couvert d'une sorte de pignon : de chaque côté, deux figures colossales de barbares séparées par un trophée ; à gauche, un guerrier vêtu d'une tunique ; de l'autre côté, un barbare d'un aspect sauvage, levant fièrement la tête, les mains derrière le dos, et couvert de peaux de mouton. Trophée disgracieux : des épées, des carquois et des javelots, une francisque à deux tranchants, etc. Ce monument est très-frappant comme résumant le caractère et donnant l'impression d'une époque. Ce doit être un des derniers triomphes que les Romains à leur déclin aient remportés sur les barbares. On sent tout l'abaissement romain dans ce triomphe. Ces chefs debout ont plus d'énergie et de grandeur sauvage que ceux qui ont représenté leurs images dans un style aussi dégradé. Travail grossier et rude. C'est l'agonie de l'empire resserré de plus en plus; les captifs sont aux portes, et bientôt maîtres.

L'ancien palais des évêques, maintenant palais de justice, est du XVIIe siècle. Belles salles; dans l'une d'elles frise peinte représentant des sujets mythologiques, attribuée à Mignard. Cela se pourrait. C'est sage et noble, avec une certaine grâce digne du XVIIe siècle.

Porte d'Orange. Vieille porte de ville éventrée; au dehors, une belle et large tour carrée surmontée d'une corniche à sept ou huit rangs de gradins. Ce sont, avec une petite tour sur le boulevard, les derniers restes des fortifications et de l'enceinte de la ville, qui ont été détruites, il y a quelques années, pour bâtir des maisons. Devant la porte d'Orange, terrasse et belle vue sur la campagne agréable, brillante d'une quantité d'habitations blanches, très-peuplée et riante. Le mont Ventoux s'avance comme un promontoire des Alpes. Il faut sept heures pour le monter d'ici.

Partis à trois heures pour Vaucluse; nous nous arrêtons à Pernes, gros bourg qui a des restes de vieilles murailles fortifiées et une curieuse église du XIIIe siècle. Même type que la cathédrale d'Avignon. — La route longe les coteaux qui sont les premiers et humbles commencements de ces grandes Alpes; petite chaîne à l'horizon; vers Saint Remy, les *Alpines*. — Charmants effets de lumière vers la chaîne de rochers où est Vaucluse. Pluie, nuages orageux, et un charmant arc-en-ciel dessiné sur les vapeurs flottantes, reposant sur ces lieux poétiques. Puis, à travers la brume légère, le soleil, en se couchant, jette un éclat du rose le plus vif; sorte de splendeur mélancolique. Pétrarque a vu souvent ainsi sa chère Vaucluse;

cela me paraît comme un reflet que son souvenir a laissé sur ces lieux après bien des siècles qu'il les a quittés. On ne pouvait pas aborder Vaucluse d'une façon plus poétique.

Un aqueduc assez gracieux coupe l'entrée de la gorge; les premières collines se rapprochent, les rochers au fond se creusent et s'élèvent; l'eau limpide de la Sorgue, d'un vert vif et foncé, coule parmi des prairies bordées de saules et de peupliers, et forme contraste avec les rochers blanchâtres et dépouillés. Le petit village s'étage sur les pentes; maisons creusées dans le roc même, comme sur les bords de la Loire. Nous descendons à l'hôtel de *Pétrarque et Laure*, où sans doute l'on ne couche guère; on nous donne une sorte de galetas. — Nous sortons au crépuscule. Petit pont sur la Sorgue, dont les eaux sont abondantes. Avancé à travers des jardins; la rivière tourne entre de grands rochers nus, et va dans je ne sais quelle retraite mystérieuse dont on ne voit pas le fond. Charmant aspect de ce vallon, qui gagne dès l'abord mon affection; retraite faite pour y renfermer ses pensées et sa vie, faite pour l'étude et la rêverie, et les doux soins d'une rustique Thébaïde; on s'y sent enveloppé de solitude. On se figure volontiers les jardins que Pétrarque créait de ses mains. — Le ciel est d'une pureté et d'un bleu délicieux; la lune se lève sur des bandes de nuages. — Je rentre ravi.

Mardi, 14 septembre.

DE VAUCLUSE A SAINT-REMY.

Temps charmant, pure matinée après l'orage d'hier. Une ombre bleuâtre et fraîche couvre le flanc des petites montagnes. A sept heures à la fontaine de Vaucluse. Le petit pont, la Sorgue profonde, limpide, colorant d'un vert d'émeraude les cailloux de son lit, et glissant sur de longues herbes fraîches dont elle avive encore la verdure. Les maisons du petit village en amphithéâtre au pied du rocher. — Le site n'a pas été gâté par le bruit et la vie modernes. Silence et simplicité. Des filets qui sèchent, de grandes roues de moulins qui tournent, tout humides de l'eau transparente. Ravissante entrée de la vallée, fraîcheur des eaux et du matin. Les grands rochers du fond, avec leurs teintes jaunes et rougeâtres, sont encore tout noyés dans l'ombre, et leurs replis forment un abri où la lumière ne pénètre presque que du couchant. A gauche, des rocs très-élevés, percés de trous, de cavernes. A droite, sur une petite plate-forme qui se détache au-dessus du village, quelques voûtes et arceaux ruinés de ce qu'on appelle le *château de Pétrarque* (ancien château des évêques de Cavaillon). Débris couleur des rochers, et les couronnant d'une façon charmante. La vallée se replie encore une fois sur elle-même (c'est bien *Vallis clausa*), et se termine par un énorme mur à pic, très-majestueux. Une aiguille se dresse devant l'entrée de la fontaine. Sommets très-nus, jaunes, sauvages, une verdure peu abondante au pied; mais les eaux et l'ombre suffisent pour en faire un frais et délicieux asile. Solitude profonde. Sur les premières pentes quelques oliviers; plus loin, des figuiers sauvages, quelques pins, quelques petites pyramides de sombres cyprès, se détachant sur le roc, et le lit de la Sorgue bordé de plantes tombantes, de rochers moussus.

De toutes parts, sous les blocs de rochers, on voit sourdre à gros bouillons, jaillir en nappes claires d'admirables fontaines qui donnent immédiatement un énorme volume d'eau. Traversé parmi les sources, les blocs, pour mieux voir; puis revenus à travers le lit de la Sorgue, franchissant les légères planches des barrages, et sautant de pierre en pierre. Je m'arrête émerveillé parmi le bouillonnement de ces eaux transparentes et pures qui sortent de dessous mes pieds. Au fond l'ombre et les heures fraîches encore; les grands rochers abritant la naissance de ces eaux, qui tout à coup viennent rafraîchir leurs pieds. Très-grand spectacle. — En avant les collines s'abaissent déjà. De petites nappes vertes et translucides sortent à la lumière et se colorent de reflets. Tout cela *seclusum*, tranquille; pas d'horizon, pas de monde extérieur. C'est bien la retraite que Pétrarque décrit. Quelques petits jardins dérobés, comme le sien, au lit de la Sorgue, *aux Nymphes.*

Considéré longtemps cette magnifique scène et le cristal rapide, fluide, d'une transparence absolue. Jamais je ne l'ai rencontré à ce degré. L'eau qui écume en sortant de dessous les pierres forme des bouillons d'une blancheur éclatante. Pureté incomparable des gouttelettes de *spray.* — Comme le *Pêcheur* de Goethe, il semble que l'on serait guéri si seulement on se plongeait dans cet intarissable courant et cette fraîcheur limpide, guéri de la fatigue et de la chaleur du jour, guéri de toutes les langueurs, de toutes les ardeurs mauvaises, de toutes les agitations de la vie. O Dieu, qui dans les entrailles de votre terre tenez cachés profondément de tels trésors de pureté, qui faites jaillir les eaux vives de l'aridité du rocher, faites passer aussi une source d'eau vive, abondante, fécondante, fortifiante, dans la stérilité de ma vie! arrosez-la d'un courant de fraîcheur vivifiante, d'un courant de fertilité!

Le rêve de la fontaine de Jouvence est facile à comprendre devant ces flots, qui portent avec eux une jeunesse éternelle à tout ce qu'ils baignent. Pourquoi n'en serait-il pas de même des membres de l'homme?

Un peu plus haut l'eau, si abondante ici, cesse tout à coup; le lit reste vide, et laisse à découvert les gradins de rochers moussus.

Ils ne sont couverts que quand la fontaine de Vaucluse, une des sources de la Sorgue, est assez haute pour déborder son bassin. Enceinte de rochers, abri impénétrable à la chaleur, comme pour garder l'entrée et l'origine mystérieuse de cette merveilleuse source. La fontaine est très-basse, et c'est le vrai moment pour la voir.

Sous la base du roc s'ouvre une grotte profonde, à belles voûtes de rochers, à parois de larges blocs; immense cavité au fond de laquelle on aperçoit un petit bassin d'eau immobile, d'un vert sombre, comme rentré en lui-même (*in se ipsa resedit*) : c'est la fontaine. Il semble qu'on va descendre dans la retraite profonde et mystérieuse où se forment les eaux de la terre, dans les réservoirs clos et cachés qui les alimentent, dans ces grands sanctuaires souterrains où se recueille la vie qui va déborder sur la nature et la vivifier :

Omnia sub magna labentia flumina terra.

Immenses voûtes. Impossible d'imaginer qu'à de certaines saisons la fontaine emplisse cet espace, et monte jusqu'aux figuiers sauvages qui pendent du rocher ; peut-être cent pieds au-dessus du fond. Descendu jusqu'à la source. Grand bassin naturel de beau roc vif. Les hauts arceaux du rocher se croisent au-dessus de nos têtes, s'étendant à droite en grands enfoncements de pierres polies par les eaux. En avant, le rocher surplombe comme pour sceller l'entrée de la grotte. La lumière vive du dehors pénètre à peine, s'arrête au seuil, et s'aperçoit comme de loin. On est au bord d'un petit lac azuré qu'aucun souffle ne ride, s'enfonçant à pic à une profondeur insondable, si pur, qu'à deux pas on ne voit point où l'eau finit sur le sable.

Assis au bord et ramassé quelques petits cailloux polis et proprets. Calme frappant et presque sacré de ce lieu. Les eaux silencieuses, unies, dormantes, qui attendent dans le demi-jour intérieur la lumière, le mouvement, la vie. Sorte de limbes; les eaux avant la création : *Spiritus Dei ferebatur super aquas*. On conçoit que les anciens, frappés de respect devant de pareils lieux et d'un vague instinct de l'œuvre mystérieuse de la nature, les aient révérés, et en aient fait la demeure de quelque être supérieur, heureux, tranquille dans ces retraites profondes.

A regret je vois troubler la surface de l'eau en jetant des pierres. Les pierres jetées descendent lentement, en tournoyant comme une feuille dans l'air, miroitent de reflets bleus, et après longtemps disparaissent à l'œil dans l'abîme humide. L'eau est agitée un moment, puis tout reprend son calme; pas un mouvement, pas un souffle; l'immobilité absolue. Quel bien fait ce calme! Le silence est interrompu seulement par un petit *chirping of birds* dans la vallée, ou le murmure lointain de la Sorgue, comme venant d'un autre monde, ou par un grain de poussière qui se détache de la voûte. Resté longtemps assis sur le bord de la fontaine. — Lu dans *Murray* la charmante lettre de Pétrarque sur son séjour à Vaucluse. C'est bien le lieu où chercher le rafraîchissement et la paix. Comme lui, *io vo gridando pace, pace, pace !* — Le siècle troublé où vivait Pétrarque.

Monté, à droite de l'enfoncement, au sommet de la grotte. Magnifique vue d'en haut sur le petit lac brillant au fond de ces grandes parois de rocs qui se referment de toutes parts sur lui. Vivacité des nuances bleues et vertes comme des pierres précieuses.

Grimpé sur des pierres roulantes et par un sentier rude au pied du piton qui se dresse devant l'entrée. — Rentré à dix heures. Le soleil a déjà envahi assez avant la vallée. Contraste de l'éclatante lumière du Midi avec le fond enveloppé d'ombre. Combien cela fait apprécier les quelques touffes de verdure et l'haleine des eaux fraîches !

Visité la maison de Pétrarque ou son emplacement, suivant la tradition. Petit jardinet en terrasse sur un canal de la Sorgue, au pied du rocher du château, dont les avancements restreignent l'espace. Dans un coin, le *laurier de Pétrarque*, dont on nous donne des branches. — Monté au château au-dessus du village; il ne reste que quelques pans de mur et les débris d'une tour; le rocher s'avance en promontoire au-dessus de la Sorgue; vide effrayant de tous côtés. De ce sommet belle vue sur les sources écumantes et sur l'entrée de Vaucluse, vers la plaine.

Partis à dix heures et demie pour Saint-Remy; longé la Sorgue. Passé à l'Isle, petite ville au milieu de la verdure et des arbres, de magnifiques avenues de platanes, entourée de canaux et de boulevards. Une église à l'italienne; chapelle pleine de dorures; ornements d'une élégance molle et frivole, des anges efféminés, etc.

De l'Isle à Cavaillon, à peu de distance sur la gauche, court une chaîne de hauts rochers ressemblant à ceux de Vaucluse. C'est le Luberon. — La campagne est bien arrosée.

Arrivés à Cavaillon à une heure; petite ville entourée aussi de boulevards plantés. Visité la ville avec notre gros hôte, fier de son pays (comme ils sont tous par ici), en ayant plein la bouche, s'inquiétant qu'on l'admire, pénétré de la haute importance de tout ce qui touche Cavaillon. — Visité la cathédrale et l'arc de triomphe.

Repartis à trois heures. Après Cavaillon, on passe la Durance (limite des Bouches-du-Rhône), qui coule fangeuse au milieu d'un lit tout encombré de graviers. Jusqu'à Saint-Remy, traversé une grande plaine uniforme, mais non désagréable. Nous arrivons à six heures. Saint-Remy est le même type de petite ville aussi enceinte de ses boulevards. — Les femmes portent le bonnet arlésien. Nous en rencontrons plusieurs, belles, bien prises, dégagées. — Promenade en dehors de la ville. La soirée est magnifique. La lune se lève étincelante; la lumière est d'une sérénité admirable. Nuit tiède et sereine comme ne le sont pas nos plus belles nuits d'été. Délicieuse promenade sous ce beau ciel de Provence en causant sérieusement d'éducation.

Mercredi, 15 septembre.

DE SAINT-REMY A ARLES.

Nous sortons à neuf heures par les beaux boulevards touffus pour aller voir les monuments romains à dix minutes de la ville, sur la route d'Arles. Sur une sorte de plate-forme circulaire et plantée d'arbres s'élèvent ces deux beaux monuments isolés dominant la vaste plaine au loin; c'était sans doute l'entrée de l'ancien *Glanum*. — Malgré la chaleur, c'est déjà une matinée d'automne, mais je ne retrouve pas la suavité de tons de la Touraine; une vapeur violette, trouble, enveloppe les petites montagnes à l'horizon.

1° Un monument funéraire composé d'une base carrée, d'une construction ouverte par une arcade de chaque côté, et surmontée d'une lanterne ou petit temple. Sur les quatre faces de la base, de grands bas-reliefs dont le mieux conservé représente un combat de cavaliers. Il y a du mouvement et de la clarté dans l'ordonnance, encore assez de correction et de beauté des formes pour que l'œuvre ne soit pas rapportée à la dernière époque de la décadence; sur une autre face est un combat d'infanterie. Les deux autres bas-reliefs représentent des sujets plus difficiles à expliquer.— Un second étage assez élevé; sur chaque face une haute arcade ouverte reposant sur des pilastres plats, unis à un entablement carré. Le tour du cintre est orné de gracieuses arabesques; aux angles, colonnes corinthiennes cannelées, engagées, à riches et larges chapiteaux.

Au-dessus, le petit temple s'élève sur une base ronde, élevée; dix colonnes corinthiennes très-jolies portent un petit dôme ou lanterne sous laquelle sont deux statues d'hommes assis un peu grossières. Une frise avec des arabesques; le tout coiffé d'une petite calotte en pierre couverte d'ornements en feuilles imbriquées. D'en bas la construction paraît un peu lourde; en s'éloignant, le petit temple prend de la grâce. L'ensemble forme un monument qui n'est pas d'une pureté de goût extrême, mais très-curieux, très-joli, élégant, et d'une admirable conservation. Il n'y a rien de semblable à Rome, me dit M. Heinrich.

2° A côté, un arc de triomphe. Une seule arche au milieu assez large et basse. Aux angles, piliers plats unis avec entablement sculpté. L'ouverture du milieu est ornée des deux côtés d'une large guirlande de fleurs et de fruits. Pampres et raisins, branches de chêne, d'un beau travail. Le dessous de la voûte, très-bien conservé, est orné de magnifiques caissons avec moulures sculptées; sur le côté, des colonnes engagées entre lesquelles deux figures de guerriers (prisonniers debout). Il y a encore de la noblesse dans les draperies et de la précision dans le dessin. Au-dessus du cintre dans les angles, des victoires portant des étendards. Ce monument a dû être surmonté d'un couronnement assez élevé; dans l'état actuel il est trop bas et trop écrasé pour sa largeur.

Rentrés déjeuner à onze heures. Notre hôtesse, qui n'est plus jeune, a dû être très-belle, et conserve quelque chose d'extrêmement fin et de distingué. — Le fichu bouffant de mousseline blanche qui s'écarte de tous côtés et dégage le cou sans cesser de le protéger, est charmant. — Une fille très-jolie, aux yeux bleus, avec les bandeaux de cheveux noirs lissés sous le bonnet. C'est vraiment une race très-belle. Quitté Saint-Remy à midi; en une heure et demie aux Baux. On prend la traverse pour Montmajour à Meursanne.

On va droit sur une petite chaîne de montagnes absolument nues, blanches, qui percent le sol tout à coup et dressent leurs crêtes abruptes. La route traverse cette petite chaîne, fait des détours entre des pentes stériles tachetées de buis comme les monts d'Espagne, mais sans grandeur. La chaleur, reflétée de toutes parts, est excessive. Redescendus et longé le revers de la chaîne. Les oliviers et les amandiers reparaissent dans une plaine brûlée. On rentre dans la chaîne pour aller aux Baux, situé au haut d'un mamelon dans une petite gorge entourée de sommets d'une aridité et d'une désolation surprenantes; étroites crêtes allongées qui de loin semblent des ruines. Cela doit ressembler aux paysages de la Palestine. Vallon ardent, éblouissant, désert; pas une habitation; on aperçoit enfin au fond de cette fournaise quelques maisons qu'on est étonné de voir là.

Grimpé à pied le rocher escarpé où sont perchés les débris de l'ancienne ville. Curieux et navrant aspect. On erre parmi des rues qui semblent abandonnées et des maisons effondrées, renversées. Quelques êtres qu'on rencontre saluent l'étranger avec le plus grand respect et la plus grande douceur. — Les Baux étaient jadis une ville importante. Au moyen âge ce nid inaccessible doit avoir été un repaire de brigands. La ville a dû être rebâtie au XVIe siècle, car les ruines portent les traces de cette époque : croisées de la renaissance, etc. Une salle capitulaire à voûtes ogivales, une petite chapelle. Plus haut, sur un mamelon, une tour ronde d'observation. De là les maisons et le vieux château s'étagent, paraissent un immense tas de décombres broyés sur le rocher, avec lequel ils se confondent. Cela ressemble certainement à une de ces villes abandonnées et maudites de la Judée. — Rencontré un maçon qui nous conduit à travers les ruines du château; il parle un patois provençal qui déjà par sa douceur et l'accent se rapproche de l'italien.

Le château couvrait un vaste espace sur un plateau très-escarpé. Il est resté abandonné avant la Révolution, renversé alors, depuis s'en allant en ruines, s'émiettant chaque jour. Il avait été à moitié creusé dans le roc, à moitié élevé et appuyé sur lui; ils ne font plus qu'un, et s'écroulent ensemble. La foudre en a renversé d'énormes parties. On erre parmi des voûtes ouvertes, des caves béantes, des pans de mur suspendus sur l'abîme, des citernes comblées où croît le figuier. C'est méconnaissable. On monte au sommet par des marches taillées dans le roc. Magnifique vue, immense et triste. Au pied, le pays desséché, la chaîne des Alpines, aux contours durs et arides; au sud, deux étangs. Au loin dans la vaste campagne, le Rhône, brillant par places, Arles, comme un point noir, et, tout à l'horizon, la bande brillante des étangs de la Camargue. Il y a dans l'intérieur bouleversé de la montagne ce qu'on appelle l'Enfer et la grotte des *Fata*. Paysage d'un frappant aspect. Le village n'a plus que 200 habitants. — La petite église romane a été remaniée au XVIe siècle. Entré chez le bon curé, qui faisait sa sieste, nous reçoit d'une manière très-aimable, et nous entretient de son pays.

Nous arrivons en cinq quarts d'heure des Baux à Montmajour. Le pays est très-monotone. La grande masse de l'abbaye se détache de loin avec ses parties ruinées. Montmajour avait été partagé en soixante-huit lots à la Révolution; peu à peu la commune d'Arles l'a racheté en partie; il appartient encore à douze propriétaires. C'est extrêmement curieux et intéressant ; il reste trois églises du couvent. L'église primitive des catacombes chrétiennes et françaises est ce que j'ai vu en France de plus antique et de plus vénérable par le souvenir. Grottes où a germé en secret la doctrine. L'abbaye repose sur une masse de gros blocs de rochers ; c'est entre ces blocs, dans les flancs escarpés du rocher, parmi les arbres qui croissent dans les crevasses, qu'on descend pour chercher l'entrée de ces premières retraites.

Descendus à la crypte, sous l'église du couvent ; on entre par un couloir voûté ; la crypte est précédée d'une sorte de vestibule à cintre large et bas ; de chaque côté, deux chapelles avec de petites absides. En face, après deux étroites travées percées dans de massifs piliers, l'autel isolé sous une coupole parfaite. Le tout est fermé par un mur très-épais et percé de cinq ouvertures cintrées qui correspondent à cinq chapelles rayonnantes. Il n'y a aucun ornement, rien que la pierre nue. Les murs sont fondés sur le roc. Cette crypte est très-curieuse, donne bien l'idée d'une chapelle souterraine, cachée; c'est presque une grotte.

L'église supérieure est encore du même type que celles d'Avignon et de Pernes. Arcade romane à double voussure aux travées. A l'entrée du chœur, un pilier rond engagé, avec petites colonnettes et chapiteaux, les seuls qui soient ornés. Abside semi-circulaire dont la coupole est de même élévation que la nef. Le vaisseau est élevé, beau et spacieux.

Belle salle capitulaire, qui sert aujourd'hui d'habitation. Cloître dont trois côtés sont conservés, et qui rappelle celui d'Elne.

Au bas du rocher, la petite église du Baptistère de la sainte-Croix, élevée, selon la légende, par Charles-Martel sur le théâtre d'une victoire sur les Sarrasins; elle est fréquentée en pèlerinage chaque fois que le 3 mai tombe un vendredi. Rien de plus simple comme plan, et de plus élégant que cette église. Croix grecque aux quatre branches égales, un centre carré surmonté d'une haute coupole, et flanqué des quatre côtés de quatre absides semi-circulaires semblables. Pas d'autre ouverture qu'un œil-de-bœuf et deux petites fenêtres romanes à l'est et au sud, percées dans les parois des absides. L'entrée est précédée d'un porche à voûte étroite et allongée. A l'extérieur, les quatre pans du bâtiment central sont surmontés de frontons triangulaires assez élevés. Les quatre absides sont couronnées d'une frise à l'antique avec des consoles très-ornées. Petit monument très-original, et plaisant par sa simplicité.

Remontés à l'abbaye pour voir coucher le soleil sur la tour du donjon. Haute tour bien conservée, avec créneaux, mâchicoulis, et une belle salle des gardes. On a vue sur la vaste campagne, Arles, le rocher de Beaucaire, le château de Tarascon. Le Rhône *interlucet*. De l'autre côté, les petites chaînes de montagnes que nous venons de quitter; au sud la Camargue.

Repartis pour Arles à six heures; à une lieue d'ici. Descendus place du *Forum*. Après le dîner, promenade par la ville. — Pont de bateaux. Le Rhône est ici moins rapide et plus étroit. Destinée de tous les grands fleuves, comme de beaucoup de grandeurs humaines, de perdre leur majesté à la fin de leur course. — Silencieuse petite ville; le calme interrompu seulement par le rire de jeunes filles qui passent.

Arles, jeudi, 16 septembre.

A huit heures à la poste, où je trouve des lettres de Tours; je manque les visites du Père Gratry et de Rousseau; mais j'en suis content pour ma mère. Avant déjeuner, nous allons aux Aliscamps et au théâtre, où nous avons une conversation sur la tragédie grecque et l'art antique. La vue des lieux fait naître et développe des idées que la plus longue étude n'amènerait jamais.

Les Aliscamps (Champs-Élysées), un peu en dehors des fortifications, et au milieu de jardins d'une campagne verte et arrosée qui repose la vue après les plaines brûlées du Midi. Je m'assieds pour prendre mes notes sous l'ombre fraîche d'un beau platane. — C'est un ancien cimetière qui a servi dans les premiers siècles aux sépultures chrétiennes. Les sarcophages les plus curieux ont tous été enlevés; beaucoup ont été donnés par la ville en cadeau à des princes, etc. Maintenant il ne reste qu'une simple avenue plantée et bordée des deux côtés de lignes de sarcophages, les uns vides, les autres avec leurs couvercles en pignon sur le devant et quatre pointes saillantes aux angles. Pierres massives. — Très-peu ont des sculptures ou des emblèmes. La croix, le niveau égalitaire (égalité devant la mort). A présent les grands chardons jaunes élèvent leurs têtes épineuses entre ces blocs de pierre, vides des restes de ceux qui ont cessé il y a si longtemps de porter la chaleur du jour. Ces pierres ont gardé les derniers débris d'une vie, les dernières traces d'une existence humaine, et ces grosses pierres qui les scellaient n'ont pas même su les conserver à toujours.

L'avenue aboutit à une petite chapelle ruinée : Notre-Dame-de-Grâce. La nef abandonnée, pleine d'herbes et de débris, était vraisemblablement ainsi dès le XVIe siècle ; il ne reste que le portail roman. Simple et élégant. C'est encore une église du XIIe siècle, sur le plan d'Avignon et de Montmajour. Au milieu coupole à voûte octogone. L'abside principale est plus basse ; deux absides latérales. Au-dessus de la coupole petite lanterne à jour et à double rang de fenêtres romanes ; très-élégante. L'aspect de cette chapelle ruinée et surmontée de sa tour, au bout de cette avenue bordée de tombeaux, est fort joli.

Le théatre d'Arles. Situé à une extrémité de la ville joignant les anciens remparts, qui avaient englobé l'un des côtés de l'enceinte, où l'on a découvert de beaux restes; c'est là qu'on a trouvé la Vénus d'Arles. Les fouilles sont encore inachevées. Les réparations et constructions modernes, blanches, lisses, sont d'un déplorable effet à côté de l'ancienne pierre dorée et fruste. Le théâtre n'offre que peu de restes d'architecture, sauf deux colonnes; mais a beaucoup d'intérêt comme donnant très-clairement le plan et la disposition d'un théâtre grec. Il est sans doute plus grand que ne l'étaient les théâtres de Grèce. Arrondi d'un côté en amphithéâtre, il se termine carrément de l'autre, qui formait le derrière de la scène. Les gradins montaient assez haut; il y avait deux rangs d'arcades superposées, séparées par des pilastres plats unis. Pour juger de la disposition intérieure, il faut se placer sur les gradins des spectateurs.

Immédiatement contigu aux gradins est l'orchestre, semi-circulaire de ce côté, droit du côté de la scène; c'était l'espace occupé par le chœur. Entre l'orchestre et les colonnes du fond, espèce de fossé avec fondations et mur des deux côtés qui devaient supporter le plancher de la scène. Derrière cette scène ou *proscenium*, une rangée de magnifiques colonnes de marbre formaient un péristyle qui fermait le théâtre. Un portique livrait passage. Il ne reste que les deux colonnes de gauche de ce portique central; magnifiques piliers ronds, unis, très-élevés; chapiteaux corinthiens riches, supportant un fragment d'entablement. Les deux piliers détachés qui s'élèvent tout seuls pleins de majesté aident bien à restituer l'effet. On voit les deux fûts brisés des deux colonnes correspondantes du portique, et à peu près les places des autres colonnes de la rangée.

Ces débris sont bien mutilés; mais cependant, tristes comme ils sont, quand on est debout sur les gradins et qu'on les considère, leur vue nous ouvre une intelligence nouvelle et plus vive de la tragédie et de l'art antiques. Je suis resté longtemps assis au soleil sur ces gradins où l'on a entendu résonner les vers de Sophocle, pour me pénétrer peu à peu de l'esprit et du sens de ces ruines. J'ai mieux compris le rôle du chœur, en voyant la place qu'il occupait tout près des spectateurs. Intermédiaire entre le public et les acteurs, les personnages du drame, touchant le public par un côté et en faisant presque partie, au même niveau que lui. — Quelle beauté devaient avoir ces évolutions graves et cadencées sur le devant de cette belle scène, où se tenaient des personnages, des êtres plus grands que nature; des personnages transfigurés et agrandis aux yeux par la distance et par le costume, comme ils l'étaient par leur antiquité et la tradition, déclamant la plus sublime et la plus grave poésie ; ces hauts péristyles, ces belles colonnes servant de fond à la danse et au drame, non pas des morceaux de carton découpés et mus par des ficelles, comme chez nous ; mais une scène monumentale offrant aux yeux les plus nobles conceptions de l'architecture, et éclairée par la belle lumière du soleil.

Une représentation dramatique grecque était vraiment un concours de tous les arts pour élever l'imagination ; l'architecture, la statuaire, la poésie, la danse, cette danse qui nous est inconnue, et qui n'était que la sculpture en mouvement, rhythmée par la musique. Quelle grande impression d'ensemble ! Toute l'œuvre et la mise en scène concouraient à éveiller le sentiment de la beauté.

Il ne faut pas vouloir juger du drame antique par nos idées et notre art modernes, si essentiellement différents. Il n'avait certes pas l'aisance et le naturel de notre drame; mais une majesté, une gravité, une solennité qu'on ne retrouvera plus. Sans doute l'acteur, couvert du masque immobile, monté sur le cothurne, déclamant les vers sur une sorte de chant lent et uniforme, ne visait pas à reproduire, comme nous, le mouvement de la vie et de la passion, à nuancer une situation; et d'abord la distance le lui interdisait. Sans doute il faisait très-peu de gestes et de mouvements; une scène était, pour ainsi dire, une pose plastique, un tableau vivant formé par les acteurs, qui ne changeaient guère de position tant que le rapport des personnages en scène restait le même. La beauté et le calme des lignes étaient l'objet principal, comme dans la statuaire, qui n'exprime jamais les passions vives, de peur de faire grimacer les lignes du visage et de troubler leur beauté. Les passions étaient vraiment purifiées par cette gravité calme, sorte de transfiguration. Cela se comprend moins pour la comédie;

mais certaines choses prouvent qu'il en était de même ; l'existence des masques de Chrémés, riant d'un côté et pleurant de l'autre, prouve que l'acteur, dans une scène, tenait toujours le même côté tourné vers les spectateur. Cette idée de l'art dramatique grec est la seule qui s'accorde avec le génie grec, le moins naturaliste de tous. Ainsi le spectateur dans une scène avait devant les yeux le résumé immobile, fixe, durable, d'une situation et d'un sentiment commentés par la poésie. Tout, dans l'art dramatique ancien, avait quelque chose de sculptural éloigné de notre subtilité moderne.

Au fond, et à prendre les choses de haut, cette différence qui sépare l'art antique de l'art moderne est la même qui, dans un domaine différent, celui de la musique, a divisé les partisans de Gluck et de Piccini. L'un voulait la vérité dramatique se modifiant perpétuellement avec le sens des paroles, et en exprimant les nuances ; l'autre prétendait qu'un air n'est qu'un ensemble musical indépendant des paroles et résumant simplement le sens et le sentiment d'une situation donnée, dont l'auditeur voit les traits généraux fixés sous une forme de l'art. — Il ne faut pas vouloir sacrifier l'un à l'autre. Mais, chose singulière ! celui qui combattait pour la théorie qui est vraiment celle de l'art des anciens, Gluck, était par le génie le plus antique des deux, et c'est celui qui a empreint dans ses œuvres le plus sévère et le plus noble caractère d'antiquité que l'art moderne ait su retrouver. Piccini, au contraire, d'une valeur bien inférieure, était un talent mou, languissant, bien éloigné de la sévérité antique. Tant il est vrai que le génie est indépendant des systèmes mêmes qu'il soutient et qu'il adopte.

Le Musée. — Dans une ancienne église d'oratoriens, près de l'hôtel de ville, en face de Saint-Trophime. — Des débris de frises et de corniches du théâtre.

Une tête d'Auguste appartenant au tronc qui est au Louvre; très-belle et finement travaillée. C'est Auguste vieillissant; singulière expression de fatigue, d'affaissement et d'ennui ; comme un homme mécontent et abattu dans la possession de ce qu'il a ambitionné.

Une très-charmante tête de femme dont le nez est brisé. Beau cou, un peu penché en avant; la bouche petite, les lèvres un peu épaisses, mais d'une expression pleine de moëlleux et de passion contenue ; cheveux très-ondulés. C'est d'une belle exécution et d'un travail délicat. Très-séduisante expression dans les yeux. C'est ainsi que je me représenterais Sapho.

Une collection de sarcophages chrétiens trouvés dans les Aliscamps ou dans les églises, du IVe ou Ve siècle, couverts de bas-reliefs, et très-curieux au point de vue du premier art chrétien.

Le caractère romain persiste dans les draperies, les têtes, les physionomies ; le visage carré, lourd, positif, des personnages est très-frappant. Rien de ce mysticisme plein d'inspiration que le moyen âge a donné plus tard aux sujets de la nouvelle foi. Il y a de la gravité, du sérieux, voilà tout. Le Christ est représenté comme un adolescent imberbe, figure sans poésie. Ce n'est pas le type traditionnel.

Saint-Trophime. Magnifique cloître, admirablement conservé dans son ensemble, le plus beau et le plus parfait que j'aie vu. Deux côtés romans du XIIe siècle, et deux en ogives du XIIIe et du XIVe en certaines parties, mais avec le plan et l'ordonnance primitifs respectés de façon à ce que l'impression de l'œuvre soit une dans sa variété. Un des côtés est un peu plus long que l'autre ; dans la partie romane on y a remédié en élargissant les arcades pour que le nombre en soit égal des deux côtés. Dans cette partie, chaque côté est divisé en trois compartiments de quatre arcades par des piliers massifs. Les piliers soit ronds, soit octogones, sont accouplés et détachés. Très-élégant. Beaux chapiteaux; en général celui de la colonnette extérieure est à feuillage d'acanthe, celui de la colonnette intérieure à personnages. L'arceau est gracieux et élégant; la voûte élevée, à simples nervures. Au côté nord, les pilastres à l'intérieur sont coupés aux angles et garnis de belles statues, dans le style de celles du portail; sorte de cariatides. Très-riche d'effet.

L'intérieur de l'église est assez peu intéressant. — A l'extérieur portail magnifique du XIIe siècle, frère de celui de Saint-Gilles, chargé de la plus riche et de la plus majestueuse ornementation. Une seule porte haute et superbe de cintre. Dans le tympan, Dieu le Père bénissant, entre les attributs des quatre évangélistes, est plein de majesté. Les voussures au-dessus sont semées d'anges. Au-dessous du tympan, une large frise se continuant en retour sur le devant de la façade. Au centre, les apôtres assis; de chaque côté, marche uniforme des élus et des damnés en longue procession. Cette frise, qui forme le dessus de la porte, est supportée par des colonnes en marbre détachées. Au-dessous, rangée de statues. Sous la frise, caissons riches; au pied des colonnes des animaux accroupis, comme à Saint-Gilles; têtes de lions pleines de force et de nerf. Le dessous du linteau de la porte est couvert d'arabesques d'une délicatesse rare, peu saillantes, se détachant en noir comme des damasquinures.

Amphithéatre d'Arles. — L'extérieur est beaucoup plus dégradé que celui de Nîmes; du reste, c'est la même disposition; deux étages d'arcades. Le premier rang n'a pas de chapiteaux, un simple entablement carré. Les arcades supérieures, plus élevées et plus étroites qu'à Nîmes, sont séparées aussi par des piliers corinthiens; très-peu de chapiteaux restent, le couronnement est absent. Aux quatre extrémités des arcs principaux on a élevé au moyen âge des tours carrées qui le flanquaient comme une forteresse ; deux restent entières. L'intérieur ne donne pas plus que celui de Nîmes une idée de la série continue de gradins qui montaient jusqu'au sommet, et faisaient de l'amphithéâtre comme un vase plein jusqu'au bord ; mais l'enceinte est plus grande, et la vue d'ensemble plus frappante. L'ellipse est plus allongée ; très-gracieuse forme. La ligne du faîte n'offre pas d'interruption ; elle se termine un peu au-dessus de l'arcade supérieure, et dessine bien au sommet la ligne de ce bel ovale. Quand elle était tracée à l'œil autant de fois qu'il y avait de gradins, quel aspect ! Le *podium* (étage inférieur, premières places) est beaucoup mieux conservé qu'à Nîmes, et bien plus élevé au-dessus de l'arène. Le revêtement, le parapet servant de balustrade, sont entiers. Le premier couloir, très-élevé, n'était pas voûté ; il était couvert par des blocs énormes, plats, appuyés sur les corniches. Le couloir supérieur extérieur forme une galerie dont on peut faire le tour. En somme, cet amphithéâtre semble trahir une époque postérieure et un art plus grossier que celui de Nîmes (on présume qu'il est de l'époque de Constantin).

Une partie extrêmement curieuse et manquant à Nîmes, ce sont les substructions et galeries souterraines. Un premier et large couloir entourant l'arène et y communiquant par des ouvertures sous le *podium*; un autre plus intérieur, obscur. Du côté du nord-ouest il y a des passages, des cavernes, quatre couloirs concentriques reliés entre eux par un grand passage voûté. Par là on pénètre dans des réduits obscurs, qu'on suppose avoir été les cavernes des animaux. — Que se passait-il dans ces terribles et lugubres souterrains, ces *coulisses* des jeux des maîtres du monde, où sans doute ne pénétraient que les esclaves avec leurs lampes, qui étaient pleins des rugissements des bêtes enchaînées et impatientes; dans ces cachots où l'on jetait aussi avant les jeux les prisonniers, les chrétiens qui allaient être livrés au cirque?

Monté à l'une des tours. Vaste vue : la ville d'Arles, le cours du Rhône, qui arrive du côté de Tarascon, belle nappe semée d'îles. A l'est, Montmajour, la montagne de Cordoue en face (camp des Sarrasins), les Alpines, et, plus au nord, le rocher de Beaucaire.

En quittant l'amphithéâtre, promenade jusqu'au pont. Le Rhône, très-profond, n'est pas plus large ici que l'Elbe à Dresde. — En face Saint-Trophime, un obélisque trouvé dans les arènes. — Hôtel de ville par Mansard, grande construction peu heureuse. — Belle race de femmes, quoique peut-être moins remarquable que dans les villages environnants; belle taille, dignité, beau port de tête, pureté de traits, nez droit, le bas de la figure un peu plein, beau teint mat, bandeaux gracieux, et charmant costume.

Je rentre à sept heures, harassé. Ce n'est pas toujours un amusement sans mélange de voyager sérieusement. Le besoin du repos et du *home* commence.

———

Vendredi, 17 septembre.

D'ARLES A AIX ET A MARSEILLE.

Levé à quatre heures et demie; le départ pour Roquefavour est à cinq heures vingt minutes. Le soleil, rougeâtre, se lève dans l'eau. Heureux après cet éclat fatigant de trouver un horizon couvert. Après Arles, le pays est vert et arrosé, traversé de canaux. Je suis tout étonné de me trouver en Provence. Le pays est plat, le gazon d'un vert vif et cru; avec ces nuages gris, on dirait un morceau détaché de la Picardie. Bientôt on arrive à la Crau, grande plaine semée de pierres, couverte d'herbe rase et jaune, un vrai désert. On entre ensuite dans une petite chaîne de coteaux plantés d'oliviers qui entourent une nappe d'eau bleuâtre; c'est l'étang de Berres, grand bassin bien encadré, et qui s'étend très-loin. A l'embranchement d'Aix le chemin s'enfonce dans un pays de petites montagnes couvertes de pins à verdure claire. Si toutes les montagnes de Provence étaient boisées, combien l'aspect du pays serait changé!

La station de Roquefavour est au pied de l'aqueduc, dans la vallée de l'Arc, petit torrent insignifiant. L'aqueduc est établi sur des prairies, s'appuyant aux pentes de deux pittoresques mamelons de roc boisé. C'est une très-belle et imposante construction, noble, hardie, mais bien moins belle et satisfaisante que le pont du Gard, quoique plus élevée. C'est la même disposition; triple rang d'arcades. Les arcades du second rang sont très-élevées, assez étroites, et le cintre commençant très-haut. Où est cette beauté et cette hardiesse de la courbe de l'arceau? Ce pont ne marche pas; *stat*. Le mouvement d'un pont doit être dans la largeur, comme celui d'une cathédrale dans la hauteur; le pont, sans être lourd; la cathédrale, sans être grêle. Ici les arcs sont trop élancés et trop droits pour leur largeur. Du reste, la hauteur en est belle et bien soulevée; mais il y a moins de puissance et de solidité que dans le pont du Gard, en même temps que moins de légèreté. Timidité dans le jet de l'arche qui marche à petits pas. Ce qui nuit beaucoup à l'effet, ce sont les contreforts coniques qui partent de la base et montent jusqu'au sommet du second étage, empâtant la naissance des deuxièmes arcades; le même contrefort paraît aussi à l'intérieur, alourdit beaucoup le profil, et, quand on regarde de côté dans la longueur du pont, on ne voit qu'une énorme masse de pierres sans jour. Vue en dessous, la voûte est d'une hauteur prodigieuse, mais trop haute, trop perdue, trop étroite au-dessus de ces grandes gaines pour faire de l'effet et encadrer la vue. — Le sentiment exquis des proportions, voilà ce qui distingue l'antiquité de nous.

La construction est imitée des œuvres romaines ; les pierres sont carrées, taillées sur les bords, saillantes et brutes au milieu ; mais ce ne sont pas ces beaux et grands blocs qui font tant d'effet au pont du Gard. Il y a ici plus de régularité ; trois des arcades supérieures correspondent exactement à une inférieure. Il n'y a pas de courbure. La galerie du sommet est plus écrasée. Le couronnement et un entablement sont soutenus par des consoles et terminés par un parapet. Au sommet l'eau coule dans un canal à ciel ouvert, profonde, trouble, rapide. Il est beau de la voir accourir sortant d'un tunnel, puis glissant le long des flancs du rocher taillés à pic. La vue est vaste et intéressante ; d'un côté, une jolie vallée tapissée de prairies; de l'autre, la vue s'ouvre sur une campagne ondulée et des lignes de montagnes assez élevées du côté d'Aix.

Suivi le canal plus loin sur la crête de la montagne, semée de romarins, de lavande et de petits joncs. Descendus à travers des plantations de jolis pins. La plus belle vue de l'aqueduc est du sommet d'un rocher saillant d'où il se présente de face dans tout son développement, comme un magnifique rideau au travers de la vallée. — Partis à midi pour Aix, où l'on arrive en une demi-heure. Le chemin passe sous une des arcades de l'aqueduc, et en sort sur un pont de quelques arches. Après avoir déjeuné, sortis dans la ville par une pluie battante.

Cathédrale Saint-Sauveur. Église sans beauté, faite de pièces et de morceaux. Au maître-autel, bas-relief de Puget; une Madeleine aux Anges, d'une grâce et d'une délicatesse un peu affectée. Au sud de l'église, un baptistère ou petit temple rond, octogone intérieurement, supporté par de beaux piliers antiques en marbre d'un seul bloc ; chapiteaux corinthiens. A côté, un cloître à moitié engagé sous des maisons ; petit, carré, rappelle celui d'Elne, mais d'un travail moins beau.

Les portes d'entrée sont de cèdre sculpté, de la fin du xve siècle, bois superbe, d'un beau grain, teinte d'un brun rouge. Très-riche de décoration et d'un bel effet. — La Madeleine, église moderne ; un tableau de l'école flamande, soi-disant d'Albert Durer. — Le musée, nul comme antiquités et tableaux, sauf une jolie petite *École* de Granet, fine d'expression dans les têtes et surtout dans la distribution de la lumière. — Église Saint-Jean, ayant appartenu aux chevaliers de Malte ; petit vaisseau. Le portail est flanqué de deux tourelles rondes ; hauts pignons. A gauche, un clocher très-élevé percé d'une longue fenêtre et surmonté d'une flèche en pierre. Effet assez pittoresque de l'ensemble.

Le Cours, agréable promenade avec fontaines. Une statue en marbre du roi René par David d'Angers. De la grâce, de la débonnaireté et de la tristesse dans l'expression du visage. — Aix est une ville propre, bien percée, marquée d'une certaine élégance. Près du musée est le beau quartier, celui des magistrats, des professeurs; rues droites, hôtels froids et clos, d'un aspect digne, calme, silencieux. — La pluie tombe à torrents, les rues sont inondées; il y a longtemps que j'étais déshabitué de ce bruit monotone. Fraîcheur sensible après ces jours brûlants.

Aix est bientôt vu. — Nous rentrons dîner; le départ est à huit heures. Je n'ai pu persuader à M. Heinrich de venir avec moi jusqu'à Marseille, et nos voies se séparent ici, un billet pour Marseille, un pour Montpellier. — L'aqueduc de Roquefavour est d'un magnifique effet à la nuit. Il se dresse sur le fond sombre de la vallée comme une énorme porte à triple arcade donnant accès dans je ne sais quels royaumes sombres. Il se détache par moments sur un fond d'éclairs.

A Rognac. C'est là que nous devons nous séparer. Quand est-ce que nous nous reverrons? — Je prends le train express de Marseille. Orage, torrents de pluie, nuit affreuse; de grandes nappes d'éclairs illuminant subitement l'horizon. J'arrive à Marseille à huit heures.

Marseille, samedi, 18 septembre.

A onze heures, je prends une voiture découverte pour me promener dans la ville, avec un bon gros cocher provençal, bon enfant, qui est dans l'admiration des beautés de sa ville natale. L'intérieur de Marseille est peu séduisant; la Cannebière: une rue courte, large, mal bâtie, qui mène au port. Le vieux port pénètre assez avant dans la ville, est resserré, bordé de larges quais ; il ne contient pas de gros vaisseaux ; ils y sont serrés à croire qu'ils ne peuvent bouger ; c'est un fourré touffu de mâts, de vergues, de cordages ; je n'ai pas trouvé là ce mouvement pittoresque, ces costumes orientaux, etc. L'entrée est étroite, et encore gardée par deux anciens forts du XVIIe siècle. A droite, s'élève le rocher escarpé de Notre-Dame-de-la-Garde. A l'ouest de l'ancien port, la Joliette, port nouveau formé par une grande digue jetée devant la côte, avec entrées latérales. De cette digue belle vue sur la mer ; belle surface bleue, ou plutôt glauque, d'un bleu vert brillant, changeant ; ce n'est plus ce bleu foncé de la mer d'Espagne.

Devant le port groupe ou chaîne de petites îles qui semblent se tenir par la main. La mer est semée de légers bateaux à voiles blanches. En arrière de la jetée est la partie réservée aux paquebots des Messageries impériales, magnifiques navires à hélice, majestueux, tous rangés, en grand nombre : *Sinaï*, *Orient*, etc., les noms connus. — Voici donc les machines qui peuvent vous emporter vers tous ces beaux rivages de la Méditerranée, et qui touchent à chacun de ces lieux que notre imagination est habituée à adorer depuis l'enfance... C'est d'ici qu'on s'élance; on n'aurait qu'à monter sur un de ces ponts. — Pourtant Marseille ne donne pas par son charme ou sa grandeur l'idée du port qui concentre en lui le mouvement de communication et d'échange avec tous ces illustres lieux. Le port qui mène à tous ces climats où l'on voudrait aller, l'Espagne, l'Italie, la Grèce, l'Afrique, l'Asie, l'Égypte, n'a rien d'imposant (sauf ces paquebots). Ce port, dont on a bientôt vu le bout, ne peut se comparer à cette étendue sans fin qui borde les quais de Liverpool.

Près de la Joliette le terrain est bouleversé; le rivage rectifié, des quartiers démolis. On commence à construire sur les quais d'énormes baraques à façades percées comme des lanternes, excessivement hautes, dans le style déplorablement popularisé des constructions du nouveau Paris, style qui aura bientôt envahi la France. C'est la ville Mirès. — A travers les démolitions du vieux Marseille, les raffineries, les fabriques de savon, les fumées infectes, je regagne la porte d'Aix, arc de triomphe insignifiant; la rue de Rome, qui traverse la ville tout entière et aboutit au Prado; le Cours; les allées de Meilhan, promenade à la mode, belle allée de platanes. Des boulevards plantés font de jolies artères de verdure à travers la ville. A l'extrémité jardin zoologique, charmant et bien fleuri. Vue sur les collines basses qui forment les environs immédiats de Marseille : vertes, riantes, tout émaillées de blanches habitations; au delà, vers Toulon, de hautes montagnes qui aboutissent à la mer. Au jardin zoologique nombreuse collection d'animaux, et mieux organisée qu'à Paris. Le *Prado*, grandes allées de platanes, les Champs-Élysées de Marseille; le château des Fleurs. On va gagner la mer à travers les jardins ombragés, soignés, et les maisons de campagnes ou châteaux des riches Marseillais, pots-pourris bariolés d'architecture de mauvais goût. Au pied de la montagne Notre-Dame, quartier à rues droites, étroites, mais bien tenues et bien habitées. On a disposé une promenade publique charmante : bassins, massifs de fleurs éclatantes, et au delà la vue de la mer, du port, de la ville.

Monté à Notre-Dame-de-la-Garde par un chemin pierreux; il n'y a plus d'autres traces du fort qu'un bastion et un pan de mur à l'entrée. Tout l'espace assez étroit du plateau est occupé par une chapelle de nouvelle construction; église romane, plan bâtard. L'ancienne chapelle, toute basse, à côté. La vue est vaste et magnifique. Tout Marseille se développe au-dessous, et d'ici semble immense; une grande étendue de toits rouges sur un sol ondulé; pas un monument saillant. De toutes parts, enceinte de montagnes ou d'assez hautes collines, et les pentes vertes couvertes de bastides, comme de petits points blancs. C'est Montpellier en grand. Aspect charmant, gai, animé. La mer au loin, éclairée de la belle lumière du couchant. Les îles, qui d'ici se détachent, sont noyées dans une splendeur qui les dérobe.

La petite chapelle n'est qu'une chambre à plafond plat, toute tapissée d'*ex-voto* grossiers, la plupart représentant des naufrages, des accidents de grande route, etc. Prié. — Le temps est beau, mais encore lourd et orageux. — Sur le Cours, j'entre dans une chambre haute, le temple israélite. On ne me laisse entrer qu'après avoir déposé ma lunette, que je porte en bandoulière, mon *Murray* : on ne peut être admis en voyageur. Ils craignent sans doute tout ce qui leur rappelle leurs courses errantes. — Ils psalmodient en hébreu sur un ton nasillard, et ont le dos tourné à l'autel. Quelques vieux Juifs d'Orient, sales, maigres, aux traits crochus. Les prêtres au milieu, en toque et en robes noires. Manque de dignité.

Après le dîner, je fais un tour sur le port. Barques qui partent en promenade, et qui laissent une traînée lumineuse au milieu de cette confusion sombre de navires et de mâts. Rentré, et couché à huit heures; courbature et fatigue. Vais-je être obligé de revenir directement sans pouvoir achever mon voyage ?

Marseille, dimanche, 19 septembre.

Écrit lettre, journal. Allé à la messe de midi dans l'affreuse église de la Palud. Quête pour les âmes du purgatoire..... On ne répond pas : « Dieu vous le rende, » mais une formule insaisissable. Dans un des plus sales quartiers de Marseille, l'ancienne église de Saint-Victor, située au-dessus du fort Saint-Nicolas et du port ; elle tenait à une abbaye. Le chœur est entouré d'un revêtement de gros murs flanqués de contreforts carrés en forme de tours ; aspect sévère et féodal. L'intérieur appartient au type de la Provence et du Comtat, mais semble postérieur. On dit les vêpres, je n'ai pu circuler. — Quelle sérénité, quel calme bienfaisant respirent ces chants religieux, cette psalmodie de vêpres ! Ils semblent vous pénétrer de cet esprit de tendre recueillement et de lassitude du monde qui est le propre de l'*Imitation*. Ils vous chantent : A quoi bon tant de fatigues pour satisfaire une curiosité vaine? Ce n'est pas celui qui sait beaucoup ni qui a vu beaucoup qui trouve la paix.

Sous l'église, une crypte irrégulière, dont une partie est en cintre roman à voûte élevée ; plusieurs passages et chapelles sans plan. Une grotte taillée dans le roc, et certainement très-ancienne. On dit que là se réunissaient les premiers chrétiens, que saint Lazare, Madeleine et Marthe s'y sont réfugiés; on y montre une sorte de siége circulaire sans dossier, taillé dans le rocher. Dans des salles voisines débris de tombeaux; quelques-uns paraissent très-anciens; disposés en tiroirs et superposés, comme aux catacombes de Rome. Une Vierge noire tenant l'enfant, statue byzantine qui porte des traces de peinture ayant l'éclat de l'émail; bleu, rouge vif, et or.

En sortant, suivi tout le long du port. Longue file de vaisseaux amarrés et serrés, qui me fait plus d'effet vus ainsi, à pied, et de plus près; sur le quai bouges ignobles de matelots, d'où sortent des figures barbues et sauvages. — Embarqué devant la Cannebière pour le château d'If. Traversé le port à la rame, entre deux rangées de navires; l'eau est épaisse et trouble. En dehors on déploie les voiles; deux

voiles latines, une toute petite en avant de
l'autre pour mieux saisir et couper le vent.
Temps voilé, brise fraiche de l'est. Le bateau
file lentement, enlevé d'une façon charmante
par les lames qui nous aspergent de quelques
vagues tièdes. Une foule de petites barques
passent autour de nous.—Quoi de plus gracieux
et de plus grand, de plus touchant et de plus
terrible, de plus calme et de plus tourmenté,
de plus varié et de plus infini que la mer?— Délicieuse mer, légèrement ondulée, d'un ton bleu
clair, frais, limpide; bercé pendant une heure.

Les trois petites îles s'approchent. Entre les
deux plus grandes, réunies par une jetée, des
navires en quarantaine. L'îlot d'If est entièrement couvert par le fort, de construction
ancienne. Deux grosses tours rondes massives
à l'entrée. Une cour intérieure encadrée de
bâtiments; au-dessus terrasses et tours. Tout
cela est occupé par des prisons. On montre à
la file les donjons plus ou moins authentiques

d'une foule de gens : Mirabeau, chambre basse et sans jour ; Philippe-Égalité ; le Masque-de-Fer, assez grande chambre entièrement noire. Quel supplice que l'inaction dans l'obscurité ! Pour terminer, le cachot de l'abbé je ne sais qui, et le trou où a été enchaîné Monte-Christo, qui jouit d'une grande popularité en ce pays, et dont on parle comme d'un être réel. Je suis conduit par un brave soldat poitevin qui a vu beaucoup de pays, et qui déclare que cette mer ne vaut pas l'Océan, qui est bien plus grand, qui a des marées, etc. Des plates-formes la vue est belle ; mais l'étendue de la mer est bornée par les deux autres îles. La baie de Marseille se présente bien. Revenus en une heure ; mouvement dans la rade ; barques de promenades, remorqueurs, un charmant cutter d'amateur, d'une rare élégance de marche. — Les Anglais ont bien raison de dire *she* du *ship*[1].

---

[1] Vaisseau est féminin en anglais.

— L'ancienne *Seine* de Rouen réduite à un ponton. — En revenant je suis *engueulé* par une société de jeunes Marseillais dans une barque, qui crient : « A bas le *lorgnon !* » Tenu bon.

Rentré dîner, écrit mon journal, couché à neuf heures et demie.

Lundi, 20 septembre.

DE MARSEILLE A ORANGE.

Départ à six heures par le chemin de fer. Le chemin part des hauteurs, et les suit en vue de la mer pendant une demi-heure. Banlieue peuplée, suite non interrompue de villes et villages coquets au milieu de jardins d'une végétation admirable, luxuriante, qui montre ce que peuvent devenir ces pentes du Midi avec le soleil, si l'homme y prend un peu de peine, y refait le sol, et y ramène l'eau. Environs charmants.

Au loin la mer se découpe en baies, en anses couvertes d'habitations, de hameaux, de verdure. Les collines tombent à pic dans la mer. Les stations dans la banlieue sont très-rapprochées l'une de l'autre. On passe un long tunnel qui perce la petite chaîne dure et escarpée qui borde le rivage sans interruption autour de Marseille.

Arrêté à Saint-Chamas pour voir le pont Flavien, à un quart d'heure de la station. Joli paysage; un village assis sur une pente verte et cultivée qui descend aux rives de l'étang; le pont jeté sur un petit ravin rocheux encombré de figuiers sauvages. Une seule arche, accompagnée de deux arcs de triomphe; bas, mais toujours sage, simple, net, bien assis. Aux angles, des pilastres plats, cannelés, à chapiteaux corinthiens. Des frises à enroulements simples et élégants; au milieu une inscription en beaux caractères, encore très-lisible : *Flavius flamen Romæ et Augusti testamenta fierit jussit*, etc. Ce que je trouve de plus beau est l'arche même du pont, quoique pas très-large, mais si ferme, si assurée dans ses dimensions bornées : gros blocs, belle maçonnerie.

J'arrive en retard d'une minute pour reprendre le convoi. Après bien des combinaisons, je ne vois pas d'autre ressource que de retourner à Rognac par un train descendant à neuf heures et demie, pour y reprendre l'express à dix heures et demie. — Repassé devant Arles; les ateliers, les coups de marteau, le sifflement des locomotives; contraste frappant : le long des Aliscamps, des demeures silencieuses des générations passées qui sont depuis si longtemps entrées dans leur repos, le tumulte, l'agitation, le mouvement bruyant et désordonné des générations présentes, qui se hâtent de passer.

Plaine monotone jusqu'à Tarascon, où l'on arrive à midi, et où je fais à la station un détestable déjeuner. Petite ville triste et morte.

Encore les mêmes costumes qu'à Arles et la belle race de femmes ; des types d'une régularité, d'une noblesse et d'une pureté de traits surprenantes. Suivi le Cours menant au pont suspendu ; à côté, l'église Sainte-Marthe et le château. — Ici on se moque un peu trop des voyageurs, et on les fait *trimer* d'une façon rare. Le concierge du château me renvoie à la mairie pour avoir une permission ; de la mairie, où l'on n'en délivre pas, chez le premier adjoint, qui est à la campagne ; du premier adjoint chez le maire absent ; de là chez le second adjoint, qui est sorti ; et enfin renvoyé au *cercle*, où doit être le maire. J'arrive au cercle, une chambre haute au-dessus d'un cabaret, où quelques personnes sont attablées à la bouillotte. Le maire, prévenu, me laisse debout, sans tourner la tête ni sembler s'apercevoir de ma présence. Quand je m'avance et le prie de vouloir bien signer cette permission, il sourit d'un air content en disant qu'il ne le fera pas ;

il parle d'une défense de la préfecture, ne me donne pas d'explication; impertinent et malotru. Je sors exaspéré; la défense me paraît une feinte inventée pour le plaisir de turlupiner un étranger.

A l'église Sainte-Marthe. Le portail méridional, roman, du XIIe siècle, est très-beau. Il est surmonté d'un haut entablement coupé par des pilastres et des colonnes cannelées, saillantes, tout à fait antiques. On restaure la façade principale; on en dégage une petite porte romane et une ogivale irrégulièrement placées. — Promené sur le pont suspendu de Beaucaire. Le Rhône, sans îles, ne me semble pas tout à fait aussi large ici que la Loire à Tours. La ville de Beaucaire, dont les quais forment de grandes esplanades plantées où se tient la foire; au-dessus, un rocher pointu surmonté de quelques murs et d'une tour crénelée du château. Elle semble triste et abandonnée comme la voisine d'en face. Les deux vieux châteaux, l'un dans le Rhône, l'autre sur son rocher, se regardent tristement. Ils ont abrité les gaietés, les joyeusetés, le luxe, ou protégé le commerce et le mouvement d'un autre âge.

Je veux en avoir le dernier avec M. le maire; je passe chez M. R..., l'adjoint, qui est rentré, et qui me signe très-poliment mon billet. J'entre donc au château. Il est appuyé sur un récif du Rhône; massif, imposant et conservé dans son intégrité. Le château proprement dit est une masse carrée, peu grande, à murs épais, d'une belle et solide maçonnerie. A l'ouest, l'entrée est flanquée par deux énormes et superbes tours rondes. C'est comme bâti d'hier. L'eau bat le pied du château, qui a une enceinte de larges fossés. Il sert de prison. La cour intérieure est très-curieuse; petite, carrée, engloutie au fond de hauts et énormes bâtiments, dont les murs droits l'entourent de tous côtés; donne bien une idée de l'aspect sombre et renfermé de ces demeures du moyen âge; et celle-ci est une des plus spacieuses et des plus confortables sans doute.

Dans la tour du sud, la chapelle, joli petit vaisseau du xve siècle; l'abside est séparée en compartiments par de simples et jolies colonnettes descendant de la voûte. Au-dessus, la chapelle particulière du roi, plus basse, peu décorée et reblanchie. Dans la partie nord, les appartements du roi et de la reine, salons, chambres à coucher, entièrement passés à la chaux. Dans la partie qui donne sur le Rhône, trois grandes salles superposées très-belles, avec plafonds en bois à grands compartiments, portant des traces de peinture. De la plate-forme des tours la vue s'étend sur toute la plaine environnante, terminée partout par des chaînes de collines. Avignon est caché. Tous les lieux que nous avons parcourus se groupent autour de Tarascon, qui en fait le centre : Saint-Remy, au pied de ses petites montagnes; Montmajour, de l'autre côté; Arles et les tours de l'amphithéâtre. En face, sur le penchant d'un coteau, Remoullins, qui touche au pont du Gard.

Repris le train à trois heures et demie; songé à aller demain tout droit à Lyon, si la fatigue continue. — Grande plaine plate. Pont de la Durance. Avignon et la masse du palais, qu'on voit longtemps. Sorgues, petit village avec frais ombrages et maisons de campagne; c'est la fin du cours de la charmante fontaine; le chemin s'éloigne du Rhône. A cinq heures et demie à Orange.

Mardi, 21 septembre.

D'ORANGE A VALENCE.

Sorti à neuf heures. Temps couvert et voilé. La ville d'Orange est située sur un ruisseau d'un vert laiteux. Rues tortueuses, une grande place entourée de cafés, le grand ornement de ces petites villes du Midi. A l'extrémité de la ville, sur une place, le théâtre romain, au pied d'une colline sur lequel il s'appuie, et dominé d'un piton que couronne à présent une sainte Vierge colossale. Les Notre-Dames immaculées, *custodes*, ont remplacé les calvaires.

On tombe d'abord en face du mur qui formait le derrière de la scène, conservé dans toute sa hauteur, et l'on est écrasé de l'aspect de cette masse tout unie, si imposante, une des plus saisissantes choses que j'aie rencontrées. Le grand mur tout droit est divisé par cinq ou six corniches à hauteurs différentes en bandes horizontales. A la partie supérieure, deux rangs d'énormes pierres en saillie pour la solidité et l'effet, comme au pont du Gard, et aussi sans doute pour tenir les mâts des *velaria*. A peu près à moitié hauteur, une rangée de grandes arcatures à chapiteau carré, tracées sur la pierre. Au bas, une autre rangée d'arcades cintrées, toutes d'élévation et de diamètre différents, comme dépareillées. Singulière négligence des détails. Cette série d'arcades est interrompue par une grande porte principale, élevée, carrée, et deux plus petites sur les côtés. Rien de plus colossal et de plus majestueux que ce mur d'une hauteur prodigieuse; œuvre cyclopéenne; il est bâti en énormes blocs de pierres assemblées exactement sans mortier. Quels instruments pour les monter à cette hauteur !

A travers les arches on aperçoit la pente à présent verdoyante de la colline où s'étageaient les gradins, dont le roc et l'herbe ont repris possession. Un seuil de géants. Entré dans l'enceinte. Il ne reste des gradins que quelques rangs inférieurs bien conservés. Magnifique effet de cet amphithéâtre taillé dans le roc; c'était une montagne qui servait de siége à l'assemblée du peuple; et en effet, qu'est-ce qui pouvait faire face à cette gigantesque scène ? Presque tout le côté de l'est est engagé dans la montagne ; à l'ouest, une bonne partie est dégagée ; sur le flanc, encore un grand pan de mur latéral qui se tient debout.

A l'intérieur, la partie la plus curieuse et la plus compliquée est le mur de la scène, encore garni d'une foule de dispositions. Dans quel but cette hauteur prodigieuse ? Renvoyer la voix vers les spectateurs sans doute. Le mur est divisé en trois parties. Au milieu grande porte carrée qu'on nomme porte Impériale ; elle était évidemment entourée d'un portique : colonnes, fronton, etc. Au-dessus de cette porte, à une grande hauteur, est creusée une niche immense, où l'on croit qu'était une statue d'Apollon. On grimpe jusque sur le faîte de cette niche. De chaque côté de la scène en retour, deux grands pavillons carrés de la hauteur du mur du fond renfermaient les escaliers, les chambres des acteurs ; celui du sud-ouest est vide ; quand on est enfermé entre ces quatre murs de blocs gigantesques, qui semblent l'intérieur de la tour de Babel, on se sent confondu. Sur les faces que ces pavillons présentent à la scène il y a les traces de trois portiques superposés. On suppose que c'étaient des loges d'avant-scène destinées aux grands personnages. A l'un de ces portiques il reste encore une colonne debout, la seule. Tout ce fond de scène était recouvert de revêtements somptueux. On conserve quantité de débris de statues, de frises, de sculptures très-délicates ; des fûts de colonnes, des fragments de tous les marbres les plus beaux et les plus variés, d'Afrique, de Grèce (non d'Italie), de Paros, brèches, jaune antique, vert de mer.

Ainsi le fond du théâtre n'était pas fermé ici par de grandes colonnes, comme à Arles, ce qui est plus élégant et plus grec, mais par une façade gigantesque somptueusement décorée, enrichie de frises, de portiques, de statues. Quand on compare cela à nos petites découpures de carton, qui se tiennent à peine sur leurs pieds, que nous faisons pitié ! L'art misérable du décorateur ne pouvait être fait pour des peuples qui portaient le sentiment du grand et du sérieux dans leurs jeux, pour des peuples doués du sens du beau, principalement de ce sens des arts plastiques qui distinguait l'antiquité. C'est bon pour nous, qui ne saurons jamais ce qu'est la statuaire et la danse, de nous contenter de hochets aussi minces et aussi grossiers. Mais comment concevoir les statues grecques ou le mouvement grave, cadencé, toujours solennel de la danse antique, ayant pour fond du carton ridiculement taillé ? Il leur fallait la beauté des lignes, le calme du fond où reposer les yeux, la lumière du jour et la grandeur des scènes. Le vrai décor antique devait être beau, durable, artistique, et non pas un trompe-l'œil ; de beaux portiques, formant autour des héros une scène de convention, ou laissant voir la mer, comme à Agrigente, comme à Salamine. Et quelle scène mieux appropriée à tous ces héros pour venir déclamer leurs malheurs ou célébrer leur gloire, que le ciel ou les flots de Grèce et de Sicile? Hécube et Agamemnon, Prométhée et les Choéphores, les Perses n'étaient-ils pas là sur leur vraie scène, plus naturelle que ne l'eût été tout essai d'imitation?

Parcouru à loisir ces grandes ruines : les talus gazonnés de l'ancien amphithéâtre et les flancs de la montagne sont couverts de la brume d'automne. Promené à tous les étages de couloirs parmi les touffes de figuiers qui sortent des pierres. Grimpé dans le pavillon au-dessus de la scène. Au-dessous, le petit jardin du gardien étend son humble bande verte; ses figues sèchent à côté des fragments de marbre rangés. J'aurais passé deux heures non troublées, n'était le vieux gardien qui, au milieu de tous ces grands débris qui se dressent comme autant de questions devant l'imagination étonnée, fait étalage d'un aplomb et d'une assurance désolante. Il vit dans un monde tout antique, et appelle familièrement les Romains *ces messieurs*. L'amphithéâtre lui est aussi clair que sa petite chambre. Il a fait deux bons modèles en pierre qui se démontent, du théâtre actuel et restauré. Enfin il a usé patiemment sa vie sur ce monument.

A côté, une porte latérale donne accès dans un hippodrome; deux colonnes doriques, un fronton bien conservés; style simple et beau. On déblaie. Cet hippodrome était immense; il avait des gradins en bois. — A l'autre extrémité de la ville, un arc de triomphe. Le côté le mieux conservé regarde l'extérieur. Là on peut juger encore de l'habile économie des lignes, de l'étonnante profusion et de la richesse des ornements qui couvraient ce monument. C'est évidemment surchargé; ce n'est pas la pureté et la sobre élégance des monuments grecs. L'œil est ébloui de tant de pompe et distrait par tant de détails. La disposition de l'ensemble et le mouvement de l'édifice sont très-beaux; tout est dans l'arrangement décroissant des différents étages. Belles proportions; toujours un peu massif, carré, solide comme le roman.

Trois arcades, dont deux bien plus basses sur les côtés; deux colonnes corinthiennes aux angles. L'arche centrale seule a un portique avec deux colonnes corinthiennes cannelées de chaque côté, supportant un entablement et un fronton à arêtes très-saillantes, profondément creusées et ornées de moulures et d'ornements de toutes sortes. Ce portique central est noble et imposant. Au-dessus des arches de côté, trophées d'armes sculptés à grands traits. Au-dessus de cet étage, deux larges et hautes frises ou entablements séparés par des corniches. Au troisième étage, un panneau central servant de couronnement représentant un combat de cavaliers; très-ancien et pas du meilleur style. Autour du cintre des arcades, de charmants enroulements de fleurs et de fruits d'un travail très-délicat; il en reste des traces aussi sur le montant des portes. Le dessous des voûtes est couvert de très-beaux caissons octogones légèrement sculptés. Il n'y avait pas une pierre qui ne disparût sous les ornements. Les côtés en étaient couverts également. Ils sont divisés en trois compartiments par les deux colonnes des angles et deux autres intérieures. Entre chacune étaient deux statues de prisonniers; elles sont bien mutilées, mais à leur tête penchée et à leur air abattu on reconnaît des vaincus; au-dessus de leurs têtes, de grands trophées.

Pris à une heure et demie l'express pour Valence. Le temps est couvert et étouffant; des nuages bas sur les sommets de l'Ardèche. En face de Viviers, magnifique passage. Le chemin est presque dans le Rhône; les montagnes encaissent Viviers, couronné de son abside, et qui est situé sur un mamelon isolé. On voit le Rhône venant de loin au pied de la chaîne des Cévennes, qui s'avancent jusqu'au bord du fleuve. Vers Montélimart encore un très-bel endroit : grande ligne de rochers et de pics à droite. Ce qui distingue le plus ceci des autres grands fleuves, c'est la lumière méridionale splendide, le courant impétueux. Montélimart, située en pente, avec de vieilles fortifications. Après Loriol, on traverse la Drôme, qui, comme la Durance, est à sec.

Arrivé à Valence à trois heures et demie. A l'hôtel de la Poste, où l'on me donne une bonne chambre avec fauteuil, canapé; un petit comfort qui me réjouit.. Sorti par la ville; il ne reste plus de murailles. Belle promenade en terrasse d'où l'on a vue sur le cours du Rhône, brillant au milieu d'une verte vallée plantée de bosquets de mûriers; plaisant pays. En face belles montagnes, et, sur un piton isolé, les ruines du château de Crussol. La cathédrale : petite église, extrêmement remarquable pour son unité, sa simplicité, son effet charmant. Type roman, avec des caractères qu'on ne trouve déjà plus dans les églises du Midi.

Traversé la ville, qui est petite et a des rues étroites et tranquilles. Revenu par le bord de l'eau ; pont suspendu sur le Rhône, dont le courant est d'une rapidité effrayante. Rentré fatigué ; écrit mon journal jusqu'à près de dix heures.

Mercredi, 21 septembre.

DE VALENCE A LYON.

Pris à sept heures et demie le convoi pour Vienne. On voit fort bien le Rhône dans cette partie du chemin ; les plus beaux passages sont ceux où il est bordé de montagnes sur ses deux rives. On voit alors de vastes horizons où le Rhône fuit au loin à travers les lignes de ces gracieuses montagnes, éclairées d'une lumière claire qui est encore un peu celle du Midi, mais déjà tempérée et charmante. Quelques courbes extrêmement douces, mais *trop peu*; en général, la ligne des hautes collines de la rive droite se poursuit uniforme. Les coteaux sont couverts de vignes et de mûriers. Quelques prairies, des peupliers, des troupeaux paissants. C'est une nouveauté. Près de Valence l'embouchure de l'Isère, un peu moins à sec que la Durance. Aux environs de Tain et de Tournon charmante vue; on aperçoit les petites croupes de l'Ermitage.

Avant d'arriver à Vienne bords charmants, plus petits, doux et riants. Les collines de la rive droite sont semées de gais villages. Condrieu, charmante position. Au-dessus de cette rangée de collines, on aperçoit des sommets plus élevés, déjà les montagnes du Forez.

A Vienne à dix heures. Pris une lettre à la poste en passant. Suivi les quais, à présent mornes et déserts; le vent du midi amoncèle de gros nuages et fait voler des tourbillons de poussière. L'intérieur de Vienne est sale et laid; mais la situation et la vue du pont sont charmantes. Coteaux sur les deux rives; la ville elle-même assise en pente entre l'espace que laissent deux collines verdoyantes, dont le sommet est couronné de quelques ruines. De l'autre côté le faubourg Sainte-Colombe, avec une vieille tour carrée du moyen âge. Le Rhône contourne des collines que termine la silhouette hardie d'une haute montagne; ses eaux sont d'une couleur ravissante, d'un vert tendre et laiteux qui à l'horizon prend des reflets bleus très-doux. Visité la cathédrale, le musée, le temple.

Temple d'Auguste, de forme semblable à la Maison-Carrée, moins élancé et moins délicat de proportions. Il est très-gâté. Dans les murs, entre les colonnes, on voit des restes de fenêtres flamboyantes ; façade à six colonnes corinthiennes cannelées, beaux chapiteaux ; fronton ; plus de traces de frise ni d'ornementation. La façade postérieure est semblable. Sur les côtés quatre colonnes seulement. Ce temple paraît comme raccourci. — On avait commencé la restauration ; mais l'État a interrompu les travaux, parce que la ville n'a pas rempli les engagements qu'elle avait pris.

Cathédrale Saint-Maurice. Le portail est du xve et du xvie siècle ; très-massif, très-élargi, flanqué de deux tours basses, et soutenu sur le côté d'énormes et lourds contreforts. On sent dans toute cette masse, qui ne peut porter son propre poids, le grand effort du moyen âge épuisé et retombant sur lui-même ; s'ingéniant, se tourmentant, se perdant en mille formes et dessins bizarres et contournés. Aridité et stérilité dans la décoration de cette époque ; le type en est emprunté en général aux feuilles de chardon, sèches, dures, piquantes. Entre les deux tours une fenêtre flamboyante à cintre très-surbaissé, formant rosace au sommet. Les trois portails, pris en eux-mêmes, forment un bel ensemble de l'architecture du XVIe siècle : finesse des ornements; pignons dentelés surmontant les ogives; dans les tympans petits sujets sculptés, guirlandes de feuillages, etc. A l'intérieur c'est un très-vaste édifice, qui produit en entrant une certaine impression de grandeur, quoique les voûtes soient basses. Surtout au fond du chœur la voûte s'affaisse sur l'église, et pèse sur elle au lieu de la soulever. Quoique de différentes époques, les diverses parties ont été reliées habilement, et l'aspect de l'ensemble présente de l'unité. Il n'y a pas de transsept; la monotonie des lignes n'est pas coupée. A l'intérieur des arcades, de très-beaux chapiteaux magnifiquement sculptés dans l'ample style du XIVe siècle, avec animaux et personnages entremêlés de feuillages.

— Dans une chapelle de l'abside un beau vitrail du XIIe siècle.

Musée. Depuis l'incendie, qui a détruit avec la bibliothèque quelques antiques et surtout le petit groupe des deux enfants, si célèbre, le musée est sous les halles, dans un enclos de planches mal fermées, ouvert à tous les vents et à la poussière; c'est honteux pour la ville de Vienne. Tout est encore pêle-mêle. Je n'ai remarqué que quelques bustes assez beaux et des bas-reliefs.

Saint-André-le-Bas. Curieuse église du XIIe siècle; elle est engagée de tous côtés. L'intérieur est misérablement peint de décorations à la colle. Une seule nef assez large; arcades légèrement ogivales, et fenêtres romanes au-dessus. Pilastres plats, avec des chapiteaux fort curieux; des personnages formant d'assez beaux groupes.

L'Aiguille, monument composé d'un soubassement carré percé de quatre arcades égales;

surmonté d'un cône ou obélisque en pierre à quatre faces, fermé de gros blocs; le tout sans sculptures. J'ai manqué de voir ce qui fait presque le principal intérêt de la ville; Mme Michou est absente, et ses statues sont sous clef.
— Je prends l'express à cinq heures, et j'arrive à Lyon en trois quarts d'heure. Les collines diminuent; mais les bords du Rhône sont encore fort agréables jusqu'à la banlieue de Lyon. Prairies, pays verdoyant et frais; c'est un tout autre caractère. On passe le Rhône avant d'entrer en gare. Il fait déjà presque nuit; l'arrivée est frappante, et la position de cette ville est majestueuse; on vient de traverser un grand fleuve, et de l'autre côté de la gare on aperçoit les hautes collines qui en bordent un autre (Fourvières). La ville est assise entre les montagnes de ses deux fleuves, et les entoure. Pour aller à l'hôtel on ne traverse que les nouveaux quartiers; Bellecour, place immense; la rue Impériale, très-longue percée. Mais c'est en-

core Paris; c'est la rue de Rivoli et ses constructions uniformes; cela devient monotone. Hôtel de Lyon : une copie en petit de l'hôtel du Louvre. On me donne une chambre ridiculement petite, mais fraîche et propre.

———

Lyon, jeudi, 23 septembre.

Levé à huit heures. Étudié le plan de la ville; écrit le journal d'hier. A onze heures à Saint-Nizier; la façade donne sur une place, près de la Saône. Église de la fin du XVe siècle dans sa plus grande partie, une, complète, assez vaste. C'est un curieux exemple d'un ensemble très-harmonieux, très-agréable et satisfaisant le goût, quoique formé d'éléments très-disgracieux. Les piliers de la nef se composent d'un faisceau de huit colonnes, quatre grosses et quatre petites; fenêtres à plein cintre bas, ornées de grosses découpures flamboyantes.

Bâtard de forme et laid de dessin, pris en soi. Voûte très-surbaissée, et décorée d'une façon très-compliquée d'ogives insérées obliquement entre les nervures de la voûte, et de figures contournées à rendre le sens du dessin méconnaissable (caractère du siècle, formes défigurées). Cette réunion, quand on n'analyse pas, compose un effet d'ensemble charmant. Les proportions sont très-heureuses ; l'église est bien ouverte, spacieuse, noble ; l'abside surtout, vue de l'entrée, est d'un bon effet ; la courbe, peu profonde, en est gracieuse, et très-bien calculée pour s'allier avec la hauteur et le degré de surbaissement des voûtes. La perspective est très-jolie. Façade avec deux petites tours et flèches en pierre ; rien de saillant. Du dehors l'abside fait un très-joli effet. Couronnement très-léger et délicat.

De l'intérieur de la ville on a bien vite gagné un quai ; la bande est étroite entre les deux rivières, et à l'extrémité des rues on voit les collines. Suivi la rue Mercière, grande ruelle sombre où ne passeraient pas deux voitures. Si le vieux Lyon était ainsi, il avait besoin de changement. Revu la place Bellecour, frappante par sa grandeur, mais mal plantée et mal tenue. Gagné les quais de la Saône. Bel aspect. C'est charmant de voir ces collines pittoresques s'élever au-dessus même des maisons et du bruit d'une grande ville; la pente est trop escarpée pour que ce soit bien bâti; quelques maisons seulement y grimpent, couronnées par le vilain clocher de Fourvières. Plus loin, sur un espace étroit entre la rivière et la colline, la cathédrale et l'archevêché. Au loin, la courbe des grands quais de la Saône avec des lignes d'énormes maisons; plus haut, sur les pentes de la Croix-Rousse, d'autres maisons aussi élevées s'étagent et bornent la vue au tournant de la rivière; original et grand. La Croix-Rousse est sur la pente qui domine la ville; Perrache entre les deux rivières; Vaise et Fourvières sur l'autre rive de la Saône ; c'est le Lyon antique. La Guillotière et les Brotteaux sur la rive plate du Rhône (rive gauche) : c'est le Lyon en formation. La Saône n'est pas aussi large que la Seine à Paris, et son cours est très-lent : *incertum qua fluret*. Entré à Saint-Jean, et resté une bonne heure pendant les vêpres des chanoines. On laisse visiter, et on vous facilite avec beaucoup de bonne grâce.

Cathédrale Saint-Jean. L'intérieur, en entrant, fait bien l'impression particulière à nos grandes églises du XIIIe siècle ; impression de majesté et de recueillement, de paix bienfaisante qui saisit et élève. Seulement ici il n'y a pas de perspective ; le chœur est trop bas et trop court. La nef est très-belle ; elle se compose de huit travées ; ogives de cette courbe encore forte et pure, un peu ramassée, dont le XIIIe siècle seul a eu le secret, qui garde quelque chose de l'ampleur romane vivifiée par un souffle de poésie. Le chœur est antérieur, ainsi que les transsepts ; les voûtes sont plus basses. Vitraux du XIIIe siècle, rappelant ceux de la chapelle de la Vierge à Saint-Gatien ; plus vifs de nuances, moins de douceur. Dans la fenêtre à lancettes du transsept nord une petite verrière d'une finesse de teintes, d'un mélange et d'un moelleux charmants. L'extérieur est beaucoup moins intéressant. La façade ouest est large, massive, trop plate ; trois portails peu profonds, à nombreuses voussures avec petites figurines, surmontés de grands pignons. Au second étage, la naissance des deux tours est épaisse ; elles sont terminées par une balustrade. Au centre, une rosace flamboyante à fort joli dessin et un petit pignon avec fenêtres à jour donne de la grâce au sommet.

Retraversé le pont de Tilsitt, qui va de Saint-Jean à Bellecour, et redescendu la Saône jusqu'à Ainay, l'ancienne *Ara Lugdunensis*. L'église d'Ainay, du XIe siècle, est une courte et lourde église romane, sans intérêt ni mérite au point de vue de l'art. Revenu tout le long des quais du Rhône, qui sont plantés. Un brouillard gris et sombre, comme si l'on était à la fin d'octobre, est descendu sur la ville et les fleuves. Quel contraste à si peu de distance : Marseille et son été, et la lumière étincelante ! Je ne m'en plains pas, du reste : cela repose et rafraîchit un peu. Le Rhône est déjà ici un fleuve majestueux. Au pont Morand on approche du beau quartier; le quai Saint-Clair, au pied de la montagne de la Croix-Rousse, belles maisons en demi-cercle.

La population a triste mine; petite, malingre; les femmes ont l'air vieilles de bonne heure. — Du pont Morand on est vite au théâtre, où aboutit la rue Impériale; à l'hôtel de ville, qui a une élégante façade; aux Terreaux, belle place, et au palais Saint-Pierre. Rentré, écrit à ma mère. — Dîné au restaurant, en face d'un vieux monsieur allemand qui a parcouru le monde entier et revient de Constantinople. Le Bosphore et la baie de Rio de la Plata sont les plus belles choses du monde, dit-il. Il devient très-amusant quand il veut me démontrer que l'Espagne est morte tant qu'elle restera catholique.

Vendredi, 24 septembre.

DE LYON A MACON. VISITE A L'ÉGLISE DE BROU.

Matinée sombre et fraîche; c'est l'automne; un vrai bouillard ferme les grandes percées et couvre les hautes maisons de Lyon. Quel aspect nouveau! — Suivi tout le long les grands quais du Rhône pour aller gagner la gare de Genève, qui est à une grande distance; on passe au pied des rochers escarpés et des coteaux verdoyants de la Croix-Rousse; on met près de trois quarts d'heure pour arriver à la gare de

Saint-Clair, au bord du Rhône. Parti à sept heures et demie pour Bourg. On file entre le Rhône et une ligne de petites collines qui vont s'abaissant sur sa rive droite; villages sur leurs pentes : Montluel, Meximieux. A Ambérieux, point de jonction des trois lignes, on rencontre les premières assises de la montagne; le chemin entre dans une gorge sur les sommets de laquelle flottent des nuages gris dont quelques lambeaux tombent en pluie.

Quel contraste ! ici la verdure terne qui absorbe l'eau et se nourrit de brouillard; là-bas, les nuances se perdant et s'illuminant dans la lumière. — Il y a une grande activité à cette petite gare d'Ambérieux. — Si près de Genève, il faut du courage pour lui tourner le dos; quelques heures, et je serais sur les bords du lac. — Cela me fait pitié de voir afficher des trains de plaisir pour le lac de Genève, Chamounix, le grand Saint-Bernard, etc., 130 fr., tout moyen de transport et *guides* compris. On ira là comme à une baraque de la foire. Le mont Blanc *organisé!* O Topffer! ta belle Suisse, ton beau lac! il est devenu un peu plus en grand le lac d'Enghien, le bassin commun des villas élégantes, la ville neutre des villas cosmopolites. Où est la cité sévère du vieux Calvin? — Chillon! Vevey! solitude! poésie! Il faudra aller vous chercher aux îles de la Sonde et au Thibet.

Le convoi continue pour Bourg. — Pont-d'Ain, petit village joliment situé sur le bord de la rivière. Pays vert, frais, humide, pays du Nord. Arrivé à Bourg à onze heures, par une pluie à verse. A midi je vais à l'église de Brou, à dix minutes de la ville, où je reste quatre heures et demie, examinant et notant. Les séminaristes viennent deux fois faire des prières, mais n'interrompent point les visiteurs, et le sacristain est très-discret.

Église de Brou. Une œuvre une, uniforme, d'une seule inspiration, où toutes les parties, et même les monuments accessoires qui ne tiennent pas à l'église sont de la même époque et du même esprit. C'est du commencement du XVI° siècle. Le caractère général de l'ensemble est gothique *flamboyant*, et non pas renaissance, mais avec une tendance à la forme cintrée dans les détails d'ornementation. L'église a trois nefs et des chapelles de chaque côté, les voûtes sont peu élevées. Les côtés des piliers sont formés par un faisceau de petites colonnettes qui montent jusqu'en haut et se dessinent sur la voûte sans interruption, sans chapiteau. Les chapelles, peu profondes, sont ouvertes l'une dans l'autre par une arcade ogivale étroite et aiguë ; chacune d'elle éclairée par une grande fenêtre. Un jubé en avant du chœur coupe malheureusement la vue ; composé de trois arcades à cintre très-surbaissé, entouré d'arabesques à jour et d'une charmante bande de feuillages, de bouquets jetés, d'une extrême délicatesse, comme *cir-*

cumludentes, et voltigeant autour de la pierre ; mais le grand art, la vraie beauté, ne sont-ils pas un peu absents sous tous ces *concetti* délicats? Le chœur est absolument semblable à la nef. Fond absidal très-élégant, d'une forme évasée et gracieuse. Cinq hautes fenêtres d'un beau développement. Les compartiments de la voûte sont on ne peut plus élégants.

Les trois tombeaux. Au centre celui de Philibert le Beau, le plus simple et le plus *mænnlich* (viril). Une épaisse plaque de marbre où le prince repose étendu les pieds sur un lion. Traits forts, réguliers et beaux, mais encore ce caractère d'ennui et de souci qui tient à ce siècle. Deux génies à la tête et deux aux pieds tenant des tablettes; deux aux côtés tenant l'épée et le casque. Rien de plus ravissant comme grâce, naturel, expression que ces petits génies, leurs mouvements si variés et si vrais, l'expression de leur douleur si naïve. Le tombeau est surmonté de larges arcades cintrées toutes festonnées et ouvragées d'un double rang de broderies à jour. Dans des niches, dix statues de femmes, dont une, à gauche, est ravissante. Elle écrase du pied un monstre hideux qui s'accroche à sa robe; elle a les mains jointes en avant, les regards baissés sur le monstre, la démarche humble et confiante; tête délicieuse et pleine de pureté; un petit chef-d'œuvre. Sous cette voûte basse, au fond, entre les colonnes, on aperçoit le duc étendu sur un drap, mourant, les bras et les jambes roidies par l'agonie. *Impressive.*

Au côté sud, tombeau de Marguerite de Bourbon, mère de Philibert. Il est engagé et adossé, et n'a qu'une face. Une voûte très-surbaissée, mais encore arrondie aux coins, et ayant toute l'élégance dont cette forme est capable. Travail du goût et de l'art le plus parfait dans un style inférieur. Une foule d'arabesques, de bouquets; la forme et le dessin principal disparaissent presque sous l'ornementation, et l'on a grand'peine à retrouver l'idée mère. — La princesse est couchée sur une plaque de marbre noir; tête fine, bonne et charmante; jolies mains. Un lévrier sous ses pieds la regarde tristement. Au-dessous, frise de petits génies dans des niches alternant avec des pleureuses drapées dans leurs manteaux. Rien de plus charmant. Vérité et variété, expression touchante et attristée dans l'attitude de tous ces personnages drapés. Le chagrin se devine.

Tombeau de Marguerite d'Autriche (femme de Philibert). Il est isolé de trois côtés. Le plus merveilleux des trois, sinon comme sévérité de style, au moins comme richesse et délicatesse de fantaisie, exécution étincelante et toujours de bon goût dans les détails. Un arc de forme surbaissée, mais élevé et élégant, à triple voussure, d'où se détachent des chiffres enlacés, des bouquets, de petits pendentifs comme des ornements de bijouterie dentelant discrètement le bord ; pureté et légèreté d'exécution exquises. Pour couronnement, une charmante galerie à jour. Aux angles, deux clochetons très-riches. Tout cela est d'un goût parfait comme proportion, et, quoique très-orné, on ne peut que se laisser aller au charme de goûter tant de fantaisie.

La reine est couchée enveloppée dans son manteau, avec une expression de souffrance. Aux pieds et à la tête, de charmants génies de la même famille que ceux du tombeau de son mari. Les pieds sont posés sur une levrette dont la tête est charmante ; endormie aussi, le museau allongé sur ses pattes, triste et fidèle.

Au-dessous, un second compartiment, une double arcade découpée. La reine mourante, drapée, échevelée, souffrante, l'air d'une Madeleine. Ceci est moins heureux que le reste. Sur le petit côté on retrouve tous les mêmes ornements entassés dans un espace beaucoup plus petit. Décidément c'est surchargé et lourd.

Autel de la chapelle absidale nord. C'est un retable en marbre blanc délicieusement sculpté. Un soubassement à deux compartiments : la Visitation et l'Annonciation. On voit sur différents plans toute la chambre de la Vierge en relief; les petites figures sont naturelles et charmantes. — Au-dessus, le corps de l'autel est divisé en trois grands compartiments fort élevés et couronnés par des pinacles. Le compartiment du centre représente l'Assomption; une foule de petits anges entourent la Vierge, qui s'élève; en bas, le tombeau vide. Les deux compartiments latéraux sont divisés en quatre scènes : l'adoration des Mages, des bergers, etc. C'est tout à fait de l'art flamand du xve siècle; on croirait voir certains types de l'école de Van Eyck ou de Mabuse tirés de la toile et placés ici en relief. C'est un ensemble ravissant.

Extérieur de l'église. Le portail ouest rappelle beaucoup de formes et de détails des tombeaux ; c'est d'un style bâtard encore plus prononcé. La façade est divisée en trois pignons ; celui de la nef centrale beaucoup plus élevé. Une fois le style admis, c'est une œuvre charmante et harmonieuse ; il y a un grand art dans la combinaison des parties, de façon à donner de l'unité aux différentes portions du monument et à les rattacher entre elles. L'ensemble forme un gracieux édifice, habilement allégé par l'artifice et sauvé par l'emploi plein de goût de formes pourtant défectueuses.

Revenu à Bourg à cinq heures et demie par des sentiers inondés ; lueurs du couchant à travers de gros nuages gris qui ne distillent pas la lumière comme dans le Midi ; un de nos mélancoliques et aimés effets du Nord. De loin Bourg est une ville sans apparence, située au milieu d'une campagne verdoyante. De petites rues proprettes (on se rapproche de la Suisse) sans mouvement, sans passants, sans bruit. Un seul monument, l'église Notre-Dame, avec tours du xıv⁰ siècle. Pris à six heures et demie le convoi pour Mâcon. Pays plat, humide, planté. Arrivé à sept heures et demie. Belle gare. De nombreuses familles anglaises reviennent d'Italie. Descendu à l'hôtel de l'Europe sur le quai ; hôtel propre et bien tenu.

Samedi, 25 septembre.

DE MACON A LYON.

Levé à sept heures et sorti. Une brise violente et glacée s'engouffre dans la vallée; la Saône est verte et hérissée, *hiems*. Parcouru la petite ville située un peu en pente. Rues propres, toutes semblables; d'assez jolis quais; rien de remarquable. — C'est jour de marché. Les paysannes bressanes, à taille haute, plate, ont une coiffure singulière : un grand parasol noir surmonté d'un petit édifice en fil de fer, le tout entremêlé de dentelles noires avec de longues barbes pendantes; c'est très-original. Grandes collerettes, corsages de velours. On sent la Suisse par le costume et l'aspect de la race, *sober-looking*, *steady*, honnête, posé. C'est l'est de la France qui a peut-être le plus de solidité et d'attachement aux vieilles coutumes. A dix heures le bateau à vapeur arrive; malgré le temps désagréable, je me lance sur l'*Avant-garde*, le meilleur des bateaux. En quatre heures et demie on doit arriver à Lyon. Sur le pont, des paysans bressans ou bourguignons, assez belle race; le reste des voyageurs, est en général une population fort laide et assez désagréable.

En quittant Mâcon, les bords de la Saône sont plats; on voit seulement au loin, à droite et dans le brouillard, la ligne des montagnes du Mâconnais et du Charolais; peut-être Saint-Point. Est-ce là, sur ces sommets indistincts, que courent les sentiers foulés par le chantre des *Méditations* et des *Harmonies*, dont les vers nous ont bercés, et berceront tous les âges? Le paysage ne devient intéressant qu'à Trévoux, jolie petite ville rose et fraîche, en pente sur le bord du fleuve, proprement bâtie. Un peu au delà les bords sont vraiment ravissants, mais la lumière manque. A droite, quelques grandes montagnes vertes et boisées; puis deux chaînes de collines parallèles, douces, peuplées, parmi lesquelles la Saône fait des détours; maisons de campagne cachées dans les arbres, ponts suspendus jetant leurs lignes légères; l'île Barbe, charmante corbeille où le roc est couronné de verdure retombante et de sa vieille tour. Délicieux endroit; mais cette réputation méritée ne dure que peu de temps. On entre ainsi dans Lyon. Les grandes lignes des quais commencent dès ce paysage, les hauteurs se couronnent de forts, et Fourvières paraît. — Temps glacé sur ce bateau. Débarqué, je ne trouve pas une voiture. Avec mes petits bagages, je vais jusqu'à Saint-Paul, qui est tout près; église autrefois dans le type de celle d'Avignon, mais remaniée à la moderne. Il n'en reste que l'abside ronde et la coupole, qui est élégante. Regagné l'hôtel, toujours enveloppé de mon châle et de mon paletot, le visage coupé par le vent comme en hiver.

A quatre heures, pris une voiture pour aller au confluent du Rhône et de la Saône, en suivant les quais du Rhône. Grande façade de l'Hôtel-Dieu. Un double pont, qui sert au chemin de fer et au passage ordinaire, est jeté sur le confluent même. Au milieu la vue est belle. Les coteaux de la Saône, que l'œil suit jusqu'à Fourvières, forment une ligne extrêmement gracieuse, et sont couverts de châteaux et de jardins. Les deux fleuves accourent l'un vers l'autre : la Saône, *lentus;* le Rhône, *præceps;* la Saône d'un vert foncé, le Rhône neigeux, couleur d'opale; il rencontre les coteaux de la Saône, contre lesquels il va frapper et qui détournent son cours, mais c'est bien lui qui poursuit sa route; il a le plus de dignité, et, grossi du nouveau fleuve, il garde son caractère. Pourquoi ne fait-on pas à cette pointe quelque beau monument, comme à Coblentz?

Suivi par la Guillotière et les Brotteaux, villes naissantes et décousues; de petites baraques en pisé, et de grandes maisons de six étages par îlots au milieu de la plaine. Une belle avenue. Le monument expiatoire de 93, en style dorique, lourd, mais simple, et ressemblant un peu à une crypte romane. Toute cette nouvelle ville est bâtie comme une proie au Rhône. — Le nouveau parc de la Tête-d'Or se plante. Il faut que Lyon ait aussi son bois de Boulogne et son lac. Jusqu'à présent ce ne sont que de grandes prairies plantées de saules et de peupliers, et quelques massifs perdus çà et là. Cela aura un peu l'aspect d'un parc anglais. Aujourd'hui on y grelotte sous ce ciel de décembre; je rentre transi. Après le dîner, écrit mon journal. Je suis assez heureux de ne plus me savoir que trois jours de voyage.

Lyon, dimanche, 26 septembre.

Levé à sept heures et demie. Toujours le temps gris. — A huit heures et demie, parti pour Fourvières par le pont qui est en face de Saint-Nizier, la place au Change, *a large flight of steps*, puis la roide et longue montée ou ruelle Saint-Barthélemy, entre des murs de couvents, des hospices, l'Antiquaille, et de petites boutiques qui se multiplient à chaque pas. Une procession de gens qui montent. Curieux aspect. Rangée de boutiques d'objets de piété, cierges, médailles, chapelets, grossières images; des marchandes qui vous sollicitent au passage avec leur accent câlin; des cafés et des restaurants échelonnés, des bouteilles rangées aux devantures, faisant pendant aux saintes Vierges. Un tel tient café au lait, chocolat, et objets de dévotion.

Fourvières, petite église prétendue byzantine, d'un mauvais goût parfait, avec la statue dorée élevée en 1852 sur le clocher. Derrière l'abside je suppose que la vue doit être très-belle, mais un rideau uniforme de brume grise permet à peine de rien distinguer. La masse de la ville s'étend au-dessous sur la presqu'île; Saint-Jean et Bellecour, la grande ligne des quais; la Croix-Rousse en amphithéâtre, menace suspendue au-dessus de la ville de Lyon; les énormes façades à fenêtres serrées montant les unes au-dessus des autres. C'est de ce côté la plus belle vue; au loin les collines vertes du Rhône qui tournent, et ses eaux serpentant dans les prairies. C'est au-dessus de cela qu'il faudrait voir les Alpes. A droite, on voit jusqu'au confluent, et la courbe des collines de la Saône. Magnifique assiette de la ville. — Comme toutes les villes *descendent!* Rome, Paris, Lyon, bâtis aux flancs des collines; toutes les villes du moyen âge sur des sommets : Carcassonne, etc. Il n'y en a pas qui aient monté dans leur déplacement.

L'intérieur de la chapelle est encombré. Aspect sale. — Ce n'est pas ma faute si ces sanctuaires vénérés ne me font pas dès l'abord une impression d'édification et de piété. Sans doute je suis trop un *délicat* en matière de religion. Après tout, pourquoi ces lieux n'auraient-ils pas une vertu? Pourquoi tant de prières pures et sincères adressées et accueillies dans un coin du monde, tant de bonnes pensées de foi, de simplicité, *all flocking in one place*, ne l'auraient-ils pas sanctifié et consacré, rendu agréable à Dieu et *efficace* aux hommes? une bonne contagion! Si la belle, vraie, touchante doctrine catholique de la réversibilité des mérites est acceptée, pourquoi ne prendrait-on pas quelque part aux trésors de mérites accumulés en un même lieu? Voilà de ces mystères que le peuple croit de cœur, et qui ne sont peut-être pas moins philosophiques pour être inaccessibles philosophiquement. — Entendu une messe basse dans l'église. Toute l'assistance est d'un recueillement, d'une gravité, d'une foi entière. L'image est en entrant à droite; petite vierge habillée.

Descendu par un passage qui abrége; la vue est tout le temps ravissante. De l'autre côté de la Saône, passé au cours des Chartreux, nouvelle promenade, dans le flanc du coteau de la Croix-Rousse, et suivant les bords de la rivière, qui fait de pittoresques détours. Le jardin des Plantes, en ruines et en friche. Redescendu par la principale artère de la ville à la Croix-Rousse; roide montée couverte d'une fourmilière qui monte et qui descend. Après le déjeuner, sorti; le temps s'éclaircit, la population est dehors. Allé au musée, où on ne fait nulle difficulté de me laisser seul après trois heures, et où je prends des notes.

Musée de Lyon. — Pesne. Une collection de dessins pour les gravures des sept Sacrements de Poussin. Très-soigneusement et sévèrement exécutée; bien dans l'esprit du maître.

L. Carrache. — Le *Baptême du Christ* ; selon l'ancienne tradition, les anges tiennent les vêtements; mais c'est vide de l'ancien esprit, ce n'est plus qu'une noblesse d'école.

Quelques bons flamands secondaires : un *Mercure et Argus*, de Jordaens; un *Saint Jérôme*, de Crayer. Ce sont toujours des types de vieillards hérissés et vigoureux, communs, que Rubens seul emplissait de son grand esprit.

Ph. de Champagne.—Une *Cène*, bien ordonnée, sage, flegmatique, caractère fortement et même trop individuel des têtes; sans doute des portraits.

Jouvenet. — Les *Vendeurs chassés du Temple*. Très-grand tableau, et très-beau. Il est remarquable surtout par le mouvement et l'énergie de la couleur. Tumulte confus; des marchands ramassant à la hâte leur or, des moutons éperdus, des bœufs qu'on presse de l'aiguillon, des mères qui emportent leur famille et leur ménage. Le Christ n'est pas très-noble, mais il est sévère et indigné, *instans, urgens*, et domine toute cette confusion.

Pérugin.—Il n'y a pas d'autre musée de province en France qui possède un tableau de cette importance. Le plus grand que j'aie vu de ce maître. Il représente l'ascension du Christ. La partie inférieure est la plus belle. Au milieu, la Vierge est debout; de chaque côté saint Pierre et saint Paul. Les autres *viri Galilæi* sont rangés de chaque côté, saint Jean en avant. Cette partie a quelque chose de grand, de viril et d'énergique, au moins dans les physionomies, car, en somme, la scène est encore conçue d'une façon contemplative. Plusieurs des personnages regardent le spectateur, et d'autres ne lèvent qu'à demi la tête, sans action. Mais l'énergie et le mouvement, le ressort de certaines physionomies sont incomparables; saint Pierre et saint Paul d'une expression sublime; saint Pierre très-maigre, la tête levée, et portant vivement la main devant ses yeux étincelants; air sévère, comme illuminé soudain de la grandeur de la succession du Christ, qui retombe sur lui. Saint Paul regarde de côté; méditation sérieuse, front haut, intelligent et inspiré. La Vierge aussi lève les yeux et avec expression; simple attitude, fort belles mains jointes. Étonnante vigueur de ton, et presque dureté de certaines nuances, qui tranchent les unes sur les autres; plus vif encore que le *Tobie* de Londres. Le Christ est faible. Il est debout dans un ovale formé par deux arcs-en-ciel, entre lesquels se voient des têtes de chérubins. Immobilité et indifférence sur son visage; il n'exprime ni la gloire, ni l'onction, à peine la douceur et la paix donnée.

Des anges portant des banderoles, à longues ceintures flottantes. Toute cette partie d'en haut se découpe sur le ciel, et flotte bien dans l'azur. — Un volet représentant saint Jacques et saint Grégoire. Très-beau. C'est peint d'un ton harmonieux et moelleux. La tête de l'évêque est surtout d'une beauté et d'un charme infinis.

Zurbaran.—Le corps de saint François mort, debout. Hideux, livide, terreux, effrayant dans sa grande robe grise. Il y a une grande force d'imagination et d'exécution; mais quelle imagination! quelle crudité! que c'est bien là le type de la dévotion réaliste qu'on soupçonne dans les églises espagnoles! C'est le mécanisme et la grimace de l'extase, conservée dans un corps dont l'esprit s'est envolé; plus rien qu'une contraction hideuse et une bouche béante, n'ayant plus de signification.

Gérard. — La *Corinne* donnée par Mme Récamier. Une jolie tête, un dessin pur, mais prétentieux. Un groupe d'officiers de l'empire qui l'admirent, et ont l'air on ne peut plus niais.

Lesueur. — Un grand tableau : le *Martyre de saint Gervais et de saint Protais*. Grande scène largement et dramatiquement conçue; tout l'appareil d'un tribunal de l'empire : les autels des dieux, les bœufs prêts pour le sacrifice, les cavaliers, les gardes. Au centre un des martyrs étendu, un adolescent; l'autre derrière, charmante figure de jeune homme qui contraste avec celles des vieux Romains. Il manque à ce tableau quelque chose de cette fleur de délicatesse qui caractérise les premières œuvres de Lesueur. Son talent allait sans doute subir une transformation analogue à celui de Raphaël, adopter des formes plus pleines, et incliner vers les derniers maîtres bolonais, comme toute l'école française à cette époque.

Granet. — Un charmant intérieur de capucins, sur lequel est répandue une de ses lumières les plus délicates et les plus agréables.

Antiquités. — Tous les portiques qui entourent la cour intérieure sont remplis de débris romains. Il n'y en a presque aucun de la bonne époque, et, en grande partie, ce sont des monuments funéraires. Pur intérêt épigraphique. Parmi ces monuments, un des plus beaux qui existent, les tables de bronze où est gravé le discours de Claude, trouvées au XVIe siècle, et mises en bon lieu depuis ce temps. Deux tables de bronze à peine entamées en haut, aussi pures et aussi brillantes que si elles étaient d'hier. Pureté, majesté, sévérité de la forme des caractères, précision dans la ciselure. Ainsi devait graver ses lois le peuple-maître; ce n'est pas le *excudent mollius æra* de Virgile. Superbe à voir. Tacite a connu le discours, et l'a modifié.

Rentré dîner, écrit mon journal, et couché à neuf heures et demie.

Lundi, 27 septembre.

DE LYON A ROANNE.

Levé à six heures encore fatigué. Allé à la gare de Perrache, et pris le train de sept heures pour Saint-Étienne. Le chemin passe la Saône immédiatement au-dessus du confluent, et suit les bords mêmes du Rhône. Des nappes de brouillard rasent la surface de la terre ; au-dessus matinée lumineuse et splendide. Beaux effets. Le brouillard pénétré de lumière ne fait qu'un avec la nappe étincelante du Rhône, qu'il couvre et où il se reflète ; les lignes de peupliers vont s'évanouissant. Sur l'autre rive, la silhouette des montagnes vaporeuse et lumineuse ; c'est la nature favorite de Turner. Givors, sur le Rhône, presque en face de Vienne, avec les courtes cheminées carrées de ses verreries. Ici on entre dans les montagnes du Forez et la vallée du Gier. Charmante route; joli bassin entouré de hautes pentes herbées semées de beaux arbres qui descendent dans les ravins latéraux. Vallée très-fraîche et nullement noircie. A Rive-de-Gier (centre des houillères), une petite désolation, un pays dévasté et ravagé par l'industrie; tout est noir; tout est débris. On ne voit que des masures et des huttes ras terre vomissant une fumée grise. C'est l'endroit le plus enfumé de toute la ligne. — Saint-Chamond, encore une ville industrielle; mais, en somme, ce chemin est beaucoup moins noir qu'on ne le dit; il y a beaucoup moins de charbon, de fumées, de cheminées et d'usines, de laideur et de *grandeur* que je ne croyais. Quand on a vu l'Angleterre ou Liége, la Meuse et Charleroi, c'est bien peu de chose que cela; le ciel est parfaitement visible, il y a plus d'arbres que de cheminées, et de brins d'herbe que de morceaux de houille.

Après Saint-Chamond, long tunnel; on traverse la ligne de séparation du bassin du Rhône de celui de la Loire ; et tout de suite on est à Saint-Étienne, à neuf heures. — Saint-Étienne n'est pas encore constitué, n'est qu'une grosse bourgade sale et mal tenue, un amas de masures qui s'étendent à l'aventure et dans tous les sens parmi les bourbiers et sur les pentes roides. Rien d'une grande ville, et, sauf deux ou trois rues autour du vilain hôtel de ville, rien même d'une ville. Je suis en grande peine de savoir comment passer mon temps ici pendant trois heures. Monté aux Capucins par des ruisseaux infects qui descendent du sommet. C'est une éminence semée de quelques maisons isolées dont les rues étreignent la base de tous les côtés. On domine la masse des toits rouges ; pas un monument. La ville et ses collines sont dans un vaste bassin encadré de montagnes peu élevées vers la Loire, et qui le sont bien davantage au nord-est. De ce côté la vue est jolie ; beau profil des montagnes, dont les pentes sont herbées jusqu'en haut. Entré à la petite chapelle ogivale des Capucins, et redescendu le plus lentement possible.

A une heure pris le train pour Roanne. On suit d'abord le vallon d'un affluent de la Loire, le *Furens*, vallon dont l'aspect ne répond nullement à ce nom; il est tapissé d'herbe fraîche, couvert de beaux arbres, encadré de gracieuses collines; il semble plutôt les rives d'un Lignon. Aux environs d'Andrézieux, on entre dans la vallée de la Loire, ou plutôt dans une grande plaine ouverte terminée par une chaîne basse de collines à l'est. La lumière est encore assez vive; ce n'est pas une nature du Nord; la chaleur est étouffante. — A Montrond, embranchement de Montbrison. On passe à Feurs, autrefois grande cité romaine, *Forum Segusianorum* (d'où Forez). On quitte la Loire après Balbigny, et on coupe en travers un pays très-accidenté; de petites montagnes où le chemin est creusé en tranchées ou en tunnels, et franchit à chaque instant de petits ravins plantés de pins.

Roanne fait un charmant effet quand on y arrive. L'horizon s'ouvre, la campagne est verte, brillante; la ville est assise au milieu; des montagnes lointaines l'encadrent. Roanne est situé sur la rive droite de la Loire; ville assez triste et mal bâtie; deux ou trois rues passables. Au soleil couchant je regagne le pont, pont de sept arches un peu dans le style de celui de Tours. Jolie vue sur les coteaux environnants. Ma Loire est déjà un joli petit fleuve; ici déjà des grèves. — L'eau qui passe en ce moment sous le pont, je la reverrai passer dans quelques jours sous les fenêtres de la Galanderie. La fraîcheur tombe, rentré.

Couché à neuf heures après avoir écrit mon journal. Dernière nuit *from home!*

SUR LA RÉSURRECTION.

SOUVENIR DU FAUST DE GŒTHE [1].

L'Église a aussi des chants de vie ; ce chant de Pâques qui exhorte l'homme à vivre, à secouer la torpeur du tombeau et à s'armer d'une force et d'une allégresse nouvelles, *in Deo, qui lætificat juventutem meam.* Souvent nous nous laissons accabler par la fatigue du jour ; nous souhaitons de déposer ce poids de gêne, d'infirmités renaissantes qui alourdissent notre route, et nous font désespérer de la marche à venir. Souvent, par notre faute, nos excès, nos intempérances de corps ou d'esprit, nous avons ralenti et corrompu le cours de la vie en nous, nous la sentons triste et stagnante. *Surge, surge,* secoue cette mort. *Christus resurrexit, et præ-*

---

[1] Cette page, déjà insérée à la fin des *Fragments*, se trouve reproduite ici, comme ayant été écrite dans les derniers jours du voyage. Elle se trouve dans le dernier carnet de notes.

cedit ros. Suis-le seulement, et son chemin affermira tes pieds et allégera ta marche. Le chœur des cloches joyeuses et claires ébranle les airs autour de toi. Réveille-toi, secoue le vieil homme et ses molles langueurs pour revivre avec le soleil, avec la nature rafraîchie et toute débordante de séve, avec le Christ tout plein de grâce.

C'est ainsi que l'Église a un jour chaque année où elle nous invite à poursuivre notre œuvre, à ne pas rester en route, à marcher gaiement, quoi qu'il advienne, à reprendre courage après la souffrance et le sommeil, à ne pas demeurer plus de trois jours au tombeau, jusqu'au jour de résurrection définitive et de vie pleine, où nous entrerons au tombeau suivant le monde, où réellement nous en sortirons pour jamais.

FIN

TABLE

Bordeaux. 6
Toulouse. 9
Luchon. 16
Course à la vallée de la Glère. 18
Course de Bosost. 22
Course de Superbagnères. 26
Course au lac Vert. 30
Course de l'Entécade. 37
Ascension de la Maladetta. 40
Course de Bacanère. 67
Course au lac d'Oo. 79
Ascension de Crabioules. 81
Course du pic Sacrous. 97
Course de Sauvegarde. 105
Ascension de la Forcanade. 115
De Viella à Castanéjo. 135
De Castanéjo à Vénasque. 143

De Vénasque à Luchon.	149
Course de Saint-Bertrand-de-Comminges.	158
Course d'Héas et du Mont-Perdu.	161
D'Aragnonet à Héas.	165
De Héas à Gavarnie par la montagne.	171
Ascension du mont Perdu.	179
De Torla à Faulo.	188
De Faulo à Salinas.	192
De Salinas à l'hospice de Gistain.	204
De l'hospice de Gistain à Luchon.	215
De Luchon à Moungarri.	228
De Moungarri à Tirbia.	236
De Tirbia à Andorre.	245
D'Andorre à Urgel.	250
D'Urgel à Bourg-Madame.	256
De Bourg-Madame à Mont-Louis.	266
De Mont-Louis au Vernet.	271
Du Vernet à Arles en Roussillon.	276
D'Arles en Roussillon à Figueras.	285
De Figueras à Banyuls.	292
De Banyuls à Perpignan.	306
Perpignan.	313
De Perpignan à Narbonne et à Carcassonne.	320
Carcassonne.	325
De Carcassonne à Béziers.	335
De Béziers à Saint-André.	341
Excursion à Lodève.	347
Excursion à Saint-Guilhem.	350

Montpellier.	355
Aigues-Mortes et Lunel.	360
De Lunel à Nîmes. Excursion à Saint-Gilles.	369
De Nîmes à Avignon.	382
D'Avignon à Vaucluse.	395
De Vaucluse à Saint-Remy.	400
De Saint-Remy à Arles.	411
D'Arles à Aix et à Marseille.	439
De Marseille à Orange.	457
D'Orange à Valence.	464
De Valence à Lyon.	475
De Lyon à Mâcon. Visite à l'église de Brou.	488
De Mâcon à Lyon.	498
De Lyon à Roanne	513

Sur la Résurrection. — Souvenir du Faust de Gœthe. 518

Tours. — Impr. Mame.

www.ingramcontent.com/pod-product-compliance
Lightning Source LLC
Chambersburg PA
CBHW071617230426
43669CB00012B/1971